苏州大学校史丛书

总主编 王卓君 朱秀林

无锡国专史料选辑

陈国安 钱万里 王国平 编

苏州大学出版社

图书在版编目(CIP)数据

无锡国专史料选辑/陈国安,钱万里,王国平编
.—苏州:苏州大学出版社,2012.12
(苏州大学校史丛书/王卓君,朱秀林主编)
ISBN 978-7-5672-0376-1

Ⅰ.①无… Ⅱ.①陈…②钱…③王… Ⅲ.①无锡国学专修学校—校史—史料 Ⅳ.①G649.29

中国版本图书馆CIP数据核字(2012)第292069号

无锡国专史料选辑
陈国安　钱万里　王国平　编
责任编辑　许周鹣

苏州大学出版社出版发行
(地址:苏州市十梓街1号　邮编:215006)
扬中市印刷有限公司印装
(地址:江苏省扬中市科技园区东进大道6号　邮编:212212)

开本787 mm×1 092 mm　1/16　印张22.75　字数577千
2012年12月第1版　2012年12月第1次印刷
ISBN 978-7-5672-0376-1　定价:45.00元

苏州大学版图书若有印装错误,本社负责调换
苏州大学出版社营销部　电话:0512-65225020
苏州大学出版社网址　http://www.sudapress.com

苏州大学校史丛书编审委员会

总　　序

苏州大学的历史，追溯最早源头，自东吴大学创办至今，已经一百多年了。

历史的偶然性往往使人们惊异不已。近代中国第一所西制大学不是诞生在浸润着欧风美雨的上海等沿海大都市，而是诞生在有着深厚的古老历史文化传统的姑苏。对历史偶然性的惊异又总会激发人们对历史必然性的思索。正因为苏州有着上千年崇文重教传统，才会在近代新的历史条件下宽容地接受了一所异质的教会大学。正因为苏州有着发达的科举文化，当甲午战争失败给社会以空前刺痛之时，才会有一群科举士子毅然转向西学以救亡图存，为大学的兴办创造了难得的生源与际遇。正因为苏州不是沿海大都市，在近代社会转型之际，它更少都市的商业喧嚣，以厚重的文化素养使现代大学茁壮成长……

鸟瞰苏州大学的百年历程，名校汇聚，群贤毕至，千帆竞发，如同百川归流，激荡成壮阔的历史长河。1952 年院系调整，苏南文化教育学院、东吴大学文理学院及江南大学数理系合并组建苏南师范学院，不久更名为江苏师范学院。1982 年，江苏师范学院改为苏州大学。苏州蚕桑专科学校、苏州丝绸工学院、苏州医学院又先后于 1995 年、1997 年、2000 年并入苏州大学。星移物换，万象更新，今日之苏州大学正跨越世纪，攀上历史的高峰，前面是更为辉煌的未来。

这套丛书将向您展开苏州大学一百多年的历史长卷。我们希望，她所承载的历史文化积淀，以及附丽其上的历史记忆、历史评论等，能让您开卷有益。

Preface

The history of Soochow University today can be traced back to the establishment of the former Soochow University (1900—1952), one of the earliest universities in the country over a hundred years ago.

Amazingly, the first modern Western university in China wasn't born into the coastal metropolis like Shanghai which had been westernized much earlier, but coincidentally in the ancient city of Suzhou which enjoyed great cultural profundity and historical tradition. This amazing coincidence certainly inspired people to reflect its inevitability. It was Suzhou's traditional homage to culture and education that nurtured an open field to a mission university from the West. It was also its developed Imperial Civil Service culture that enabled a group of Suzhou elite scholars to determinedly turn to Western learning for the survival and revival of the nation after the humiliating Sino-Japanese war in 1894. Furthermore, it was the non-coastal metropolis location that made Suzhou less commercialized during the social transformational period and favored, with its rich cultural attainments, by education pioneers. All these helped to create rare opportunities for an institution of higher learning and its maturity.

The centennial history of Soochow University has witnessed mergence of well-known institutions, assembly of the virtuous, and prosperity of attainments, and continuation flows of historical development. During the national reformation of colleges in 1952, Southern Jiangsu Teachers' College, very soon as Jiangsu Teachers' College was formed on the mergence of the School of Liberal Arts and Science of the former Soochow University, Southern Jiangsu College of Culture and Education and the Department of Science of Jiangnan University. Soochow University was renamed in 1982, and in 1995, 1997 and 2000 respectively, Suzhou College of Sericulture, Suzhou Institute of Silk Textile Technology and Suzhou Medical College were merged into Soochow University. With great changes, Soochow University in the 21st century is renewing itself with each passing day for the peak of its historical glory and bright future.

The book series are opening a demonstrative display of the centennial history of Soochow University. It is sincerely hoped that the accumulation of culture, to which historical memories and comments attached will provide readers a beneficial review of the University.

Wang Zhuo-jun　Zhu Xiu-lin

《无锡国专史料选辑》编选说明

一、“无锡国专”从 1920 年“无锡国学专修馆”始，历经“无锡国学专门学院”和“中国文学院”，至 1952 年“苏南文化教育学院”止，历时 33 年，是中国现代高等教育史上的奇迹，本编选入与其相关的各种史料文本为一辑，定名为《无锡国专史料选辑》。

二、本辑史料一依原貌，包括纪年方式等均不作改换，书信在原有格式上略作减缩空格等款式处理。

三、文件中所涉数字除一处使用柴码换成阿拉伯数字外均未作变换。

四、所选文件主要来源于苏州大学档案馆、图书馆；无锡档案馆、图书馆；上海交通大学档案馆等，按内容分为：历程、唐文治与无锡国专、经费与校园建筑、教学、学生与师资、管理、人物、回忆等，每一部分以时间为序选入文本。

五、师生部分以无锡国专任教老师和求学学生为范围，以他人所写纪传类文章为主，为全面了解其为人考虑，文章虽长也未作剪切。

目　　录

一、历　　程

二、唐文治与无锡国专

三、经费与校园建筑

四、教　　学

五、学生与师资

六、管　　理

七、人　　物

八、回　忆

无锡国学专修学校述略(代前言)

陆振岳

无锡国学专修学校,简称无锡国专。国专是以国学即传统文化为教学和研治对象的学校。在20世纪20年代,辽宁、四川等地曾有几所,硕果仅存的是无锡国专。无锡国专比一般高等学校的文、史、哲等系科,别具特征。各个时期均培养出一批又一批学有专擅的人才,在海内外赢得了声誉,为我国近现代高等教育的历史留下灿烂的一页。

一、学校简史

1920年初创时,校名为无锡国学专修馆,1928年改为无锡国学专门学院,1929年定名无锡国学专修学校,1949年又改为中国文学院。期间,1937年7月至8月抗战爆发,为反对日寇侵略,学校于10月向后方播迁,由长沙至桂林。1939年又在上海设分校。于是而有锡校、桂校、沪校的称谓。抗战胜利后,桂校于1946年春复校返锡,沪校直到1950年才与锡校合并。1950年4月,并入苏南文化教育学院。1952年,随院系调整进入苏南师范学院,不久改为江苏师范学院,即苏州大学的前身。它的纵向发展历程,大致可分为四个时期,呈现了不同的特点。

1. 专修馆时期

1920年11月,浙江钱塘人施肇曾(字省之)出资,敦请唐文治在无锡创办无锡国学专修馆,由唐任馆长。

唐文治(1865—1954),字颖侯,号蔚芝,别号茹经,江苏太仓人。曾从王紫翔受性理之学,又肄业于著名的南菁书院,受业于时称东南经学大师的黄以周(字元同)山长。清朝光绪壬辰科进士,历任户部、总理各国事务衙门、商部、农工商部的主事、章京、右丞、左丞、侍郎、署理尚书等职。两次充随员,出访日、英、法、比、美诸国,极为重视西方文化教育之所长。转而办学。先任交通大学前身的上海高等工业学堂监督,苦心经营十三年,创获丰硕的成绩。1920年10月间,因故坚辞上海工校职,返无锡寓居。

唐文治慨允施省之所请,随即在无锡、南京、上海三处招生。报名者近千人,经过评核,录取正额生24名,附额生6名。1921年正月20日开馆,暂借锡山下商营的山货公所作校舍。

施省之出资:开办费8 000元,经常费每年1万元。这点经费对于百事待举的学校,显然是不能满足所需的。于是,馆长聘孙鸣圻(字鹤卿)为馆董,并得杨寿楣(字翰西)的赞助,捐资于城内学前街旧金匮县训导署及空地重建尊经阁,并修葺部分房屋。随即呈请县署,经同意,10月便迁入新舍。1921年、1923年又各招新生一班,每班30名。

2. 立案转制

1926年12月,三届学生毕业,随之驰誉国内。经商定,改专修馆为无锡国学专门学院。具文呈请国民政府大学院(即教育部)审批。得批示,私立学校得由校董会报批。唐文治会同唐滋镇(字保谦,孙鹤卿谢世后的继任者),多方联络,组成无锡国学专修学院董事会。校董会分设经济股和教育股。经济股有:唐滋镇、穆藕初、荣宗锦、荣宗铨、杨寿楣、刘鸿生等;教育股有:丁福保、钱基博、高阳、陆仁寿、钮永建、吴敬恒等。董事长为唐保谦,后由其子唐炳源(字星海)继任。

1928 年 7 月 18 日报批校董会,8 月 6 日,大学院核准,随即申报国学院事。9 月初,大学院先后特派王瀣、汪东和柳诒徵、薛光琪来院调查,极称办理完善,成绩优良。于 9 月 20 日,大学院批准无锡国学专门学院立案。既经政府批准立案,当然就得按照法令,将学校的机构和教学的体制作调整和改变。专修馆时只有馆长、教习、助教和事务人员数人,而国学院则设院长和教务、总务等职员,教员又有教授、副教授、讲师等称谓。后来,教育部根据高等学校的既定制度,学院须有三个以上的系组成。国学院不具备此种条件,所以在 1929 年 11 月指令无锡国学专门学院改为无锡国学专修学校。

这个时期,学生人数不断增加,教职员也相继添聘。在经济方面,除校董会的捐助外,还争得政府的补助,有临时费和经常费,1937 年一次拨临时费有 3 万元,经常费每月也有三四百元。1935 年,由蔡元培等争得的庚子赔款,国专也分得一笔补助。有了点经济力量,校舍不断扩建,1930 年至 1933 年,先后新建、改建校舍 14 幢。1929 年 1 月,由孙鹤卿遗嘱捐资,得蔡文鑫、唐星海赞助,建成图书馆。藏书也陆续增至线装书 7 万余册,其中有相当数量的元明善本。还有万有文库、丛书集成、四部丛刊、四部备要以及其他的平装书,订阅有多种报章杂志。

这时,学校呈蒸蒸日上之势。

3. 播迁广西和上海设分校

抗日战争爆发后,无锡国专和沿海各地的大中学一样,为了抗日,免遭日寇的蹂躏,向内地播迁。

1937 年 10 月,敌机轰炸无锡,只有少数高年级学生仍在校授课,唐校长率其余师生至无锡南门外王祥巷上课。11 月,上海战线内移,才决定内迁。适陈鼎忠教授从长沙来函相邀,校长亲率志愿内迁的师生数十人,会同俞庆棠所率的江苏教育学院师生,向长沙进发,14 日起行,经南京,溯江上至武昌,转往长沙。一路颠沛流离,备尝艰辛。老校长的言行深深地激励着师生,精神异常振奋。1938 年 2 月间到湘乡,租民屋上课。而两湖战事紧急,适俞庆棠从桂林来,告知广西省主席黄旭因黄炎培的介绍,欢迎唐先生及国专去桂,并将派大小汽车到衡阳迎接。19 日由衡阳启程,终于到达桂林,租赁民房开课。

1938 年 6 月下旬,唐校长终因年事已高,且水土不服,决定向教育部请假回上海,委托教务主任冯振代理校长职务。冯代校长不负师命,克服重重艰难险阻,坚持办学,与民族抗战相始终。

11 月,日寇侵占武汉,又分兵南下,长沙大火,桂林震动。学校转向北流县的山围和萝村,借用民房和祠堂复课。1939 年秋,分别在南宁、梧州招生,录取新生一百数十名。物资缺乏,因陋就简,师生的生活极为艰难,然而,依然弦歌不辍。“招邀硕彦同都讲,罗列英才细讨论”,冯振于萝村写的这一诗句,如实地反映了此时国专师生的精神境界。不久桂林的局势相对稳定,学校决定迁回桂林。

在那样困难的条件下,学校坚持办学,并且取得成绩,备受称道,各方纷纷给予赞助,还得到广西省政府的支持,拨款补助。学校于桂林成立校董会,推爱国将领李济深(解放战争中的国民党革命委员会主席)任董事长,董事有黄绍竑、刘侯武、盘珠祁、黄钟岳、李任仁、梁漱溟、雷沛洪等。校董会发起向社会热心人士募捐筹款;后又得教育部补助,并向广西银行和广西合作金库借得临时建筑费。报教育部,又经桂林市政府批准,选址于桂林市区东南的穿山,征购土地50亩,建成礼堂、图书馆、教室、办公室、教工宿舍、男女生宿舍等16座平房,另有运动场和相应的设施。学校初具规模,可以满足五百学生教学和生活的需求。在那样的时代,的确是得来不易的。这是国专在桂林的最为美好的时期。

1944年8月,日本侵略军攻陷衡阳,桂林作紧急疏散。师生们不得不忍痛撤离呕心沥血营建的学校,进行更为艰辛的迁移。由平乐至蒙山,借用民居为临时校舍。不久,日寇逼近蒙山,部分师生又西去瑶山金秀,经费艰难,一切勉强维持,直到抗战胜利。

这时,穿山校舍毁于战火,就在山围筹备复员回无锡。由梧州转广州,借中山大学房屋住宿上课,三月后,乘教育部指定的招商局轮船,分两批到沪上并转无锡。八年多的播迁,终于结束。

1939年6月底,唐校长离桂林,转道香港到上海。因战乱未能去广西而分散在沪、苏、浙各地的国专学生,纷纷请求老校长在沪复课。经过报请教育部,先仅同意设补习部,以后准予称无锡国学专修学校,这就是无锡国专沪校。聘王蘧常为教授兼教务主任,一切教务以至校务,均借重于王主任。教室先后借用私宅和中学。1939年9月起,开始招生,一直至1949年。

4. 无锡复校

抗战胜利后不久,在无锡组织复员委员会,聘请在锡老校友进行筹备事宜,唐校长又委托王蘧常到无锡负责复校的具体事项。1946年初,开始招收春季始业班学生。

桂校师生于1946年五六月间返回无锡。由于学前街的校舍并没有遭受多大的损坏,随着桂校师生到锡,与无锡师生会合,复员、复校工作便告完成,大体上恢复了旧观。但是,因为校董会的原任校董已有变化,经费资助减少。内战的全面爆发,国民党统治区经济凋敝,教育部的补助不但数额少,而且时断时续,无补于实际。学校因经费支绌而困难重重,根本无力兴建新校舍。

1949年8月,苏南解放不久,学校报经苏南人民行政公署批准,改为中国文学院。1950年春,得华东军政委员会教育部指令,沪校合并至锡校。不久,又经苏南行署核准,并入苏南文化教育学院。

二、办学宗旨与学校体制

关于无锡国专的办学宗旨,无疑是与创办人又是主校政的唐文治的教育思想关联着,是从教育思想派生而形于实践的。《茹经先生自订年谱》“庚申五十六岁”下记述创办国学专修馆情形时说:

> 吾国情势,日益危殆,百姓困苦已极。此时办学,必当以“正人心,救民命”为惟一主旨。务望诸生勉为圣贤豪杰;其次,亦当为乡党自好之士,预贮地方自治之人才……他日救吾国、救吾民,是区区平生之志愿也。

之所以如此重视教育的思想,有一个形成和发展过程。他在科举中式后,曾尽力从政,以冀有所成就。然而,在那个民族危机深重的年代,是难以奏效的。他曾总结这一教训说:“光绪末造,吾辈蒿目时艰。常欲知其不可为而为之,而卒无补于国是。”[1]所以造成这种结局,他归之于缺乏人才。以为“道(光)咸(丰)以来,缀学之士,大都持不屑不洁之高论。守其已知，拒其所未能。偶有谈洋务者，相与摈斥不遗余力。一旦有事，朝廷不得贤士大夫折冲樽俎之才而用之"[2]。他又深受资本主义国家教育事业成就的启迪，从英国的牛津大学"名儒名相皆出其中"，因而深有感慨地说："自古有不世之功，而特患有不立之志。亦无难成之事，而特患无任事之人。"[3]进而得到结论性的认识，以为"人才者，国家之命根也；学堂者，又人才之命根也"[4]。因而他在母丧守制、服阕后，不再出仕，转而从事教育。办教育，又和儒家不能实现政治抱负、退而乐育英才的思想相吻合。

唐文治对于培育人才，极其重视品德的教养。要敦品励学，不仅是加强身心的修养，而且尤其注重实践，要身体力行。

唐文治对教育抱有极高的目标："中国最要者，在造就领袖人才……鄙人办学时不自量力，常欲造就领袖人才，分布吾国作模范。"必须是"欲成学问，当为第一等学问；欲成事业，当为第一等事业；欲成人才，当为第一等人才。而欲为第一等学问、事业、人才，必先砥砺第一等品行"[5]。又引苏轼的话说："办天下之大事者，立天下之大节者也。"[6]

再深入一层谈及品与学的关系，品则居于首位，是基础。他形象地比喻这一对关系范畴，说道："窃尝譬诸人之学问，犹墙屋也；礼义道德，犹基础也。若无礼无义，无道无德，而徒以学问为饰观之具；一旦品行隳坏，名誉扫地，是犹基址不固，墙屋坍塌，其危险何如矣！"[6]以学问比墙屋，以礼义道德比基础，二者的关系就此显现了出来。推己而及社会，以"正人心，救民命"为办学的惟一宗旨，便是由此扩展和深化概括而得的。

关于"正人心，救民命"这一命题，他早在1894年中日战争失败之际，给光绪帝上《为时局艰危沥陈管见以挽大局而维国运》倡言改革的折子中就曾提出。所以要"正人心"，"非独滞也、塞也、昏也、曲也，而且邪佞也、残忍也。孟子所谓机械也、多诈也、穿窬也、害人也，皆知觉不良之尤也。积亿万人不良之知觉，淆乱其国性，而与灵者、通者角，则其国必无幸矣"。"正人心"之所以重要，还因为"政者，正也。未有身不正而能正人者也，未有心不正而独能正其身者也"[7]。又说："人心正，而后有真正之学问，而后有真正之是非，而后有真正之人才。"[8]

所以要"救民命"，这是因为"有民而后立国。后世谈爱国而不知爱民，言救国而不知救民，此民与国歧而二之，民亡而国亦危……余所谓侮辱民位，抑遏民情，剥夺民权，敲吸民财，窒塞民智，遗弃民命诸端，皆当扫除而更张之"[9]。

上述的办学主旨，在立案转制后，既是一贯地继承，同时又有所发展，最为重要之点，是"在研究本国历史文化，明体达用，发扬光大，期于世界文化有所贡献"[10]。这就是还应放眼于国际社会，当以有贡献于世界文化为职志。

对办学宗旨初衷的继承与发展，不但坚持贯彻于教学中，而且反映于其他方面。如《校歌》，唐文治词，沈叔逵曲："五百载名世生，道统继续在遗经。乾坤开辟，学说何纷纭？惟我中华，教化最文明。上自黄帝讫孔孟，先知先觉觉斯民。大道行，三代英，我辈责任讵敢轻。勉哉，勉哉！俭以养德，静以养心。建功立业，博古通今，为生民立命，为万世开太平。"语词包含浓郁的儒学色彩，又融贯着强烈的经世的观念。每周一集会，都得唱校歌。

又如以"作新民"为校训。语见《尚书·康诰》和《礼记·大学》，据《礼记正义》的训释："君子日新其德，常尽心力，不有余也。"就是要不遗余力地加强自我的道德修养，不断地进入新的境界。校训以尺五正楷制成横匾，悬挂于礼堂讲台的上方正中，两侧配以长联，镌刻于宽二尺多、长一丈有余的木板上，联语是唐文治集儒经而成：

好学近乎智,力行近乎仁,知耻近乎勇;所存者神,所过者化。

富贵不能淫,贫贱不能移,威武不能屈;虽愚必明,虽柔必强。

这一集联,从艺术性而言,是当之无愧的上乘。内容既讲学,又讲行,其所揭示的智、仁、勇和大丈夫所表现的三个“不能”,都是儒学所追求的理想人格应具的品德。小会议室挂有木刻杨继盛手书联语:“铁肩担道义,辣手著文章。”食堂里挂着木制横幅,词为“世界龙战,我惧沦亡。明耻教战,每饭不忘”。还挂有王守仁、顾炎武、陆世仪、高攀龙四幅画像。王守仁宣扬良知良能,主知行合一;顾炎武具有民族气节,有名言“天下兴亡,匹夫有责”;陆世仪提倡学问要“切用于世”,还主张“习武”;高攀龙为东林党领袖,崇尚气节。以他们的学行来激励学生。

关于学校的体制。专修馆时期,由于馆长曾求学于著名的南菁书院,对书院的制度与教学,有切身的感受,所以,很熟练地将书院的模式移植过来。馆长全面主持馆务。设教习和助教,开始时仅聘请各一人,第二次招生后,加聘教习一人。这时,教学人员与学生的比例为1∶14。教学实行日有讲、月有课、年有核的制度。日讲,就是每天上午由馆长、讲习分别作讲授,而后学生自学,结合师生间的质疑问难。月课,系指于课后的作业外,一月中规定有两次课业。评定等第,按第行赏,称为“膏火金”。年核,就是一年作一次总检核,既评定学生的成绩,也检验先生的教学。

学校改为国学院之后,向政府立案,因此按照教育部的相关法令,从书院的模式向当时一般大学的文学院转制。修业年限改为三年,又实行学年制与学分制相结合。即三年之内要修满120学分,不足者不得毕业;但即使已得120学分者,不满三年仍不能毕业。这一制度一直推行到结束。这个三年制,不同于二年制专修科,毕业生可以和以后的四年制本科一样,有资格参加高等考试和出国留学考试。抗战前夕,曾设立预科,在预科读一段时间后,可报考正科。1939年,全国教育会议决议和据教育部令,增设五年制专科,招收初中毕业生修业五年。到1942年4月间,教育部为培养文书应用人才,拨专款,指令设二年制文书专修科,相当于现在的文秘专业。这样,学校就有两个专业,三年制、五年制和二年制三种学制。锡校和桂校均设有二专业三学制,而沪校未设文书科。

三、校风与学风诸特点

无锡国专的办学,自始至终贯彻、体现了唐文治的教育思想。有远大的目标而不事空论,注重身体力行,并且从学校的实际出发,办出独特的校风和教学特点;而教学特点,又是学风以至校风的具体化。

学校的发展历史,突出地显现了艰苦创业和勤俭办学的精神。初创时,资助者仅有开办费8 000元,经常费1万元。据当时教育部的规定,一所私立学校开办时必须有资金6万元,二者的差距是不小的。就是依靠了艰难创业和勤俭办学,学校办起来了,而且稳步地发展。此一精神,反映在教学上就是勤奋和刻苦的作风。在抗日战争那样危难的年代,桂校遇到出乎想象的艰难险阻,也是依靠这种精神,战胜重重困难。当时,教育部参事在视察后所作的报告中说:“足称苦干……全校师生维系于精神上之满足,孳孳讲学……非始非寝馈国学,究系服膺前哲遗训有以致之。中国文化之伟大,于此又获一显证。”正因为如此,获得社会热心人士的支持和赞助。

学校的任务是教学,培育人才的成败,教学无疑是关键的步骤。无锡国专的特殊定位,在教学上有如下特点:

1. 教学内容重点突出在国学

专修馆时期，以经学、理学、文学、史学、政治学为主。其目的在于："通经学、理学，以究古今之奥坊……明史学、政治学，以达外内之情，定期为文以验之。"[6]"究古今"、"达外内"，贵在"务实"而"达用"。在讲课、自习而后，极其注重习作，月课是定期的习作，评出等第后，按一、二、三等发给奖金性质的膏火金。

转制以后，虽在不同阶段和锡、桂、沪三校的课程小有差异，但在总体上则是一致的。大致依据抗战前锡校所定的范围而稍加变化。

课程的设置，分必修和选修两类。大体而言，必修课有：国学概论、散文选、韵文选、文字学、音韵学、目录学、修辞学、国史、文学史、哲学史、史学史、文化史、作文训练等。选修课除外文、世界史、西洋文学史、西洋哲学史等之外，分为三类：义理、辞章、考据。内容极为繁富。

扼要说来，义理包含了儒经、先秦诸子、宋明理学、史学等原作，如《论语》《孟子》《墨子》《荀子》《左传》《国语》，关、闽、濂、洛诸人著作，以及《宋元学案》《明儒学案》等。

辞章既有先秦、两汉、六朝、唐、宋等不同时尚的诗词、散、骈等文选，也有通贯古今或断代的各体文选，如李白、杜甫、柳宗元、陆游等诗文专集以及《诗品》《文心雕龙》等诗文理论。

考据有综合的如清代考据学或称汉学，也有如阎若璩、戴震、王念孙和王引之父子、钱大昕等考据专著，以及校勘、笺注、辑佚、辨伪等专门学科。

在实际教学中，不尚空谈，注重实学，讲读独立著作的原书。即使是那些有独立体系的学科，也尽可能地讲或参阅原作。如目录学本是一门学科，在讲读时要读解《汉书・艺文志》《隋书・经籍志》等史志，《四库全书总目》《书目答问》《读书敏求记》《郡斋读书志》《直斋书录解题》等公私目录著作，以及《中国目录学史》等目录学源流等论著。

学生在修业的过程中，极其强调要打基础，注重有扎实的根底。对课程必须认真研读，讲究朗读以至背诵，这成为无锡国专久盛不衰的传统。

主张学习的知识面要广、要博，而且要由博返约，精于一种专门。因为专是以博为基础的，而且专是一生的事，所以在学校学习时看重博，尤其在前几年。只有到毕业的一年，才提出学生可以根据自己的兴趣和已有的长处，选一个专业，作为毕业论文的选题方向。只有沪校，在毕业的一年，分设哲学、文学、史地三组，学生凭志愿报名。各组有主任一人，哲学组主任王绍唐、文学组主任郝立权、史地组主任由王蘧常兼。并设导师制，任务是指导学生作毕业论文。具体的导师人选，由师生自愿组合。对于学生的选择专业，完全决于自己的志愿，当然也不排除教师的建议，再经学生认定。提倡多面发展，不拘一格。

这一带有方针性质的措施，产生了很好的实际效果。从无锡国专的历届毕业生中，以其出类拔萃、业有专精的佼佼者来看，的确各领风骚于文、史、哲各个领域。著名的如唐兰、吴其昌、王蘧常、吴则虞、蒋天枢、钱仲联、王绍曾、周振甫、魏建猷、马茂元、徐兴业、吴孟复、杨廷福、汤志钧、冯其庸等，层见迭出，不胜列举。因为功底厚，知识博，又精擅于一门，所以在文、史、哲领域里，一专多能。在高等学校能开多种课目，在中等学校则是优秀的文史教师，还有的成为编辑和图书馆工作的专家，这是为无数的事实证明了的。

2. 礼聘名师，兼容并蓄

教学的良窳成败，师资是第一位的。俗话说：名师出高徒。校长非常重视教师的优秀人选，重学行而不重资历，有的不惜重金礼聘。如陈衍原是清代的举人，却是著名的文学家，“同光体”评论家，著述很多。清末民国初，在学坛享有声誉。唐校长亲自登门敦请，并且许以薪给高于一般的两倍。不少知名的学者、教授，出于为唐校长道德文章和办学精神的感召，有请必应。因此，锡、桂、沪校的各个时期，教师阵营之强，皆可与国内任何一所著名的大学相媲美。约略地说来，先后在国专任教（专任、兼任）的名家如陈衍、钱基博、顾实、朱文熊、王蘧常、魏建猷、冯振、梁漱溟、饶宗颐、巨赞法师、张世禄、阎宗临、夏承焘、周予同、周谷城、蒋伯潜、黄云眉、王謇、童书业、金德建、郭绍虞、胡曲园、蔡尚思、葛绥成、任中敏、朱东润、周贻白等，还请章太炎、钱穆、吕思勉、李济深、田汉等来校开设讲座或作专题演讲，可以说得一时之选。

值得提出的是，唐校长在学术方面是以理学见长的，但他从来不曾将理学放在首位，而是由学生自由发展。反映在聘任教师的方面，兼收并蓄各种学科之长。即便是与理学不相容的学派中人，也一样给以礼遇。如顾实个性怪癖，在课堂上公开批评理学。人们以此相告，而校长对顾实仍以礼相待，相处得体，使得顾实大为感佩。又如李源澄当时年岁较轻，为四川廖平的得意弟子，他也藐视理学，校长也不因此而存介蒂。

章炳麟（字太炎）是清代汉学的殿后者，他不但极力反对今文经学，而且与宋明理学也异其旨趣。唐校长请章氏来校演讲，对他很尊重，亲自参加听讲，赢得章氏的好感。章炳麟鉴于学校的学风好，对唐校长的道德文章和办学倾心赞服，几次请他到苏州为章氏国学讲习会讲学。章并撰书赠唐校长一联：

光风霁月之怀，何止吞三万顷；
鹿洞鹅湖而后，于今又五百年。

黄庭坚称周敦颐“人品甚高，胸怀洒落，如光风霁月”[11]。借用此典，又套用杜甫“气吞云梦泽”的诗意，比说唐校长的人品、胸怀，何止吞三万六千顷的太湖。“鹿洞”，指朱熹讲学的白鹿洞书院。“鹅湖”，指朱熹、陆九渊在宋时信州（今江西上饶）的鹅湖寺辩论事，即史称的“鹅湖之会”。孟子曾说，每隔五百年，“其间必有名世者”[12]。作者借此推颂无锡国专承白鹿书院和鹅湖会的继起。章氏是一位有风骨的学者，对人决不会轻易地溢美。

3. 性情教育

特别应当一表而出之的，是唐文治的教育思想中，既有理论意义又有实践意义，而且具有开创性的，是他的性情教育之说。《自订年谱》“六十一岁”下说：“余向主道德教育。迨阅历世变，始悟性情教育为尤急……居今之世，教授国学，必须选择文章之可歌可泣，足以感发人之性情者，方有益于世道也。”他有一句很精辟的话：“天下惟有真性情者，乃能为大文章。”[13]

这一开创性的见解，在于证实：抽象的理性教育固然重要，而形象生动、富有感情的文章，容易打动人、感染人，是深化理性教育之所必需。感性的彻悟，从而使得理性的认识更为深化和巩固。

为使学生理解古人文辞所蕴涵的“性情”，并获得深刻的感受，唐校长竭力主张读文，讲究读文的方法，要精读，要背诵。他列出多种范文，如贾谊《过秦论》、诸葛亮《出师表》、范仲淹《岳阳楼记》、欧阳修《泷冈阡表》、李华《吊古战场文》、岳飞《满江红》、文天祥《正气歌》，等等，要求学生领受其命意之所在，再求其神气。他自己读文，“凝神炼气，抗坠抑扬。黄钟大吕,如协宫商。疾则如长江大河,奔腾澎湃;徐则若峰回路转,曲折迂旋。若抒发性情之文,更如怨如慕,如泣如诉。性情教育,实萌柢于斯"[14]。只要听过(包括唱片)唐文治读诗文的人,都会会心地赞同这种评说。

4. 编印丛书和出版刊物

为了增强学校的学术气氛,鼓励并促进师生从事学术研究,学校从有限的经费中拨出一部分出版师生的论著。这些出版物可分作三类:一是丛书,定名为《无锡国学专修学校丛书》。抗战前先后出版,除唐校长外,有陈衍、冯振、叶长青、陈鼎忠等所著,合计26种。一是以学校名义办的刊物,有《国专年刊》《国专季刊》《国专月刊》。历史较长的图书馆还典藏,常有研究者征引其中文字。一是汇编教师的讲记、记录稿和学生的优秀习作。如《无锡国学专修馆讲演集》《无锡国学专修馆文集》《学生丛刊》《学生自治会季刊》《无锡国专校友会集刊》《国风》诗刊等。有时出的纪念册也收有师生的学术论文。

参考文献:

[1] 唐文治:《陈君征宇诗集序》,《茹经堂文集》初编卷六。
[2] 唐文治:《与友人书》,《茹经堂文集》二编卷四。
[3] 唐文治:《奉使日本记》,《茹经堂文集》初编卷六。
[4] 蓄艾:《论整理学部》。
[5] 唐文治:《上海交通大学第三十届毕业典礼训词》,《茹经堂文集》三编卷一。
[6] 唐文治:《无锡国学专修馆学规》,《茹经堂文集》初编卷二。
[7] 唐文治:《政治学大义序》,《茹经堂文集》初编卷四。
[8] 唐文治:《南洋大学年刊序》,《南洋大学年刊》,1923。
[9] 唐文治:《孟子贵民学题辞》,《茹经堂文集》四编卷四。
[10]《无锡国学专修学校组织大纲》。
[11]《宋史》,中华书局,1985。
[12]《孟子》《十三经注疏》,中华书局,1982。
[13]《国文大义》。
[14]《唐蔚芝先生读文传播会灌音片缘起》。

一、历　程

报批校董会呈文及批文

江苏大学公函
（院字第一四九号）

径启者：

案奉中华民国大学院第一三六号训令开：为通令事：查《私立大学及专门学校立案条例暨私立中等学校及小学立案条例》均经本院公布施行在案。兹并依照《私立大学及专门学校立案条例》制定立案用表式十三张，俾各校立案时遵照表式填报。惟此种表式本院仅发样本，各校得依内容各项及纸样大小仿造备用。其《私立中等学校及小学立案用表》应由各省区教育行政机关依照院颁"立案条例"制定式样，通行遵照，并呈报本院备案。至条例"第四条"内列举各项目，并得由各省区教育行政机关酌量加以补充。除分令外，合将表式四十份令发，仰该校长即便遵照，并分别转饬所属各私立学校遵照此令。等因。奉此。除分行各私立大学及专门学校外，相应检同该项立案表式一份函达贵校，即希查照办理为荷。

此致

无锡国学专门学院

计发　私立大学及专门学校立案用表式一份。

张乃燕

中华民国十七年三月八日

江苏大学公函
（院字第二七八号）

径启者：

案奉中华民国大学院第二三七号训令开：查《私立学校校董会条例》业经本院订定、公布并通令遵行有案。兹再订定《私立学校校董会用表》式样，俾资遵守。嗣后各私立大学及专门学校校董会呈请设立及立案暨每年报告时，务须遵用现颁各表，详细填缴。其《私立中等学校及小学校董会用表》应由各省区、各特别市教育行政机关仿照或参酌现颁各表，制定颁行，并呈报本院备案。除分令外，合行检发表式十份令，仰该校长即便遵照，并通行所属各私立学校校董会一体遵照。等因。奉此。除分行外，相应函达贵校董会，并附送《私立学校校董会用表》一册，即希查收，并即遵照办理是荷。

此致

无锡国学专门学院

计发《私立学校校董会用表》式样一册

张乃燕

中华民国十七年四月九日

国立第四中山大学公函
（第一四三号）

径启者：

案奉中华民国大学院第一四四号训令开：为通令事：查前国民政府教育行政委员会订有《私立学校规程暨私立学校校董会设立规程》，经于十五年十月公布通行在案。现本院复查前两项规程均有未尽适宜之处，特由院另定《私立学校条例（十一条）暨私立学校校董会条例（十三条）》以便施行。并自公布之日起，将前教育行政委员会原订之《私立学校规程及私立学校校董会设立规程》同时废止。除呈送国民政府备案并公布分行外，合行检发新订条例各二份令，仰该校长即便遵照，并转饬所属各私立学校一体遵照。此令。并奉发《私立学校/学校校董会条例》各二份到院。奉此。查本大学前奉颁《私立大学及专门学校立案条例》，经于本年一月十四日分别函知各私立大学及专门学校在案。兹奉前因，除分别函知外，合再函达贵校，即希查照办理为荷。

此致

无锡国学专门学院

计钞发《私立学校/学校校董会条例》合一份

张乃燕

中华民国　年　月　日

院董会呈中央大学校长公函(1)

呈为遵照《私立学校校董会立案条例》填造颁定表式呈请立案事，窃本会于本年四月九日案奉钧校院字第二七八号函开：案奉中华民国大学院第二三七号训令开：查《私立学校校董会条例》业经本院订定公布并通令遵行在案。兹再订定《私立学校校董会用表》式样，俾资遵守。嗣后各私（立）大学及专门学校校董会呈请设立及立案暨每年报告时，务须遵用现颁各表，详细填缴。其《私立中等学校及小学校董会用表》应由各省区、各特别市教育行政机关仿照或恭酌现颁各表制定、颁行，并呈报本院备案。除分令外，合行检发表式十份令，仰该校长即便遵照，并通行所属各私立学校校董会一体遵照。等因。奉此。除分行外，相应函达贵校董会，并附送《私立学校校董会用表》一册，即希查收，并即遵照办理。等因。奉此。正在遵办间，又于七月十三日案奉钧校院字第六六六号函开：案奉大学院指令，本大学呈送《无锡国学专门学院立案表册》请核示由内开：呈及附件均悉。该院校董会立案表册核与院颁《校董会条例》及立案用表式不符。除学校立案，应俟校董会立案核准后再予办理外，关于该院校董会立案应饬依照新颁《校董会条例》及立案用表式样另行呈报，再予核办。仰即遵照转饬，表册姑存。奉此。相应函达贵校，即希遵照院令办理。等因。奉此。谨依照新颁《校董会条例》将本会立案呈报事项照用表式样填注，呈请钧校俯赐鉴核，并祈转呈中华民国大学院准予立案，实为公便。

谨呈

国立中央大学校长张

附呈《院董会立案呈报事项表》并《董会章程》。

院董会：钱基厚　俞　复　顾　倬　顾宝琛　丁福保
邹家麟　蔡其标　孙家复　钱基博

中华民国十七年七月十八日

院董会呈中央大学校长公函(2)

呈为报告本院事务事,窃本会于本年二月间案奉钧校钞发中华民国大学院新颁《私立学校校董会条例》内开:第五条:校董会须于每会计年度终结后一个月,详开事项呈请备案。等因。奉此。现届每年报告之时,谨将本院应行报告事务按照表式填注,呈报钧校,俯赐察核,并祈转呈中华民国大学院准予备案,实为公便。

谨呈

国立中央大学校长张

附呈《报告事务表》

院董会:钱基厚　俞　复　顾　倬　顾宝琛　丁福保
邹家麟　蔡其标　孙家复　钱基博

中华民国十七年七月十八日

附：

表之一　院董会设立呈报事项表

名　　称	私立无锡国学专门学院院董会
目　　的	提倡国学　发扬文化
事务所所在地	无锡城内学前街本院
校董会之组织及其职权之规定	校董九人，互推董事长一人，主持一切担任筹款，维持院务
设立者全体大会及校董会会议之规定	分常会及临时会两种，常会每年寒暑假前开会一次，决定下学年追行事项。临时会无定期，必要时临时召集之
资产资金或其他收入之规定	一、资产　校舍建筑估值二万余元，院址借用旧学宫。图书估值一千六百余元，其他估值二千余元 二、资金　无 三、其他收入　1. 学费五千八百五十元　2. 校董会负责筹款六千元　3. 临时捐款二千元　　以上三目均照十七年度概算书编制
备　　考	
说　　明	一、此表照《私立学校校董会条例》第二条规定，凡校董会呈请设立时适用之“私立”二字之下应填校名（余表仿此） 二、第三栏所在地应将地址详细填明 三、第四、第五、第六各栏可将大纲列举，其详细章程应附呈备查

表之二　校董会立案呈报事项表

<table>
<tr><td colspan="2">名　　称</td><td colspan="9">私立无锡国学专门学院院董会</td></tr>
<tr><td colspan="2">事务所所在地</td><td colspan="9">无锡城内学前街本院</td></tr>
<tr><td colspan="2">批准设立年月日</td><td colspan="9">十六年八月二十日</td></tr>
<tr><td colspan="2">资产资金或其他收入之详细项目</td><td colspan="9">照前表</td></tr>
<tr><td rowspan="4">校董</td><td>姓　名</td><td>俞　复</td><td>孙家复</td><td>丁福保</td><td>钱基博</td><td>钱基厚</td><td>顾宝琛</td><td>邹家麟</td><td>蔡其标</td><td>顾　倬</td></tr>
<tr><td>籍　贯</td><td>无　锡</td><td>无　锡</td><td>无　锡</td><td>无　锡</td><td>无　锡</td><td>无　锡</td><td>无　锡</td><td>无　锡</td><td>无　锡</td></tr>
<tr><td>职　业</td><td>大学院会计课课长</td><td>益友小学　校校长</td><td>医　士</td><td>光华大学及本校教授</td><td>无锡商民协会常　务委员</td><td></td><td>无锡县商民协会秘书</td><td>无锡县立中学校校长</td><td>私立小麦试验场创办人</td></tr>
<tr><td>住　址</td><td>无锡城内　小娄巷</td><td>无锡城内　迎溪桥</td><td>上海静安寺路医　学书局</td><td>无锡城内　七尺场</td><td>无锡城内　七尺场</td><td>无锡城内斜桥南首</td><td>无锡城内　大河上</td><td>无锡北门　酱圈衖</td><td>无锡城内凤光桥</td></tr>
<tr><td colspan="2">备　　考</td><td colspan="9"></td></tr>
<tr><td colspan="2">说　　明</td><td colspan="9">一、此表照《私立学校校董会条例》第三条之规定凡校董会呈请立案时适用之
二、第四栏“收入”一项包括学费、政府补助费及个人捐赠等无论常年、临时均应列入，但属临时者，应并声明</td></tr>
</table>

表之三　学校校务状况表(甲)(十六年度)

关于教职员进退事项	第一学期添聘光华大学教授钱基博兼任本院教授及教务主任,第二学期添聘高文海为新宿舍管理兼缮校,又添聘前武进公安局局长徐震为国术教员
关于学生入学毕业退学死亡事项	本学年第一学期始业时招取乙班生五十八人,至寒假时退学者五人,转学者二人,辍学者二人。第二学期始业时招取丙班生三十六人。本学年终了时,甲班生准予毕业者十二人,给修业证书者一人
关于学生学业事项	具详简章课程表,内分必修科、选修科。添聘教授、增购图书,所有必修科学程,设法于下学年内一律开齐
关于学生课外作业事项	内分学生自修、学生自治两项 1. 学生自修。每日读书札记或由教师命题作研究论文,加以相当指导,尊重自由研究,发挥个性 2. 学生自治。由学生于本院教职员监督指导之下,组织学生会分部办事,养成自治习惯
关于经费事项	本学年收入一万二千二百二十元,收支适合
关于设备事项	(1) 添赁校办宿舍一所,押租洋一百元;(2) 添置校具九百元;(3) 改装电灯二百元;(4) 添置国学图书四百元;(5) 增置国技器械十元
关于临时发生事项	此次济南惨案发生,本院师生同深愤慨,知非经武不足以自强救国,特聘徐震为国技教授,恢复朝操,锻炼身体,并筹备国技选科
关于未来计划事项	下学年添招新生四十人
其他事项	
备　　考	
说　　明	一、本表照《私立学校校董会条例》第五条规定,由校董会每年填报一次 二、第七项如学潮、疾疫、灾变及与外界交涉事项属之

表之四　校董会经办重要事项报告表

月　日	事
十六年十二月二十四日	开本年度第一届董事会,推举顾倬为本院董事
十七年五月十九日	开本年度第二届董事会,投票,公举钱基厚为董事长
说　　明	校董会呈报前年度所办重要事项应用此表

表之五　学院收支金额及项目表

项目		金额	摘要
旧存	现款	无	
新收	息金	无	
	学费	十六年度全年收入银币三千二百二十元	
	补助费	校董会筹款补助六千元	
	其他	临时捐款二千元	
	总计	一万一千二百二十元	
开支	薪俸	七千八百九十六元	
	工资	四百六十八元	
	购置	一千三百十元	
	其他	消耗杂支一千五百四十六元	
	总计	一万一千二百二十元	
实存	现金	无	
备考			
说明		一、校董会每年呈报收支金额及项目应用此表 二、有价证券及外国货币等均按时价折合现金计算	

表之六　学院财产项目表

项目	购入价值	现在价值
不动产	校舍建筑估值二万余元	价无更变
现款	无	
有价证券	无	
图书	一千六百元	二千四百元
仪器	无	
标本	无	
校具	二千元	一千六百元
其他	无	
总计		
备考		
说明	此表照《私立学校校董会条例》第五条规定，由校董会每年填报一次	

国立中央大学公函

（院字第七八〇号）

径启者：

案奉大学院指令，本大学呈送《私立无锡国学专门学院校董会章程》“事项表”请予立案由内开：呈及附件均悉。该学院校董会应准予设立，并准予同时立案，仰即转行知照“章程”及“事项表”存。等因。奉此。相应函达贵校，即希知照为荷。此致

私立无锡国学专门学院校董会

张乃燕

薛光锜致唐文治函

蔚芝先生赐鉴：

前奉院令赴锡调查贵学院立案事宜，遽亲道范，快何如之！龙门初谒经史，睹三代之遗；马帐叨陪风雅，接一堂之秀。况复频叨口惠，饱饫郇厨，诸维篆结，心旌荣幸。只因急于反命，未能小作勾留，多请教益，仓皇话别，惆怅神驰。贵学院立案问题，已于今日奉批准予立案矣。惟经费一节，批中有“应速筹措基金”等语，即希随时注意。兹将批语钞录一纸寄奉台阅，即祈查收。为祷。谨修著词，藉申谢悃，率陈。敬请

道安

薛光锜顿首

九月十九日

中华民国大学院训令第687号

令私立无锡国学专门学院校长：

为令遵事：查该学院前经国立中央大学校长张乃燕转呈请准立案，复经本院派员实地调查，认为与《私立大学及专门学校立案条例》尚属符合，应即准予立案。惟该校经费颇欠充足，应速筹措基金，以期学校经济基础之巩固。除令行中央大学知照外，合行令，仰该校长遵照。此令。

中华民国十七年九月廿日

院长：蔡元培

副院长：杨铨代拆、代行

私立无锡国学专门学院院长致无锡县教育局长公函

敬启者：

敝院自创设以来，荷蒙贵局垂照，并承将教育行政事宜迭赐函知，俾资接洽，曷胜纫感。现在敝院呈请立案事宜，迭蒙大学院、中央大学一再派员实地调查，兹于九月二十日案奉大学院第六八七号训令开：为令遵事：查该学院前经国立中央大学校长张乃燕转呈请核立案，复经本院派员实地调查，认为与《私立大学及专门学校立案条例》尚属符合，应即准予立案。惟该校经费颇欠充足，应速筹措基金，以期学校经济基础之巩固。除令行中央大学知照外，合行令，仰该校长遵照。此令。等因。此皆仰赖贵局鼎力赞助，有此成效。此后仍祈随时指导一切，以匡不逮，至深感盼。除函达县政府外，此致

无锡县教育局长薛

私立无锡国学专门学院院长唐文治

院董会章程

私立无锡国学专门学院院董会章程

第一条　本会定名为私立无锡国学专门学院院董会。

第二条　本会以维持私立无锡国学专门学院，振兴国学、发扬文化为目的。

第三条　本会事务所常设在无锡学前街本学院内。

第四条　本会由设立者聘请董事（若干）人组织之，任期二年为满，每年改选半数，连举得连任。其职权如下：（一）选举及聘请院长。（二）决定本院进行方针。（三）审核本院预算、决算。（四）保管财产。（五）监察一切财务。

第五条　本会分经济、教育二股。经济股主持本院经济事宜；教育股主持本院教育事宜。

第六条　本会每学期开会一次。第一学期院董会于寒假前召集之，第二学期院董会于暑假前召集之。如遇必要时，得开临时会议决一切。

第七条　本会得保管资产及规定学费及其他收入。

第八条　本章程有未尽事宜，得于本会开会时修正之。

本院院董台衔：

钱基厚　俞复　顾倬　顾宝琛　丁福保　邹家麟　蔡其标　孙家复　钱基博

以上各位院董于民国十六年请定。

穆藕初　荣德生　唐保谦　华绎之　程炳若　蔡兼三　荣宗敬　杨翰西

以上各位院董于民国十七年请定。

刘鸿生　丁梓仁

以上二位院董于民国十八年请定。

私立无锡国学专门学院院董会章程

第一条　本院董会以维持私立国学专门学院，振兴学务、发扬文化为宗旨。

第二条　本院董会分经济及教育两股。经济股以经济董事十人组织之，负保管学院财产及支配学院经济之责任；教育股以教育董事十人组织之，负学院教育计划及指导实施之责任。

第二条　本院董会经济及教育两股第一任董事均由学院院长函请之。教育董事任期两年，每年改选半数，由常会选举之，连举得连任；经济董事任期四年，连举得连任。

第四条　经济股及教育股各推主席董事一人，由各股董事各别推定之。

第五条　经济股董事每人每年担任学院经费五百元，每年学院会计年度开始时缴纳之。

第六条　本院董会每年开常会一次，于寒假前由院长商准经济及教育二股主席董事召集之。常会主席由出席董事临时推定，但出席常会董事不及(若干)人时不得正式开会。

第七条　除常会外，院长商准经济或教育股主席董事于适当时间得单独召集经济董事临时会或教育董事临时会。经济董事单独开会时，得由院长函请教育董事两人列席，有表决权；教育董事单独开会时，亦得由院长函请经济董事两人列席，有表决权。

第八条　学院教育方案未经教育董事会议通过，不得实施；学院年度预算及年度决算未经经济董事会议通过，经济董事不负其责。

第九条　关于经济之议案须得经济董事过半数之同意通过之；关于教育之议案须得教育董事过半数之同意通过之；关于一般之议案须得常会出席董事过半数之同意通过之。

第十条　各股董事有缺额时，由常会函聘补充之。

第十一条　本章程有未尽事宜，经常会议决，得增加或修改之。

谨启者：上月二十七日，本院开院董会时公推唐星海先生将《院董会章程》整理、起草，敬遵照本学年第一届院董会议决案，奉上台察，征求同意。

先生如有赐教，请于十日内见复为荷。逾期无异议者，作为有效。专此。谨请

先生大鉴

私立无锡国学专门学院董事会　谨启

三月二十日

唐校长呈教育部改正校名函

为呈复事窃敝校案奉钧部“第三一五零号指令”开:呈悉。查《大学组织法》第四条,规定大学分文、理、法、教育、农、工、商、医各学院。该院研究国学,拟改为独立学院,于法殊无根据。仍仰遵照本部“一三四六号训令”,将该院改名为“私立无锡国学专修学校”,以符定制。此令。等因。又奉钧部“第二零零四号训令”开:案查该院前呈请改名独立学院,俟组织就绪,当将办理情形具报备查等情。业经本部令知该院应遵照“一三四六号训令”,改名为“私立无锡国学专修学校”在案。兹查本月二十三日该院呈送《十八年度教职员及本预科新生及转学生一览表》,仍用旧有校名,应即查照本部前令,改正名称,并将参照“大学规程”关于“专修科”之规定办理情形呈报备核。此令。等因。奉此。当即遵照办理,改名为“私立无锡国学专修学校”,一切当参照“大学规程”关于“专修科”之规定办理,以符定制。惟窃有请者,敝校自开办以来,已近十年,尚为社会所信仰。目前在校各学生及已毕业诸生均愿改组独立学院,以餍众望。惟兹事体大,谨拟依照“文科教育科规程”悉心筹划,俟定有办法,再当呈请指示,以期仰副钧部作人之意,实为德便。再本校改名以后,应请钧部颁发钤记,以资信守。此件暂用专门学院图记,合并声明。

谨呈

教育部长蒋

私立无锡国学专修学校校长唐文治

私立无锡国学专门学院
改名私立无锡国学专修学校

教育部训令私立无锡国学专门学院改名私立无锡国学专修学校

(教育部训令字第一三四六号)

令私立无锡国学专门学院:

为令遵事:查该校名称组织与新颁《大学及专科学校组织法暨规程》均有未合。应改名为私立无锡国学专修学校,参照"大学规程"关于"专修科"之规定办理,以符名实。仰即遵照。此令。

部长:蒋梦麟

中华民国十八年十月二十九日

教育部令改正校名并将办理情形具报由

（教育部训令字第2004号）

令私立无锡国学专门学院

案查该院前呈请改名独立学院，俟组织就绪，当将办理情形具报备查等情。业经本部令知该院应遵照“一三四六号训令”，改名为“私立无锡国学专修学校”在案。兹查本月二十三日该院呈送《十八年度教职员及本预科新生及转学生一览表》仍用旧有校名，应即查照本部前令，改正名称并将参照“大学规程”关于“专修科”之规定办理情形呈报备核。此令。

部长：蒋梦麟

中华民国十八年十二月三十日

唐校长呈教育部公函

为呈复事案奉钧部"第一零一号指令"开:呈悉。该校既改正名称,所请颁发钤记姑予照准,候刊就再行颁发。仰仍迅遵前令,将参照"大学规程"关于"专修科"之规定办理情形呈报备核。此令。等因。查敝校现在所有入学资格、共同必修科目及试验规则,遵照令颁布"大学规程"第二十七条、专修科通用第十三条至十七条之规定,又第二十三条、第二十四条办理。至国学专修课目,则参照国立南京中央大学、北平大学文学院中国文学系规定学程办理。业经前大学院长蔡、中央大学校长张迭派柳诒徵、薛光锜、王瀣、汪东两度调查,认为合法,批准立案。至修业年限,遵照令颁规程第二十五条办理,以三年为限。所有敝校《董事会章程》、各项表册及学校状况均经先后呈报在案,合将办理情形呈报钧部备核。再,敝校钤记尚未奉到时,此件仍暂用旧时图记。合并声明。

谨呈

教育部长蒋

私立无锡国学专修学校校长唐

中华民国十九年一月十八日

教育部训令(校印)

（字第302号）

令私立无锡国学专修学校：

前据该校呈请颁发钤记，当经指令在案。兹由本部依照私立学校印信颁发办法，刊就木质钤记一颗，文曰“私立无锡国学专修学校钤记”，随文颁发。仰即具领，并将启用日期呈报，旧印截角缴销。仍应遵照本部“第一〇一号指令”将该校办理情形具报备核，毋再违延。此令。

计附发木质钤记一颗。

江苏省私立专科以上学校调查表

校　　名	私立无锡国学专修学校　校址　城内学前街
设 立 者	校董会
校董会 组织概况	分经济教育二股,每股各十人。经济股负保管学校财产及支配学校经济之责任,教育股负学校教育计划及指导实施之责任
校长姓名 及略历	姓名……唐文治　　任职年月　民国十年一月 略历……前南洋大学校长
学校沿革	创办年月……民国九年十二月 创办后发展情形……学生数逐年增加,初仅二教室,现有四教室
经费来源 及数目	由校董会拨发外,每年由省库拨助洋三千元
组织编制	行政组织{教务处、校务处、训育处}　学级编制{三年级、二年级、一年级}　校长室{教务处、校务处、训育处}
建筑设备	校地面积……四万九千五百六十方尺 校舍间数:一百余间 校具概数:二千一百余件 图书概数:二万二千零五十册 仪器概数:无 标本概数:无
职教员数	专任:六人,内:男　六人,女　无人 兼任:四人,内:男　四人,女　无人
学 生 数	男:一百四十人 女:无人 }……每人每年纳费六十元
毕业生数	男:一百六十四人 女:无人 }……毕业后出路{或在大学校任教授或在中学校任校长 或在政商二界任职务}
备　考	

民国二十年二月江苏省教育厅调查

校历选录及校董、教职员一览

民国二十二年度校历

第一学期				
年	月	日	星期	事　项
二二	八	一	二	登报招考第二次新生并开始报名
		二〇	日	先烈廖仲恺先生纪念日,不放假,派代表参加县党部纪念会
		二一	一	全校施行大清洁
		二六	六	全校大清洁完竣
		二七	日	孔子诞辰纪念,休假一天,举行纪念式
		三〇	三	第二次招考新生
		三一	四	第二次新生揭晓
	九	一	五	开始注册
		五	二	行始业式上课
		九	六	总理第一次起义纪念,不放假,派代表参加县党部纪念会。各班举定班、舍长
		一一	一	开始补考
		二一	四	先烈朱执信先生纪念,不放假,派代表参加县党部纪念会
		二二	五	补考完竣
	一〇	一	日	宣布九月份各班学生缺课表
		五	四	停止注册
		一〇	二	国庆纪念,休假一天,举行纪念式
		一一	三	总理伦敦蒙难纪念,不放假,派代表参加县党部纪念会
		一二	四	第一次各班小考开始。由教务处通知各教授分拟毕业论文题目
		二一	六	第一次各班小考完竣。汇齐毕业论文题目付印
		二三	一	宣布毕业论文题目,限十二月二十日交卷
	一一	一	三	宣布十月份各班缺课表
		一二	日	总理诞辰纪念式,休假一天,举行纪念式
		二三	四	第二次各班小考开始
	一二	一	五	宣布十一月份各班学生缺课表

续表

第一学期				
年	月	日	星期	事项
		二	六	第二次各班小考完竣
		五	二	肇和兵舰举义纪念,不放假,派代表参加县党部纪念会
		二〇	三	收齐毕业论文试卷,分发各教授评阅
		二五	一	云南起义纪念,不放假,派代表参加县党部纪念会
		三一	日	毕业论文试卷评阅完竣
二三	一	一	一	中华民国成立纪念举行纪念式。年假开始,共三日
		四	四	照常上课
		六	六	停课温习。宣布全学期各班缺课表
		八	一	学期考试开始
		一六	二	学期考试完竣
		一八	四	寒假开始共十四日
		二一	日	全校施行大清洁开始
		二六	五	全校大清洁完竣
		三一	三	招考转学插班生
第二学期				
年	月	日	星期	事项
二三	二	一	四	开始注册
		五	一	行始业式上课
		一〇	六	各班举定班、舍长
		一二	一	开始补考
		二二	四	补考完竣
	三	一	四	宣布二月份各班学生缺课表
		五	一	停止注册
		一二	一	总理逝世纪念,休假一天,举行纪念式
		一三	二	第一次各班小考开始。由教务处通知各教授分拟毕业论文题目
		一八	日	北平民众革命纪念日,不放假,派代表参加县党部纪念会
		二三	五	第一次各班小考完竣。汇齐毕业论文题目付印
		二五	日	宣布毕业论文题目,限五月二十日交卷
		二九	四	革命先烈纪念,休假一天,举行纪念式
	四	一	日	宣布三月份各班学生缺课表。春假开始,共七日
		九	一	照常上课

续表

第二学期				
年	月	日	星期	事项
		二三	一	第一次各班小考开始
	五	一	二	宣布四月份各班学生缺课表
		三	六	第二次各班小考完毕
		五	六	革命政府纪念,休假一天,举行纪念式
		九	三	国耻纪念日,不放假,举行纪念式
		一八	五	先烈陈英士先生纪念日,不放假,派代表参加县党部纪念会
		二〇	日	收齐毕业论文试卷,分发各教授评阅
		二一	四	毕业论文试卷评阅完竣
	六	一	五	本校复兴纪念,举行纪念式
		六	三	三年级停课温习。宣布三年级学生全学期缺课表
		八	五	毕业考试开始。各班停课温习。宣布各班学生全学期缺课表
		一一	一	学期考试开始
		一六	六	总理广州蒙难纪念,不放假,派代表出席县党部纪念会。毕业考试完毕
		一九	二	学期考试完毕
		二〇	三	筹备毕业典礼
		二一	四	举行毕业典礼
		二三	六	暑假开始
	七	二	一	登报招考新生,考期为八月二日,并开始报名
		九	一	国民革命军誓师纪念日,集会,庆祝

民国二十三年度校历

第一学期				
年	月	日	星期	事项
二三	八	二	四	招考新生
		三	五	新生揭晓
		五	日	登报招考第二次新生,考期为八月三十日,并开始报名
		二〇	一	先烈廖仲恺先生纪念日,不放假,派代表参加县党部纪念会
		二一	二	全校施行大清洁
		二六	日	全校大清洁完竣
		二七	一	孔子诞辰纪念,休假一天,举行纪念式
		三〇	四	第二次招考新生
		三一	五	第二次新生揭晓
	九	一	六	开始注册
		五	三	行始业式上课
		八	六	各班举定班、舍长
		九	日	总理第一次起义纪念,不放假,派代表参加县党部纪念会
		一〇	一	开始补考
		二一	五	先烈朱执信先生纪念,不放假,派代表参加县党部纪念会。补考完竣
	一〇	一	一	宣布九月份各班学生缺课表
		五	五	停止注册
		一〇	三	国庆纪念,休假一天,举行纪念式
		一一	四	总理伦敦蒙难纪念,不放假,派代表参加县党部纪念会
		一二	五	第一次各班小考开始。由教务处通知各教授分拟毕业论文题目
		二二	一	第一次各班小考完竣。汇齐毕业论文题目付印
		二五	四	宣布毕业论文题目,限十二月二十日交卷
	一一	一	四	宣布十月份各班学生缺课表
		一二	一	总理诞辰纪念,休假一天,举行纪念式
		一七	六	举行全校国文竞赛
		二一	三	第二次各班小考开始
	一二	一	六	宣布十一月份各班学生缺课表。第二次各班小考完竣
		五	三	肇和兵舰举义纪念,不放假,派代表参加县党部纪念会
		二〇	四	收齐毕业论文试卷,分发各教授评阅
		二五	二	云南起义纪念,不放假,派代表参加县党部纪念会

续表

年	月	日	星期	事项
第一学期				
		三一	一	毕业论文试卷评阅完竣
二四	一	一	二	中华民国成立纪念,举行纪念式。年假开始,共三日
		四	五	照常上课
		五	六	停课温习。宣布全学期各班学生缺课表
		八	二	学期考试开始
		一六	三	学期考试完竣
		一八	五	寒假开始共十四日
		二二	一	全校施行大清洁开始
		二六	六	全校大清洁完竣
		三一	四	招考转学插班生
第二学期				
年	月	日	星期	事项
二四	二	一	五	开始注册
		五	二	行始业式上课
		九	六	各班举定班、舍长
		一一	一	开始补考
		二一	四	补考完竣
	三	一	五	宣布二月份各班学生缺课表
		五	二	停止注册
		一二	二	总理逝世纪念,休假一天,举行纪念式
		一三	三	第一次各班小考开始。由教务处通知各教授分拟毕业论文题目
		一八	一	北平民众革命纪念日,不放假,派代表参加县党部纪念会
		二三	六	第一次各班小考完竣。汇齐毕业论文题目付印
		二五	一	宣布毕业论文题目,限五月二十日交卷
		二九	五	革命先烈纪念,休假一天,举行纪念式
	四	一	一	宣布三月份各班学生缺课表。春假开始,共七日
		八	一	照常上课
		二〇	六	举行全校国文竞赛
		二二	一	第二次各班小考开始
	五	一	三	宣布四月份各班学生缺课表
		二	四	第二次各班小考完毕

续表

第二学期				
年	月	日	星期	事　项
		五	日	革命政府纪念,休假一天,举行纪念式
		九	四	国耻纪念日,不放假,举行纪念式
		一八	六	先烈陈英士先生纪念日,不放假,派代表参加县党部纪念会
		二〇	一	收齐毕业论文试卷,分发各教授评阅
		三一	五	毕业论文试卷评阅完竣
	六	一	六	本校复兴纪念,举行纪念式
		六	四	三年级停课温习。宣布三年级学生全学期缺课表
		八	六	毕业考试开始。各班停课温习。宣布各班学生全学期缺课表
		一〇	一	学期考试开始
		一六	日	总理广州蒙难纪念,不放假,派代表出席县党部纪念会。毕业考试完毕
		一九	三	学期考试完毕
		二〇	四	筹备毕业典礼
		二一	五	举行毕业典礼
		二三	日	暑假开始
	七	二	二	登报招考新生,考期为八月二日
		九	二	国民革命军誓师纪念日,集会,庆祝

现任校董一览

教育股

姓名	字	籍贯	备注
钱基博	子泉	江苏无锡	董事长
钱基厚	孙卿	同上	
顾倬	述之	同上	
高阳	践四	同上	
陈纶	縠岑	江苏江阴	
顾宝琛	彬生	江苏无锡	
秦冕钧	达轩	同上	
冯振	振心	广西北流	
孙家复	飏香	江苏无锡	
陶守恒	达三	同上	

经济股

姓名	字	籍贯	备注
唐滋镇	保谦	江苏无锡	董事长
蔡文鑫	兼三	同上	
孙宗海		同上	
荣宗锦	宗敬	同上	
荣宗铨	德生	同上	
杨寿楣	翰西	同上	
杨寿枬	味云	同上	
华士巽	绎之	同上	
吴云山		江苏江阴	
张廷桂		江苏上海	
任傅榜	筱珊	江苏吴江	
薛慈明		江苏无锡	
丁彦章	梓仁	同上	

前任校董一览

姓名	字	籍贯
邹家麟	同一	江苏无锡
俞复	仲还	同上
丁福保	梅轩	同上
蔡其标	虎臣	同上
陆仁寿		同上
穆湘玥	藕初	江苏上海
刘鸿生	鸿生	

现任职教员一览

姓名	字	籍贯	职务	履历	通信处
唐文治	蔚芝	江苏太仓	校长	前南洋大学校长	本校
钱基博	子泉	江苏无锡	校务主任	前国立清华大学教授,现任上海光华大学国学系主任	无锡城内七尺场
冯　振	振心	广西北流	教务主任	前北流中学校长,国立交通大学教授,国立暨南大学教授,大夏大学教授	本校
陈　衍	石遗	福建闽侯	教授	前国立北京大学教授,厦门大学教授	苏州胭脂桥毛家弄
朱文熊	叔子	江苏太仓	教授	前南洋大学教授	本校
陈鼎忠	天倪	湖南益阳	教授	前东北大学、湖南大学教授	本校
曹　铨	次庵	江苏无锡	教授	前无锡师范学堂教员	无锡图书馆前
徐景铨	管略	江苏常熟	教授	前常熟县督学	无锡七尺场
叶长青	长卿	福建闽侯	教授	前金陵大学教授	本校
陆修祜	景周	江苏太仓	教授兼文牍	前南洋大学教授	本校
甘豫源	导伯	江苏上海	教授	国立东南大学教育学士,历任中央大学区教育行政院科员,现任江苏省立教育学院讲师兼研究实验部副主任	
董志尧	紫瑶	江苏宜兴	军事教官	上海中国体操学校毕业,历任江苏省立四中、六中、如中、太中体育主任、军事训练,现任省立锡师体育、国术,中国童子军第一五七团团长兼教练	省立无锡师范学校
李惕平		江苏无锡	党义老师	无锡县党部常务委员	无锡四郎君巷
侯鸿钧	敬舆	江苏无锡	国技教师	历任无锡劝学所劝学员,县立初级中学教员	四郎君庙巷
吴良澍	溉亭	江苏溧阳	训育	历任江苏省立第三、第六中学教员,及第三、第四师范教员,江苏特设艺术专修科主任、教员,南京美术专门学校教员,国立中央大学教授	本校
孙家复	飏香	江苏无锡	会计	前尊经雅、益友小学校长	本校
高文海	涵叔	江苏无锡	教务	前东林三师附小教员	本校
秦秉衡	秉衡	江苏无锡	校医	无锡疗养院长	无锡疗养院
王绍曾	介人	江苏江阴	图书馆管理	本校毕业,前商务印书馆编辑	本校
何德培	梅生	浙江峡石	图书馆管理	本校毕业	本校
姜谋深	谋深		书记		本校
黄彬昌	紫城		书记		本校

前任职教员一览

姓　名	字	籍　贯	职　务
王保譿	慧言	江苏太仓	职员
王蘧常	瑗仲	浙江嘉兴	教授
蒋天枢	秉南	江苏丰县	职员
韦焕章		江苏无锡	职员
陈　柱	柱尊	广西北流	教授
沈炳焘	健生	湖南长沙	职员
单　镇	束笙	江苏吴县	教授
刘觉民		四川荣县	教授
邓　楫	傅若	江苏无锡	教授
陈兆蘅	湘圃	江苏丹阳	教授
蔡莘耕	味畲	江苏吴县	教授
何葆恩	芸孙	江苏常熟	职员
陈保之		江苏南通	教授
周　澂	哲肫	江苏常州	教授
邱有珍	有珍	江苏淮阴	教授
秦仁存	亮工	江苏无锡	教授
丁儒侯	素堂	江苏泰兴	职员

私立无锡国学专修学校概况

大事记

施省之先生捐拨经费，创办国学专修馆，延请唐蔚芝先生为馆长。民国九年十二月

议定馆章，呈报立案，定名为无锡国学专修馆。聘请朱叔子、陆景周两先生为教授，沈健生、王慧言两先生为职员。赁馆舍于惠山，招收第一班学生三十人。九年十二月

行开馆礼。十年一月

刊印《十三经》。十年二月

孙鹤卿先生重建尊经阁作为教室，施省之先生另建宿舍，由县公署函请本馆迁入。十年十月

聘请陈柱尊先生为教授。十年十月

招收第二班学生三十人。十年十二月

刊印《十三经》完竣。十一年十一月

刊印《高忠宪公别集》。十一年十二月

招收第二班插班生十四人。十二年三月

选印《学生成绩初编》。十二月六月

派遣高材生五人赴宝应钞《朱子全集校注》。十二年十月

举行第一班学生毕业礼，共二十八人，并印《讲演集初编》。十三年一月

招收第三班学生三十人。十三年一月

举行第二班学生毕业礼，共二十七人，并印《讲演集二编》。十四年一月

招收第四班学生三十人。十四年一月

补行第二班插班生毕业礼，共六人。十五年一月

选印《学生成绩二编》。十五年一月

举行第三班学生毕业礼，共三十四人。十五年十二月

招收第五班学生四十二人。十六年一月

改名为国文大学。十六年三月

以时局影响停课两月。十六年四五月

董事会成立，改名国学专门学院，呈请教厅备案。十六年七月

第五班学生因上学期停课两月，改为秋季始业，添招九人，共五十一人。十六年九月

聘请钱子泉先生为教授。陈柱尊先生辞职，聘请冯振心先生继任。十六年九月

聘请钱子泉先生兼主任。十六年十一月

招收第六班学生四十人。十七年二月

聘请钱子泉先生为教务主任，冯振心先生为院务主任，高涵叔先生为训育，并租校外宿舍。十七年二月

参照国立大学中国文学系各项必修、选修学程，务期本院毕业学生程度与国立各大学中国文学系毕业程度相当。实行学分制，规定三年毕业。必修、选修科至少读满百二十学分。十七年二月

中央大学特派汪东宝、王瀣两先生调查本院状况。回京复呈，极称办理完善。十七年四月

增设国技选科，聘请徐哲东先生教授，并举行全体早操，练习弹腿、八字弓两项。十七年五月

大学院特派俞仲还先生莅院监考三民主义，学生全体应试。十七年六月

馆主孙鹤卿先生病殁，特开追悼会。十七年六月

举行第四班学生毕业礼，共十二人。十七年七月

招收第七班学生五十人。十七年八月

大学院特派柳诒徵、薛光锜两先生来院切实调查报告，条例符合，成绩优良，即于九月二十日批准立案。十七年九月

教授徐哲东先生、职员沈健生先生辞职，聘请徐管略、孙飏香先生继任。十七年九月

聘请刘觉民先生任党义教授，侯敬舆先生任国技教授。十七年九月

董事会添聘经济董事十人。十七年十二月

董事唐保谦先生等提议在本院宿舍后空地建造鹤卿图书馆，请程炳若先生总理其事。遵照鹤卿先生遗嘱，补助本院三年经费共六千五百元，移作建造图书馆经费。十八年一月

遵照教育部通令，增加军事训练，聘请史渭清先生教授。十八年四月

举行图书馆奠基礼。十八年四月

招收第八班学生五十六人。十八年八月

聘请单束笙先生为教授。十八年八月

军事训练教授史渭清先生辞职，聘请蔡味畲先生继任。十八年九月

图书馆落成。十八年九月

由北平、太仓两处先后运来图书一万五千册，连同本院原有图书六千册移度新建图书馆，举行开幕典礼。十八年十月

奉教育部令，改名“私立无锡国学专修学校”，参照“大学规程”第五章“专修科”办理。十九年一月

依据教育部令，利用文庙余屋作为教育产业之用。本校爰修葺文昌阁及其他余屋扩充校舍，并在无锡县政府教育局备案。十九年二月

教授单束笙先生辞职，聘请邓傅若先生继任，又聘请陈湘圃先生为教育学教授。十九年二月

举行第五班学生毕业礼，共二十九人。十九年六月

教授朱叔子、邓傅若、陈湘圃三先生辞职，聘请叶长卿、陈保之两先生继任，并聘请陈斠玄先生为特约讲师。十九年八月

招收第九班学生八十人。十九年八月

选印毕业论文，定名《学生丛刊》。十九年十月

校长制成校歌，请上海沈叔逵先生编谱，并定“作新民”三字为校训，请校董华绎之先生书匾。二十年一月

举行十周年纪念并第六班学生毕业礼，共十七人。二月一日上午行纪念式，由校董穆藕初先生给凭致训辞。二十年二月

聘请甘导伯先生为教育学教授。二十年二月

招考插班生。二十年二月

举行国文全体竞赛，核计平均分数最多之班给以锦标奖旗，以后每学期举行一次。二十年四月

遵照教育部令，举行十九年度录取新生甄别考试，合格者共五十四人。二十年五月

建筑第一进新校舍八幢，共费洋九千六百元。请本邑陶达三先生督工，全任义务，不受酬谢。二十年六月

举行第七班学生毕业礼，共二十八人。二十年六月

教职员会议议决，自下学期起，兼收女生，因宿舍不敷，概行通学。二十年七月

招收第十班学生七十四人。二十年八月

聘请陈石遗先生为特约讲师。二十年八月

聘请普仁医院美籍薛女士教授女子救护队课。二十年十月

国联会教育科员唐克尔、培根伦来校参观，并请演讲。两君谓中国文化赖本校一线维持，赞叹不置。二十年十一月

训练总监部派李启朝教练官来校加紧军事训练。二十年十一月

新校舍落成。二十年十二月

补行第六班学生毕业礼，共二人。二十一年一月

招考插班生。二十一年一月

教授陈保之先生辞职，仍聘请朱叔子先生继任。二十一年二月

本年春因受沪战影响，虽各教授齐集而学生到者不及半数。诸同人互相激励，照常开课，并通知未到学生从速到校。二十一年二月

李教练官由训练总监部召回。二十一年三月

不放春假，补足迟到学生功课。二十一年四月

举行第八班学生毕业礼，共二十一人。二十一年六月

招收第十一班学生四十六人。二十一年八月

党义教授刘觉民先生辞职，聘请邱友珍先生继任。军事训练教授蔡味畲先生辞职，聘请董志尧先生继任。叶长卿先生辞职，聘请周哲肫先生继任。又聘秦亮工先生为书法教授。二十一年八月

举行第九班学生毕业礼，共九人。二十二年一月

招考插班生。二十二年一月

敦请章太炎、李印泉、蒙文通、陈柱尊诸先生莅校演讲。二十二年三月

赴惠山驻锡第八十八师司令部练习实弹射击。二十二年四月

派男女生赴江南中学男女部试教。二十二年五月

举行第十班学生毕业礼，共十九人。二十二年六月

招收第十二班学生，共八十人。二十二年七月

建筑第二、第三进新校舍十二幢，又扩充运动场一区。二十二年七月

教授周哲肫、邱友珍、秦亮工，职员丁书堂诸先生辞职。聘请叶长卿、李惕平、曹衡之、吴溉亭诸先生继任。又聘陈天倪先生为教授。二十二年八月

敦请章太炎先生莅校演讲。二十二年十月

举行第十一班学生毕业礼，共十二人。二十三年一月

本校丛书第一种《通鉴纪事本末书后》出版。二十三年一月

租借左邻空地开辟运动场。二十三年一月

招考插班生。二十三年二月

就原有运动场改辟校园，并建亭棚，栽植花木。二十三年三月

本校丛书第二种《礼记大义》、第三种《孟子概要》、第四种《史汉文学研究法》出版。二十三年四月

简　章

一、宗旨　本校宗旨在研究本国历代之文化，明体达用，发扬光大，期于世界文化有所贡献。

一、管教　本校管教之组织分左(下)列三项

(甲)本校设校长一人，综理全校。

(乙)本校设教务主任一人，综理一切教务事项；校务主任一人，综理一切教务外之事项。

(丙)本校教职员均为校务委员。凡遇校中重要事务，由校长临时召集开会。开会时以校长为主席，议决后由校长执行之。

一、班级　本校学生现分第一年、第二年、第三年三级。第一年级两班，二、三年级各一班，每班以五十人为额。

一、投考　本校入学资格须曾在已立案之公私立高级中学或同等学校毕业或具有同等学力经入学试验及格者。但取录同等学力之学生以录取总额五分之一为度。

一、纳费　本校学生每学期入校注册时应纳学费三十元，膳费三十元，宿费六元，讲义费二元，图书费二元，杂志费一元，运动费二元，医药费二元，仆役费一元，书籍自备。又初入校时，须缴制服徽章费十元，多还少补。另缴存损失保证费五元，毕业时查无损失退还。如中途离校，所缴各费概不发还。

一、毕业　本校学生在校满三学年，修足本校规定学分时，由校长召集校务委员会核给毕业文凭。(学分详课程表)

一、课程　本校课程分必修、选修两科。必修科规定六十四学分，选修科规定至少须修满六十六学分，至多不得过八十六学分。

课　程　表

一必修科(共六十四学分　第一年三十四学分　第二年三十学分)

课　程	每周授课时数	教学年数	学分	第几年必修	用　书
1 中山学说	一	二	四	一二	《中山全集》
2 军事训练	二	二	四	一二	

3 国学概论	三	一	六	一	讲义
4 文学史	三	一	六	一	讲义
5 文字学	三	一	六	一	《段注说文》兼讲义
6 文化史	三	一	六	二	柳诒徵《中国文化史》
7 修辞学	二	半	二	二	讲义
8 目录学	三	一	六	二	《四库简明目录》兼讲义
9 散文选	四	二	一六	一二	《古文辞类纂》《经史百家杂钞》
10 韵文选	二	二	八	一二	《古诗源》、“三朝诗别裁”兼讲义

二选修科

（甲）义理类

（子）经学	每周授课时数	教学年数	学分	第几年选修
1 论语	二	半	二	一
2 学庸	一	半	一	一或二
3 孟子	四	半	四	一
4 孝经	一	半	一	一
5 易经	二	半	二	三
6 春秋公羊谷梁传	二	半	二	二或三
（丑）周秦汉诸子学	每周授课时数	教学年数	学分	第几年选修
1 老子	二	半	二	二或三
2 庄子	四	半	四	二或三
3 荀子	四	半	四	二或三
4 董子	二	半	二	二或三
5 墨子	四	半	四	二或三
6 管子	四	半	四	二或三
7 韩非子	三	半	三	二或三
8 孙子	二	半	二	二或三
9 公孙龙子	一	半	一	二或三
10 吕氏春秋	三	半	三	二或三
11 淮南子	三	半	三	二或三
12 论衡	三	半	三	二或三
（寅）魏晋玄学	三	半	三	二或三
（卯）隋唐佛学	三	半	三	二或三

(辰)宋元明清理学	每周授课时数	教学年数	学分	第几年选修
1 宋元学案	四	半	四	二或三
2 明儒学案	三	半	三	二或三
3 学案小识	二	半	二	二或三
4 近思录	二	半	二	二或三
5 思辨录	二	半	二	二或三
6 朱子年谱	二	半	二	二或三
7 阳明集要	二	半	二	二或三

(乙)辞章类

(子)文学批评类	每周授课时数	教学年数	学分	第几年选修
1 文心雕龙	二	半	二	二或三
2 诗品	一	半	一	二或三
3 史通	二	半	二	二或三
4 文史通义	二	半	二	一或二

(丑)总集类	每周授课时数	教学年数	学分	第几年选修
1 诗经	三	半	三	二或三
2 楚辞	二	半	二	二或三
3 文选	四	半	四	二或三
4 花间集	二	半	二	二或三
5 花庵词选	二	半	二	二或三
6 绝妙好词	二	半	二	二或三
7 元曲选	四	半	四	二或三

(寅)别集类	每周授课时数	教学年数	学分	第几年选修
1 曹子建集	二	半	二	二或三
2 陶渊明集	二	半	二	二或三
3 谢康乐集	二	半	二	二或三
4 庾子山集	二	半	二	二或三
5 徐孝穆集	二	半	二	二或三
6 李太白集	三	半	三	二或三
7 杜少陵集	三	半	三	二或三
8 陆宣公集	二	半	二	二或三

9 韩昌黎集	三	半	三	二或三
10 柳柳州集	二	半	二	二或三
11 白香山集	三	半	三	二或三
12 李义山集	二	半	二	二或三
13 欧阳文忠集	二	半	二	二或三
14 曾子固集	二	半	二	二或三
15 王荆公集	二	半	二	二或三
16 苏东坡集	二	半	二	二或三
17 黄山谷集	二	半	二	二或三
18 陆剑南集	二	半	二	二或三
19 元遗山集	二	半	二	二或三
20 归震川集	二	半	二	一或二
21 姚惜抱集	二	半	二	一或二
22 洪北江集	二	半	二	二或三
23 恽子居集	一	半	二	一或二
24 曾文正集	二	半	二	一或二

（丙）考据类

（子）经类	每周授课时数	教学年数	学分	第几年选修
1 尚书	二	半	二	二或三
2 周礼	二	半	二	二或三
3 仪礼	二	半	二	二或三
4 礼记	三	半	三	二或三
5 尔雅	三	半	三	二或三

（丑）史类	每周授课时数	教学年数	学分	第几年选修
1 左传（附国语）	四	半	四	二或三
2 史记	四	半	四	二或三
3 汉书	四	半	四	二或三
4 后汉书	四	半	四	二或三
5 三国志	三	半	三	二或三
6 南北史	三	半	三	二或三
7 五代史	三	半	三	二或三
8 资治通鉴（附读史方舆纪要）	四	半	四	二或三

9 续通鉴	三	半	三	二或三
10 通鉴纪事本末	四	半	四	二或三
（寅）述学类	每周授课时数	教学年数	学分	第几年选修
1 南雷文集	二	半	二	二或三
2 鲒埼亭集	二	半	二	二或三
3 潜研堂集	二	半	二	二或三
4 研经室集	二	半	二	二或三
5 汪容甫丛书	二	半	二	二或三
6 魏默深集	二	半	二	二或三
7 龚定庵集	二	半	二	二或三
（卯）札记类	每周授课时数	教学年数	学分	第几年选修
1 困学纪闻	二	半	二	二或三
2 日知录	二	半	二	二或三
3 东塾读书记	二	半	二	二或三
（丁）经世类	每周授课时数	教学年数	学分	第几年选修
1 通典（附续通典、清通典）	四	半	四	二或三
2 通志（附续通志、清通志）	四	半	四	二或三
3 文献通考（附续通考、清通考）	四	半	四	二或三
4 经世文编（贺正盛续）	三	半	三	二或三
5 胡文忠全书	二	半	二	二或三
6 曾文正全书	三	半	三	二或三
7 左文襄全书	三	半	三	二或三
8 李文忠全书	三	半	三	二或三

一、休假　本校休假日期除本校特别纪念外，悉依部颁《修正学校学年学期及休假日期规程》之规定

一、考试　本校分临时考、期考、毕业考三种

校史概略

民国九年

十二月，施省之（肇曾）、陆勤之（起）两先生捐拨经费，创办国学专修馆，延请唐蔚芝（文治）先生为馆长。议定馆章，呈请立案，定名为无锡国学专修馆。宣布讲学宗旨，以救正人心，复兴中国文化，发扬民族精神为本。赁馆舍于惠山之麓。招收第一班学生三十人。行开馆礼。

民国十年

二月，刊印《十三经》。

十月，孙鹤卿（鸣圻）先生就金匮县训导公署旧址重建尊经阁，作为教室。施省之先生另建宿舍，由县公署函请本馆迁入。十二月，招收第二班学生三十人。

民国十一年

十一月，刊印《十三经》完竣。

十二月，刊印《高忠宪公别集》。

民国十二年

三月，招收第二班插班生十四人。

六月，选印《学生成绩初编》。

民国十三年

一月，举行第一班第一届学生毕业礼，共二十八人，并印《讲演集初编》。招收第三班学生三十人。

民国十四年

一月，举行第二班第二届学生毕业礼，共二十七人，并印《讲演集二编》，招收第四班学生三十人。

按：去年秋，齐卢军启衅锡邑，全境骚然，校长及教授督饬诸生读书不辍。迨本月，苏奉战事又起，齐军以无锡为根据地，交通断绝，城门昼闭，投考诸生隔绝城外，苦不胜言。惟时唐校长适丁外艰，赖馆董孙鹤卿先生尽力维持，教授陈柱尊（柱）、职员沈健生（炳焘）两先生坚定不去。二月初，诸生始复齐集开学上课，校长在家读礼，诸生就谒受课。

民国十五年

一月，补行第二班插班生毕业礼，共六人。选印《学生成绩二编》

民国十六年

一月，举行第三班第三届学生毕业礼，共三十人。招收第五班学生四十二人。

三月，受匪人骚扰影响，停课两月。

按：是年三月，匪人徐梦影用无锡教育局长名义，突将本校勒令解散，驱逐员生，驻扎军队。事起仓猝，损失极巨。诸生临别摄影为《泣别图》，星散而去。停课两月余。五月，徐梦影在沪伏法。六月一日，学生崔履宸、路式遵等公请校长复职，悲喜交集，爰议定诸生毕业期展缓半年。

七月，董事会成立，改名“国学专门学院”，呈请教厅备案。

民国十七年

二月，招收第六班学生四十人。参照《国立大学中国文学系各项必修选修学程》，实行学分制，其程度亦与相当。规定三年毕业，必修选修学程至少须读满一百二十学分。

四月，中央大学特派汪旭初（东宝）、王伯沆（瀣）两先生调查本院状况。回京复呈，极称办理完善。

五月，增设国技选科，并实行全体早操，练习谭腿、八段锦等。

六月，大学院特派俞仲还（复）先生莅院监考“三民主义”，学生全体应试。院董孙鹤卿先生病殁，特开追悼会。举行第四班第四届学生毕业礼，共十二人。

八月，招收第七班学生五十人。因校舍不敷，租借四郎君庙为校外宿舍，共住三十人。

九月，大学院特派柳翼谋（诒徵）、薛仲华（光锜）两先生来院调查报告，条例符合，成绩优良，即于九月二十日批准立案。

民国十八年

一月，依照院董孙鹤卿先生遗嘱，将补助本院三年经费共陆千五百元，建造图书馆于本院宿舍之北。

四月，遵照教育部通令增加军事训练。

八月，招收第八班学生五十六人。

九月，图书馆落成。

十月，由北平、太仓两处先后运来图书一万五千册，连同本院原有图书六千册，移庋新建图书馆，举行开幕典礼。

民国十九年

一月，奉教育部令，改名“私立无锡国学专修学校”，参照“大学规程”第五章“专修科”办理。

二月，依据教育部令，利用文庙余屋，作为教育产业之用，由本校修葺文昌阁及其他余屋，扩充校舍，并在无锡县政府教育局备案。

六月，举行第五班第五届学生毕业礼，共二十九人。

八月，招收第九班学生八十人，第一学年分甲、乙两班教授，后同。

十月，选印毕业论文，定名《学生丛刊》。

民国二十年

一月，校长制成校歌，请上海沈叔逵先生编谱，并定“作新民”三字为校训。

二月，举行十周纪念并第六班第六届学生毕业礼，共十七人。招考插班生。

四月，举行全校国文竞赛。核计平均分数最多之班，给以锦标，并定以后每学期举行一次。

五月，遵照教育部令举行十九年度录取新生甄别考试，合格者共五十四人。

六月，建筑第一进新校舍八幢，共费洋九千六百元。举行第七班第七届学生毕业礼，共二十八人。

七月，教职员会议，议决自下学期起兼收女生，但因舍宿不敷，只可通学。

八月，招收第十班学生七十四人。

十一月，国联会教育科员唐克尔、培根伦来校参观，并请演讲。俱谓中国文化赖本校一线维持，赞佩不置。

十二月，第一进新校舍落成。

民国二十一年

一月，补行第六班学生毕业礼，共二人。招考插班生。

按：是年春，因受沪战影响，虽各教授齐集，而学生因道途梗阻，到者不及半数。诸同人互相激励，茹苦含辛，半尽义务，照常开课。

四月，不放春假，补足迟到学生功课。其缺课过多者，一律延长一学期，改在冬季毕业。

六月，举行第八班第八届毕业礼，共二十一人。

八月，招收第十一班学生四十六人。因投考新生往往程度低浅，即高中毕业生，亦有不能及格者。为应社会需要并谋补救办法，特添设补习班。补习时间暂定一年，招收学生三十五人。

民国二十二年

一月，举行第八班第九届学生毕业礼，共九人。招考插班生。

四月，赴惠山驻锡第八十八师司令部练习实弹射击。

五月，派三年级男女生赴江南中学男女部试教。

六月，举行第九班第十届学生毕业礼，共十九人。

七月，招收第十二班及补习班学生，共九十四人。建筑第二、第三进新校舍十二幢。

民国二十三年

一月，举行第九班第十一届学生毕业礼，共十二人。刊印本校丛书第一种丛书《通鉴纪事本末书后》出版。租借左邻空地开为运动场。

二月，招考插班生。

三月，就原有运动场改辟校园，并建亭棚，栽植花木。

四月，本校丛书第二种《礼记大义》、第三种《孟子概要》、第四种《史汉文学研究法》出版。

五月，本校丛书第五种《十三经提纲》出版。

六月，举行第十班第十二届学生毕业礼，共十五人。建造盥洗室。

八月，招收第十三班及补习班生共九十六人。本校丛书第六种《周易消息大义》出版。

九月，因校舍不敷，租借西水关马姓房屋为校外宿舍，共住学生三十余人。赴民众教育院联合各校实弹射击。

十二月，本校丛书第七种《庄子新义》出版。

民国二十四年

一月，举行第十班第十三届学生毕业礼，共十七人。招考补习班插班生。

四月，扩充图书馆，添造楼房两幢。

五月，本校丛书第八种《老子通证》、第九种《名家五种校读记》、第十种《文心雕龙校读记》先后出版。

五月，教育部派参事陈梓屏（泮藻）、编译主任陈可忠两先生到校视察，"奉部令，该校风气朴质，用堪嘉许"云云。赴惠山实弹射击。

六月,举行第十一班第十四届学生毕业礼,共二十九人。

七月,租借西水关裴姓房屋为校外宿舍,约住学生二十人。

八月,招收第十四班及补习班学生,共八十八人。本校丛书第十一种《文史通义注》出版。

十月,赴惠山实弹射击。

十一月,赴民众教育院联合各学团会操。

十二月,在太湖宝界桥旁相校舍基地,可得五十余亩,先购定二十余亩。

按:近年本校学生日众,校舍无可恢扩,实不能容。教职员公议,佥以如此局促,租借校外宿舍照料难周,所租邻地操场转瞬满期,实非久计。爰相地于太湖之滨、宝界桥畔,可得五十余亩,就校董捐款与本校历年积存之款,先购定二十二亩,作为基础,嗣后陆续商购云。

教育部训令(第14511号)

教育部训令
(高字第14511号)

令私立无锡国学专修学校:

本部为培养文书应用人才起见,特指定该校设置二年制文书专修科,训练学生五十名,核定每年补助费肆万元。合行,令仰遵照。并拟订计划及课程纲要送部备核。此令。

部长:陈立夫

中华民国三十一年四月十八日

关于文书科呈教育部公函

为遵令拟具《文书专修科计划及课程纲要》呈请备核由

桂 字 第 六 六 号
民国卅一年五月廿六日

私立无锡国学专修学校呈

教育部

案奉钧部本年四月十八日高字第14511号训令开:本部为培养文书应用人才"录原文"送部备核等因。奉此。兹谨遵令拟具计划及课程纲要乙份,呈请察核备案,实为公便。谨呈。

附呈文书专修科计划及课程纲要一份

私立无锡国学专修学校校长唐文治假
教务主任、代理校长冯振

私立无锡国学专修学校
商聘校董第一次谈话会议纪录

时　　间　卅一年九月二十四日

地　　点　桂林市乐群社

出 席 者　刘侯武　雷沛鸿　李济深　黄钟岳　李任仁　徐启明　冯　振

主　　席　李济深

纪　　录　欧阳革辛

报告事项　从略。

决议事项

一、呈请教育部增拨特别补助费及经常费。

二、函请广西省政府拨发特别补助费及经常费。

三、向外募捐。

散　　会

私立无锡国学专修学校
迁桂第一次校董会会议纪录

时　　间　卅二年三月十四日

地　　点　军事委员会桂林办公厅

出 席 者　李济深　李任仁　刘侯武（郑毅生代）　黄　维　黄钟岳　蒋庭曜　雷沛鸿（冯振代）　冯　振　高　阳（蒋庭曜代）　黎民任　徐启明

主　　席　李任潮先生

纪　　录　欧阳革辛

报告事项

一、主席报告出席缺席人数（出席十一人缺席四人）及开会理由（从略）。

二、冯校董报告此学校情形（从略）。

修正章则（另印）

校董会章第二条“本会以创设无锡国学专修学校”，“无锡”二字删去。

第六条　董事长任期改为三年。

第七条　本会之职权加（一）本校学制之决定，余依次顺改。

组织大纲第一条“无锡国学专修学校”上加“私立”二字。

第二条　本国历代文化，历代二字删去，期于世界文化有所贡献。

第三条　“负经营全校之事”删去，呈请教育部增设，下加“有关国学”四字。

第五条　校长室设秘书一人，校长室三字删去。

第六条　改为本校设教务主任一人，职员若干人，组织教务处。教务主任秉承校长主持全校教务，由校长选聘本校教授兼任之。余第七第八条依次照此修改。

讨论事项

一、呈请　委座暨财政部教育部广西省政府增拨补助。

二、董事长并由学校函请李长官、白副总长、孔部长、盐务局、广西银行捐助。董事长及各校董以私人名义函请捐助。

三、由此函校钞备摘册收处交各校董，随时向外界募捐。

推举董事长

推定李任潮先生为董事长。

散　　会

本校迁桂第二次校董会议纪录

时　　间　三十三年元月二日
地　　点　本校会客室
出 席 者　李济深　梁漱溟　李任仁　雷沛鸿　黄　维　黎民任
　　　　　蒋庭曜　冯　振
主　　席　李济深
纪　　录　蒋庭曜

议决事项

（一）校董高践四先生逝世，公请梁漱溟先生为本校校董。

（二）教育部颁发校董会钤记，议决本日为开始启用日期。

报告事项

（一）校长报告学校概况及经费预算决算。

议决事项

一、校董高践四先生逝世，公请梁漱溟先生为本校校董。

二、教育部颁发校董会钤记，议决本日为启用日期。

三、本校基金及设备费如何筹集，议决：

（一）拟具办法，用本会名义函请省政府通饬各县捐助。

（二）请教育厅以造就各县中等学校国文师资理由予以补助。

四、校董离桂如在三个月以上，议决应指定出席校董代表参加会议。

本校迁桂第三次校董会议纪录

时　　间　三十三年五月六月
地　　点　桂林市社会服务处
出 席 者　李济深　黄侣竑　刘侯武　黄　维　李任仁　梁漱溟
冯　振　蒋庭曜　雷沛鸿(冯振代)
主　　席　李济深
纪　　录　蒋庭曜
报告事项
冯代校长报告学校近况。
讨论事项
扩充校址,应如何通行案。
议　　决　由学校当局相机进行。
冯代校长报告。
本学期学生人数 242 人、上学期 284 人。
教职员人数 33 人。
毕业生人数:三年制 21 人。
五年制 9 人。
文书科 13 人。
经费
本学期发到去年特别补助费 40 000 元、前年 20 000 元。
核定本年文书科补助费 120 000 元、去年 45 000 元。
其他补助费尚未核定。
建筑
教职员宿舍一座　共十二间。
学生活动室一座　共四间。
合计 230 000 元。
唐校长近况。

江苏省教育厅关于私立无锡国学专修学校附属高中的批复

本县私立无锡国学专修学校附属高中校长唐文治呈称，该校于本年二月间开办的聘教职员或来自大后方，或来自乡间，并无一人任过敌伪中等学校教职员等情，据此，理合据情转呈仰请鉴核。

江苏省政府教育所所长陈

据私立无锡国学专修学校附属高中呈复，该校教职员无一曾任敌伪中等学校教职员等情，转请鉴赐核备由。

民国三十五年七月二十五日

文别　呈　办任机关省教所　附件

县长:徐如彬

主任秘书(印钤)　秘书(印钤)　科长(印钤)　科员(印钤)　事务员

七月二十五日九时拟稿

月　日　时核稿

月　日　时判行

七月二十九日十六时缮写

月　日　时校封

月　日　时盖印

月　日　时封发

月　日　时归档

案奉　丙教字第四一八〇号

钧所教一字第3849号训令:饬将本县中等学校教职员甄审其或并无曾任敌伪中等学校之教职员毋庸送审亦应申复一案，遵经令饬遵办具报在案，兹据。

苏南行政公署指令

私立无锡国学专修学校改名中国文学院

据请更改校名指令照准。

令私立无锡国学专修学校：

卅八年七月三日呈一件，"呈请更改校名为'中国文学院'仰祈核准由"。呈件均悉，同意该校更名为"中国文学院"，仰即根据计划书筹备进行，并随时将进行情形具据为要。此令。

三十八年七月八日

中国文学院院务委员会会议纪录

私立无锡中国文学院第一届院务委员会三十八年度第一次会议纪录

时　　间　三十八年九月十九日下午八时半

地　　点　院长室

出 席 者　唐文治(严代)　钱海岳　蒋庭曜　庞澹人　严济宽　郑学弢　冯励青　冯寿耆　陈震之

临时主席　严济宽

讨论事项

一、院长提:严济宽先生为本会副主任委员案。

决议通过

主　　席　严济宽

纪　　录　郑学弢

讨论事项

一、生活辅导会提:本会业经遂照苏南行署之规定,除生活辅导委员会主任委员及教务长为当然委员外,由教授会推选代表严济宽、蒋庭曜、郑学弢三人,学生会推选临时代表宋潜深、王冠伦二人(共七人)组织成立,特提请追认备案。

决议:通过准予备认案。

二、教务处提:本院奉准改制,原有班级归并办法,业经改制前末次校务会议议决如次。

原来班次	归并班次
新一甲	预科乙组
新二乙	预科甲组
新二甲	文学系一年级乙组
新三乙	
新三甲	同上甲组
新四甲、乙	文学系二年级甲、乙组
新五甲、乙	文学系三年级甲、乙组
旧一甲	文学系一年级甲组
旧二甲、乙	文学系二年级甲、乙班
旧三甲、乙	文学系三年级甲、乙班

上列办法,并经通知各同学在案,请予追认案。

决议:准予追认。

三、教务处提,原有文书科学生应如何处理案。

决议:

（一）自愿转入本院文学系者准予按照班次插入并补读必修科目。

（二）如有请求保留原科者，应俟报请行署核定后办理。

四、教务处提：请确定本院正式上课日期案。

决议：

（一）定九月二十二日（星期四）起正式上课，在未正式上课以前先上临时课。

（二）根据向例，学生所修学程凡缺少实际上课钟点满四分之一者（按实际授课时数计算），不得参加大考。

五、教务处提：本院文学系外语课程应如何确定案。

决议：

（一）定俄文为第一外国语；英文为第二外国语。

（二）俄文课：文学系一年级为必修；二、三年级选修。

（三）英文课：文学系各年级及预科均得选修。

六、秘书处提：本期学费，经本日师生座谈会协商结果，确定办法如次：

（一）缴费数额以白粳米三石为标准，一次缴足。

（二）缴费时如以人民币折算，按当日报纸所载市价（隔日价格）为准。

（三）如已按折实单位缴纳学费者，照缴费日米价及折实单位牌价清结之。

（四）代收各费仍按原定七折实单位代收特提请备案。

决议：准予备案。

七、秘书处提：本期学杂各费分配比例应如何确定案。

决议：学费占百分之七十五；

杂费占百分之十五；

宿费占百分之十。

八、秘书处提：本期经费预算应如何编制案。

决议：

（一）从速组织经济委员会交秘书处于本星期内拟具该会组织规程送会讨论。

（二）由秘书处先按四百担米及三百担米编制两种预算送经济委员会签订审核意见后呈报本会核定。

九、秘书处提：本会会期应如何确定案。

决议：

（一）本会每月举行常会一次，必要时得随时合开临时会议。

（二）本会开会前应公布关于规章办法之草案应有点议程，俾全校师生得充分提供意见。

散会

下午十一时十分

济宽

并　校

江苏省苏南人民公署指令

指令　教一字第一七三号
一九五〇年四月十三日

为准该院并入公立文教学院指令遵照由

令私立无锡中国文学院：

该院因种种原因无法维持，一再请求并入公立文教学院，且入春以来，牵延月余，迄未开学。本署以所请不合维持改造私立学校之既定方针，未便率尔照准。但该院历史较久，困难极多，实有特加照顾之必要，经呈请华东军政委员会转呈中央人民政府教育部核办，顷以接奉电令特准该院并入公立文教学院，除分令知照外，特规定合并办法如下：

一、指定公立文教学院童润之、古梅、徐朗秋及该院严济宽、冯励青等五人组织临时委员会，负责办理该院并入公立文教学院事宜，以童润之为主任委员，严济宽为副主任委员。

二、该院专任教职员原则上一律转为公立文教学院教职员，工友由公立文教学院分别留用或处理之，留用人员一律自四月份起支薪。

三、决定公立文教学院增设语文教育系，原该院文学系学生经编级、试验后，转入该系继续学习。原该院语文专修科二年级应届毕业生，得特设专门学习组，按该院原制办理毕业。原该院语文专修科一年级停办，其学生经编级、试验后，得转入公立文教学院适当系科。原该院预科停办，学生有高中三年级以上同等程度，经考试合格者，得编入公立文教学院适当系科一年级，程度太低者，列册报请本署教育处负责助其转学。

四、该院全部教产、校具、图书、仪器及其他一应物品，应分别造具清册，交由公立文教学院接管，并呈报本署教育处备查。在未正式办理交接以前，该院原院务委员会应切实负责妥为保管。

五、其余有关合并交接之具体问题，随时呈请本署教育处核办之。

六、限四月二十日前合并完毕，并具报备查。

上开各项除分令外，仰即遵照办理。此令。

主　任　管文蔚
副主任　刘季平

二、唐文治与无锡国专

学校培养人才论己酉

唐文治

一家之中，颠连多故，或贫乏不能自存。有子弟焉，崭然见头角，则无害也，异日将有所恃也。或乃以为不中不才，而疑之忌之，摧之残之，废之弃之，如是则其家终无望矣。今者科举停，宪政举，天下之人才将尽出于学校。天下之言政治、言学术、言外交法律、为农工商诸实业者，将尽出于学生。天下之所仰赖者，非学生而谁赖？而世乃有疑之忌之，摧之残之，废之弃之者，抑又何也？盖自教化不明，天下多得一新旧不相保，则所以正其本而清其源者，惟视乎培养之道。

培养之道，宜加意者，在彼此相见以诚。今夫家庭之间，因严教敬，因亲教爱，融融泄泄，未尝闻用权术也。天下至诚而不动者，未之有也。今遇学生而以权术行之，在我先不能立于无过之地。盖我以权术御人，人遂百出其权术以尝我。疑幻之甚，而膜隔生焉；膜隔之甚，而戈鋋起焉。夫治民之道，一以为婴儿，一以为龙蛇，其效已大相径庭矣。兹者以名臣名儒望于人，而以盗贼无赖待其人，惟以盗贼无赖待其人，而人且以盗贼无赖自处也。戕贼杞柳，斫丧萌芽，君子不胜其痛心矣。是岂国家菁莪作育之至意乎？

培养之道，宜加意者，如保赤子。张子有言："民，吾同胞；物，吾与也。"天下人之子弟，犹吾之子弟也。今人之爱其子弟，无所不至。试思他人之子弟入学之时，其父兄之反复叮咛，有如何者矣！居学之时，其父兄之梦魂记忆，有如何者矣！他人之父兄以赤子属我，即国家以无数之赤子委托于我。赤子乳之而不以其时，不得其饱，则啼哭随之。今我之爱护而不用其诚，约束而不得其术，教诲而不能满其愿、给其求，是犹乳之而不使饱也。赤子之啼哭呼号，又焉怪乎？知此者则可以揣其本矣。

培养之道，宜加意者，如植佳木。出口气而伤之，句者有不出，萌者有不达者矣。故慎勿伤之。纵其自生自长，而不加剪祓，则其枝叶扶疏四出，有拳曲而不中绳墨者矣。故慎勿纵之，渥加灌溉，有旁出者稍稍剪祓，而大木乃奋迅凌霄而不可遏。起居之宜洁清也，寒暖之必慎护也。思吾国生计之日艰，不得与欧洲比，则学费宜稍从减也。思长养者皆吾国民，知饮食之有讼，随时申儆庖厨也。皆灌溉之法也。害马不除，则骐骥短气；稂莠不去，则嘉禾减色。纳之于礼义之中，束之于范围之内，此剪裁之法也。

培养之道，宜加意者，在讲明道德，本身以作则。蒙尝有言：道德，基础也；科学，屋宇垣墉也。彼淹贯科学，当世宁无其人？然或忘身徇利，一旦名誉扫地，譬诸基础未筑，则屋宇垣墉，势必为风雨所飘摇而不能久固。如此者，由道德之不明也。而道德之所以不明者，由无人为之则也。夫《论语》首言学而，即继以孝弟。《孟子》七篇，首辨义利，而即继以不遗亲、不后君。圣贤明训，昭然若日月。兹者群经之大义，固已晦盲否塞，即吾国文子之精微，亦有见为迂腐而不足复存者何也？以其溺于陈言，而羌无新理也。今宜以至新之心理，发明至古之道德，且俾天下学者知圣贤之道，实在于行而不在于言。则吾中国道德文章，或可不绝于天下。凡培养之道,累千万言不能罄,而撮其大要,举不外此。

抑吾闻圣门之言:“我不欲人之加诸我,我亦无加诸人。视下如手足者,视上如腹心。”吾又闻西哲之言:“脑力之相印,迅于疾电。”吾向所谓疑之、忌之、摧之、残之、废之、弃之者,其主持学校之不得其人与?抑学生激之使然与?夫激之使然,而使疑忌、摧残、废弃者有所藉口,则所以贻学校之害者,岂非学生之责与?虽然,激之使然者,其谁激之使然?充其类至于国家无人才之可用,又岂学生之责与?宣圣系《剥》之上九曰“硕果不食”。天不绝我中国之学人,窃愿大书此说,以告天下同志之君子。

(此文颇求为天地立心,文气其来无端,其去无涯,极似韩文公《答吕翳山人书》,非庸人所能知也。)自记。

正课以后拟添设西文补习课庚戌二月

唐文治

为咨明事。窃照本学堂自光绪三十四年(1908)上学期开课以后,每逢星期日添设国文补习课,分为两班,特班由本监督亲自讲授,正班派国文总教习李联珪教授,前经咨明在案,迄今循照旧章,不稍弛懈,核其成绩,尚有进步。现在上、中院各生班次益多,外国文一科,除英文外,尚有德文、法文,程度或未能一律,而学生之努力向学者,也愿于正课钟点外加功补习洋文。本校每日正课均于下午四点三十分为止,现定正课完毕之后添设西文补习课,以一点钟为率。除中学初年级程度尚浅,但令其温习正课,无庸补习外,其自二年级以迄专科,力能兼程而进者,听其报名补习。计分英文为一科。德文、法文各一科,程度尤高者,并设拉丁文一科。欲入何科,听各该生自占。此项授课时间,均从各教员认定钟点内匀出,月薪并无所增。计每星期间,凡入西文补习课者,俱增六点钟之课程,裨益当复不浅。至于才力不逮、无暇补习者,悉听自便,以免竭蹶。又自上年下学期开始,校中特设英文会,以会话、演讲、背诵为主,不得涉及朝政。总会每学期一次,在大会堂举行,本监督亲行莅视。分会每星期一次,在各课堂举行。择其英语娴熟、辩论优胜者,酌予奖励。其临会规避,或屡假不到者,薄定罚则。盖无论何种科学,均须熟娴文法,方能窥其精奥。是会专习英文,所以厚植其根柢。

附录:

英文会章 1910 年(宣统二年二月)

一、宗旨:以增进英文上之知识,以会话演讲为主要。凡关于朝廷得失,个人名誉者,一概禁止。

二、会员:本校全体学生一律为会员。

三、职员:全体为总会,各班为分会。总会举会长一、副会长二、书记员二;分会举会长、副会长、书记员、会计员各一。以上职员均以学生充之,每学期初重举,被连举者连任。本校监督及管理员、教员之莅会者,均为纠察员。唯各分会开会时,本班英文教员须常到督率。

四、会务:总会每学期在大会堂开会一次,预期择题分部,届时依次辩论,末请纠察员中一人评判。分会每星期在各课堂开会一次,每次一小时半,依点名册次序,轮值五人演讲,或用自著论说,或选名人撰作,行有余时,则以会话。

以上总会开会之时日,由每学期新举之职员议定,报告监督。

五、赏罚:总会会员之辩论优胜者,于是会后由监督赏以金牌。分会会员之演讲会话均有进步者,亦由监督于每学期终,给以实物或名誉奖励。

会员有临时不能到会者,须先期函致书记员告假。如有故意规避,或不预行告假者,每次罚银一角。在英文课及用英文教授各课时,误用国语一语者,专科生罚铜元二枚,二、三、

四、五年级生罚铜元一枚，初年级生免罚。罚款由会计员收存，俟积有成数，由职员选购英文书籍，以为各分会参考之用。其在上列课时，有必须用国语达意之处，应先以英语申明，否则照罚。

学生格（节录）壬子

唐文治

学生在学校时谓之修业，修业以何为要？学业自立诚始；人格自立诚始。惟精神贯注到极致处，而后能学之弗能措，问之弗知弗措，思之弗得，辨之弗明，行之弗笃弗措，愚者可以明，柔者可以强。反是而不诚，则明者变为愚，强者变为柔矣。乃或谓居今之世，用诚易受人愚，不如机智之为愈。不知孔子曰："不逆诈，不亿不信。抑亦先觉者，是贤乎？"周子曰："诚精故明。"惟诚乃能先觉，乃能精明，未有至诚而受人愚者也。况不诚则欺，近今欺诈之徒，常自以为得计，岂知天下实无可欺之事，亦决无可欺之人，凡欺人者皆其自欺者也。小人闲居为不善，无所不至，见君子而后厌然，掩其不善而著其善。人之视己如见其肺肝然，则何益矣。此谓诚于中，形于外。故君子正心修身之学，必先诚意。慨自世变多故，人心侜张佻薄滑稽者，尊崇之曰写意；谨愿朴实者，迂视之曰认真。观此景态，实堪诧异。试问天下何事可假？何谓认真？且认真可谓之迂士乎？且天下有何时何地何事可以写意者乎？社会教育以此为口头禅，至于欺诈之人，盈天下皆是，国焉得而不危乎？吁可痛也！张子曰："戏言出于思也，戏动作于谋也，非一朝一夕之故也。"今为我学生开宗明义先讲一诚字，以为身心性命之根本。惟是至诚乃尽性赞化之极功，岂能一蹴而致，初学之道当奈何？曰：当自不妄言始。《礼记·曲礼》篇云："幼子常视无诳。"（视，示也。）惟不诳言、不妄言，而后能不欺，能为言，惟诚而后成其为人。故曰："诚之者，人之道也。"言成人之道也。以上论"诚"。

国民有恒久之精神，国家始有恒久之基业。故一国之长久，在治国者之有恒；一家之长久，在治家者之有恒。周家开国传嬗至八百年，皆文王、武王、周公恒久之精神有以致之也。《易传》曰："天地之道，恒久而不已。四时变化，而能久成。圣人久于其道，而天下化成。"又曰："君子以言有物，而行有恒。"于此可见，恒久者生人命脉之所关，不独学问为然，即起居日用一切莫不贵乎有恒。西人每办一事，期以十年，或二十年，或五六十年。当其身不成传之其子，其子不能成，又传之其孙，其恒久之精神达于数世。又其谋一事，此人不成，他人继之。他人不成，后来者又继之，务底于成而后已。独吾国民则不然，吾学生则更不然。志趣无定，作辍靡常。甚至今岁学师范，明年学实业，今岁学工业，明年学商务，有一年之中入数校者。并其命名亦复无定，今岁系某名，明年又易某名。营营扰扰，见异即迁。其心则驰于外而不收，其气则浮于上而不沉，以致外人讥吾国民只有五分钟之热度。以是而欲成事业难矣。以是一哄之气习，而欲求国基之巩固抑又难矣。故今为吾学生大声疾呼，讲有恒二字，必须有恒久之志气，而后有恒久之精神。大抵学问之道宜分三层：其始也，当勇往而精进；其继也，当优游而涵泳；其终也，当贞固而不懈。然而矢有恒之志气易，保有恒之精神难。有恒之精神半生于历练，半根于生理。我国民我学生，非不知有恒之益，然往往因身体不健，以致精神萎靡，不能持久。故学者宜先讲求卫生，能卫生则有恒之基以立，乃能操之而不舍，行之而无倦，无论风雨晦明，干戈戎马，造次颠沛，决不中辍矣。抑更有进者，孟子曰："其进锐者，其退速。"又曰："助之长者，揠苗者也。"凡人之可与谋始，难与图终者，皆由于躁进而欲速。余尝教人读书之法，譬诸一人每日能读书二十页，只须每日读十五页，毫无间断，则十日可得一百五十页，一月即得四百五十页矣。倘使一人每日能读三十页，而强读四十页，至三五日后厌倦渐生，再数日则弃之而不读矣。故无间断之功，乃事业之所由成，天下之至无敌者也。愿吾学生奋有恒之精神，勉之勿懈。若亡而为有，虚而为盈，约而为泰，将何为乎？将以欺人乎，抑自欺乎？无学而自以为有学，无能而自以为有能，于境遇则日忧其不足，于学问则常视为已足，以是求学，呜呼难矣！呜呼其可羞也已！以上论"有恒"。

人生当世，孝弟忠信礼义，以廉耻为归宿。管子云："礼义廉耻，国之四维，四维不张，国乃灭亡。"人道之以耻为重，尤日用之以衣食为重也。人乎！人乎！何为而无耻乎？吾思人虽至愚，至不肖，至猛，至悍，然苟阖户而诏以廉耻之道，或令其清夜自思，未有不面赤汗下憬然悟者。然而此良心发现之时何其少也！以父母生我清白之躯，甘下同于乞墦之齐人，富贵功名之所在，货利之所萃，不恤屈吾心、磨吾骨以奔竞之，虽为人厌，为人恶，受人呵斥，祸害及身，犹恋恋而不舍，或则伺候于公卿之门，奔走于形势之途，足将进而趑趄，口将言而嗫嚅，作种种之丑态，以侥幸于万一。呜呼！可耻矣，可耻矣！然而吾有为学生正告者，更不必言其大，而先举其细：譬之在校考试之时，或怀挟抄袭，倩人捉刀，或请求师长多给分数，甚者钻谋无所不至。以父母生我清白之躯，何为而为此等事乎？岂非可耻之尤者乎？平居意气扬扬自命不凡，以为我办天下之大事者也，我中国之豪杰人也，见无志节之士，辄痛骂之不遗余力，乃一旦遇微细之事，已营私舞弊，干求请托如此。然则身入社会，身入政界，其卑鄙龌龊恐有十倍百倍于今日者。因一人一事而败坏全校之名誉，他日即因一人一事败坏全国之名誉，试问何以对国家？何以对学校？何以对父母？何以对本心？兴言及此，将有幡然泣下者矣。呜呼，可耻矣，可耻矣！人能耻此等无耻之事，庶乎可以无耻矣，耻之于人大矣！人之生也，同此耳目，同此心思，何为而不若人乎？然而学问之不若人也，才智之不若人也，行诣之不若人也，推而至于文化之不若人也，武力之不若人也，风俗之不若人也，国势之不若人也，皆可耻之尤者也。《中庸》云："知耻近乎勇。"知耻而后能愧奋，愧奋而后能自强。故欲求所以免耻之实，惟在卧薪尝胆，埋头于学业而已。然所谓卧薪尝胆者，要在晦韬自藏。若嚣嚣然号于众曰："我卧薪也，我尝胆也。"而究其实，绝不因所知以求所能，是正所谓一哄之习气，无耻之尤者也。呜呼！不耻不若人，则何有若人之一日乎？（朱子云："但无耻一事不如人，则事事不如人矣。"此说稍晦，宜纠正之。）机变之巧，非指形器而言，乃指心事而言。人之心思唯务取巧，必至于欺诈阴险，穿窬害人而后已。故曰："无所用耻焉。"曾文正有言云："吝召杀，忮召杀，巧召杀。"故凡人之一味取巧者，未有能善终者也。特为吾学生大声疾呼，讲明有耻二字。以上论"有耻"。

学者立志，必须为天下第一等人。以第一等人自命，且不免为第二、第三等人。若立志不高，则不知为何等人矣。语所谓取法乎上，仅得其中者此也。陆桴亭先生论为学宗旨云："尚志居敬以立其本，致知格物以观其通，天德王道以会其全，尽性至命以要其极。"可见初学之基始于立志。譬之建九仞之台，根脚必须完固，人而无志不可为人，立志而误亦不能以成人。故所谓以第一等人自命者，并非狂妄之谓，要在归诸实践。居恶在仁是也，路恶在义是也，乃实践处也。若徒侈然自大，乃至旷安宅而不居，舍正路而不由，则是自暴自弃之流，尚有何志之可言乎？"志伊尹之所志。"何以特举伊尹？孟子述伊尹之言曰："天下之生此民也,使先知觉后知,使先觉觉后觉也。予天民之先觉者也,予将以斯道觉斯民也,非予觉之而谁也?”重读三予字,有挺然自任之意,所谓匹夫有责是也。禹思天下有溺者犹己溺之,稷思天下有饥者犹己饥之,是皆以天下自任之意。伊尹思天下之民,匹夫匹妇有不被尧舜之泽者,若己推而内之沟中,其所以自任天下之重者,非为功名富贵也,为救天下之民也。故问我之所志,必当如伊尹。“学颜子之所学。”何以特举颜子?程子云:“学问之道,自明而诚,诚之之道在乎信道笃,信道笃则行之果,行之果则守之固,仁义忠信不离乎心,造次必于是,颠沛必于是,出处语默必于是,久而弗释则居之安,动容周旋中礼,而邪僻之心无自生矣!”故颜子所事,则曰:“非礼勿视,非礼勿听,非礼勿言,非礼勿动。”仲尼称之则曰:“得一善则拳拳服膺而勿失之矣。”又曰:“不迁怒,不贰过。有不善未尝不知,知之未尝复行也。”此其好之笃,学之之道也,故问我之所学必当如颜子。过则圣,过此格也;及则贤,及此格也。此系圣贤之格,故不及亦不失于令名。孟子曰:“彼丈夫也,我丈夫也。有为者亦若是。”特为吾学生振起精神讲明尚志二字。以上论“尚志”。

孟子之学得自曾子,故七篇中发明曾子微言甚夥。君子之所以异于人者,以其存心也,此心字即本心。明本心则为人,昧本心则为禽兽。仁者,长人之德,礼者,嘉会之源,孝之所推也。仁者爱人,有礼者敬人二语,即《孝经》“爱亲者不敢恶于人,敬亲者不敢慢于人”之义,孝之道爱敬而已矣。故下文曰:舜人也,我亦人也。舜为法于天下,可传于后世,我由未免为乡人也,是则可忧也。忧之如何?如舜而已矣。非仁无为也,非礼无行也。可见舜之所以为舜者,并无奇特之处,亦不外乎爱敬而已。爱敬之道,兆端于家庭,弥纶于宇宙。《诗》云:“自西自东,自南自北,无思不服。”能爱敬,则推之四海,何所不通?所谓此心同、此理同。人人皆有良知,即人人皆如爱敬也。特为吾学生剀切恳挚讲明爱敬二字。以上论“爱敬”。

《学记》末节云:“三王之祭川也,皆先河而后海,或源也,或委也,此之为务本。”《学记》之所以以此作结者,欲人之不忘本也。父生我者也,师教我者也,尊敬师长所以不忘本也。天下之忘本者未有能成人者也。心丧三年亦报本之意,故《学记》又曰:“师无当于五服。”五服弗得弗亲。昔陈相背陈良而学许行,孟子责其背师,而引孔子、曾子之事以感动之。汉时最重师法,有违背师法者,为名教所不齿。古人之敬师如此。以予所见,外人尊师之礼,亦特为郑重。乃吾国学校师弟之间,毫无感情。学生之视其师,漠然无异于路人,甚至疾视其师,凌侮其师,偭弃规则,败坏礼法,莫此为甚。《学记》曰:“善学者,师逸而功倍,又从而庸之(庸,功也。)不善学者,师勤而功半,又从而怨之。”今不自咎其不善学,而但怨其师,不亦难乎?而为师者亦遂因此心灰意沮,不复尽心以训迪。呜呼!此何等景象乎?夫师严然后道尊,道尊然后民知敬学,可见师者学术之根源,而全国之命脉也,其可不敬乎?其可不敬乎?特为吾学生大声疾呼,训以尊敬师长之道。

又案《论语·子罕》篇,子曰:“法语之言(法语者,正言之也。)能无从乎?改之为贵,巽与之言,(巽言者,婉而导之也,)能无说(通悦)乎?绎之为贵,(绎,寻其绪也。)说而不绎,从而不改,吾未如之何也已矣。”夫法语巽言,无非爱我劝我,而有说而不绎,从而不改者,皆因循之所致也。故因循二字,最足以废学业,隳人道,为学者之切戒。又《论语》曰:“群居终日,言不及义,好行小慧,难矣哉。”又曰:“饱食终日,无所用心,难矣哉!”盖言不及义,无所用心,于是逆师废学之事,因之而起。故《论语》二难矣哉,尤为学者之大戒。以上论“尊师”。

学生之对于学校,爱情而已矣。有爱情于学校,乃能有爱情于社会,有爱情于社会,乃能有爱情于国家。此义于前爱敬一条已发之。惟天下之有爱情者乃能有公道,故人道以公德为尤重。近世学子罔知公益,于己物则爱之、宝之,于公家之物则毁之、弃之,甚至若仇视之者。然岂特学校?社会亦复如此。推是心以往,于是公事则任意废弛,公地则任意蹂躏,公产则任意侵割,以致外人讥我国人但有私心,绝无公德。吁!可痛哉!要知天地间之物,无论出于天产,出于人工,或属于私,或属于公,皆当有以爱之、护之。予常训我子弟,天下动物植物,无不含有生意生机,故曾子曰:“断一木,杀一兽,不以其时,非孝也,为其轻于伤生也。”且譬诸用一丝、食一粟,亦曾念及蚕理之苦乎?亦曾念及稼穑之艰乎?至于人工之物,所以成之者,谈何容易。试思我能制造何物?我所能制造之物,尚不忍毁之,而况不能制造者乎?譬诸我不能建造房屋,而乃随意毁瓦画墁;我不能制造纸张,而乃随意扯撕涂抹,反之本心,忍乎不忍?凡天下之无所不忍者,皆其违背人道者也;天下之伤残物理,皆其戕贼天理者也。西人斯宾塞尝谓:“学生任意毁弃器物而不加禁止,是养成其残忍之性质,此非细故也。”又西谚云:“毁一瓦易,成一瓦难。”此虽童蒙皆当知之,特为吾学生反复叮咛,训以维持公德之道。须知爱公家之物,无异于我自己之物,反是则不成人。以上论“公德”。

楚庄之才不如齐桓、晋文,而亦列于五霸者,在能训民以勤。民生在勤,勤则不匮,此楚之国民教育也。民勤则思,思则善心生。逸则淫,淫则忘善,故勤者,人道之所由立也。先儒谓勤能补拙,晋陶侃谓大禹惜寸阴,吾辈当惜分阴。予尝谓时光之可贵,譬诸处明日而欲再求今日之时光,不可得也;处薄暮而欲再求日中之时光,不可得也;处彼刻而欲再求此刻之时光,不可得也。迅速如此,岂不大可惧乎?光阴稍纵而即逝,学业亦稍纵而即逝。屈子云:“老冉冉其将至兮,恐修名之不立。”韩子云:“业精于勤荒于嬉。”愿吾学生及时勉之。以上论“勤”。

至于俭德尤为人生之至宝,《左氏传》曰:“俭,德之共也,心不敢肆,是以谓之共也。”乃近时学子于彰身之富,欲食之精,宫室之美,皆欲仿西人之奢侈,以为非此几不足以为荣。试思我国生活程度能否与西人相比例?且西人制用预算,出入皆足相抵,吾国家政鲜有预算,所以入不敷所出,而唯务奢侈以争一时一刻之虚荣,甚至举祖宗之产业、父兄之血赀,而尽丧失之,或者摇尾乞怜以求贷于人,虽系故家之子弟,而廉耻无存,本心尽丧。呜呼!可痛哉!郑子臧好聚鹬冠(取青羽以为饰,盖冠之至美者),郑伯闻而恶之,使盗杀之于郑宋之间。《左氏传》讥之曰:“服之不衷,身之灾也。”《诗》曰:“彼己之子,不称其服。”子臧之服,不称也。大夫不称其服,其事似乎细微,然而杀身之祸已随其后。呜呼!可畏哉!古人云:“由俭入奢易,由奢入俭难。”一开其端,则涓涓不息,遂至无所底止。是以凡人之心奢则溢,溢则放僻邪侈之行滋。俭则敛,敛则恭敬撙节之行立。天地生物所以与我,皆当留其有余。故俭者人道之节制,所以寡嗜欲而养心性也。尝读诸葛武侯诫子书曰:“君子之行,静以修身,俭以养德,非淡泊无以明志,非宁静无以致远。”又与后主言曰:“成都有桑八百株,薄田十五顷,子孙衣食自有余饶。臣身在外,别无调度,不别治生以长尺寸。若死之日,不使廪有余粟,库有余财以负陛下。”及卒,果如其言。如武侯者,真可谓大丈夫矣。特为吾学生再三申儆,训以勤俭之道。

至于前数年学校之中,亦不免讲居处,精饮食,借卫生之名,譬若奉骄子。风气所成,几几乎糜费愈多,愈可擅文明之美号,而于勤俭茹苦,身亲工作之要务,绝不闻有所提倡。迨至学生归家不能习惯,一遇劳苦之境,则一步不可行,一事不能办。此与西人学校事必躬亲者适成一反比例,所谓爱之而实以害之。呜呼!戒之戒之。以上论“俭”。

又按：房虚星昴各来复日，宗教家谓之礼拜日。是日也，省心改过、谢客杜门，有对越维虔之意。而吾国学校中，则以是为休假之日，游荡流连，散漫其心志，与西人适成一反比例。偶有从事于学业者，或告之曰："是不明教育之原理，将有碍于卫生。"呜呼！此等谬论，实为可怪。要知卫生者，重于起居、调息、饮食、清洁，勤劳其筋骨，乃可增加其功课。若以旷课为卫生，则彼终日荒嬉者，亦可谓有合于卫生乎？且彼前儒往哲，无休假日者，亦皆不知卫生而尽行夭折乎？试思外人之国情、国势、学问程度与我相悬若何？无昼无夜急起直追，犹虞不及，而犹借文明之语，开方便之门，虚掷无数青年可宝之光阴，流弊无穷，不知检束，此可为长太息者也。近来各处小学校略知此弊，有于星期日设各种补习课者，惟中学以上则未闻举行。余尝谓学生于星期日中，正宜仿古人半日读书、半日静坐或游息之意。半日读书，温习一星期内之功课，俾资结束，《论语》所谓"日知其所亡，月无忘其所能"是也；半日静坐或游息者，行曾子三省、颜子不远复之法，操存涵养以求放心；或出外游憩，得春风舞雩之乐，古人所谓藏焉、修焉、息焉、游焉是也。世有同志当不河汉斯言。以上论"游息"。

师友格(节录)壬子

唐文治

孟子曰:“声闻过情,君子耻之。”凡无实而盗名者,最为可耻。远实者,浮夸无实,孔子所谓:“亡而为有,虚而为盈,悾悾而不信者也。”是故无实而过情者,以之教人,虚憍浮动,其败立见。近世教育家,但务高论,不求实际,岂知铺张之意愈多,则实事求是之处愈少,莘莘学子,均染此疾,社会风气,从可知矣!故务实者,师道之本,所以拯人道于危亡也。以上论“务实”。

《学记》一篇,可为师范学校之课本。教法者,师范之权舆也,未有不明教法而能为师者。教授管理,皆重在心理,善教法者能深知学生之心理,而又能吸收学生之心理,俾之听受而细入。其施之也悖,其求之也佛(通拂,违逆),皆不知学生之心理者也。疾其师而师犹不觉,敷衍之为害也。虽终其业,去之必速。有毕业于学校,而叩其所业,茫然不能对答,昧然不能记忆者,虚掷青年宝贵之光阴,可痛矣!此固学者之过,抑为师者亦与有罪焉。君子之教也,贵在养其自治之能力,指导而不牵引之,故能和;勉强而不抑制之,故能易;开示而不尽达以告语之,故能思;此三者皆所以养其自治之精神也。能养其自治之精神,则学者皆有心得,较之外袭而取,稍久即忘者,不可同日而语也。或失则多,或失则寡,或失则易,或失则止,此四者固学者心理之失,而实教者心理之失,何也?盖以学者所不能领会之学理,而强以语之,犹以儿童所不能消化之饮食,而强以食之;以学者所必须参考之学理,而不以授之,犹以儿童必须进之饮食,而不以食之,其致之于病也,谁之咎哉?研究学生之心理者,不可不于此兢兢也。善教者使人继其志。为师者必有其学派,约而达,微而臧,罕譬而喻,皆教法也。明于教法,则可以传其学派矣,可谓继志矣。此两节,师范之正格也。以上论“教法”。

韩子有言:“师道之不传也久矣!”前《学生格》中曾教以尊敬师长。然为师者,当知所以自尊之道。自尊之道奈何?本身作则而已矣。作则之道奈何?道德有于身而已矣!此乃所谓师范,即为师者之格也。自风俗日偷,理义晦塞,家庭中之教育,既专以苟且幸进窃取利禄为务。幸而入于学校,则宜教之以道义矣。而为人师者,绝不知道德为何事,其躬蹈匪僻者,固无论矣!即有号为博学之士,对于学生,淡焉漠焉,动多隔阂,既不知其性情,又不知其气质,更不知其品行;对于学校,更无异于营业,但计薪资之多寡而已。其中热心教授,孜孜不倦者,固不乏人,然亦可遇而不可求也。青年之士,茫茫乎无所适从,纵有高尚之思想,清明之志气,亦转瞬而梏亡之,甚者误入歧趋,相观而化,久而风俗世道尚可问乎?扬子云曰:“师者,人之模范也。”模不模,范不范,为不少矣。呜呼!误人子弟,其孽无穷,素餐欺世,为祸更烈。曾亦思不爱人之子弟,己之子弟有能爱之者乎?贻误人之子弟,己之子弟有不为人所贻误者乎?至于为人保者(今之学监,古之所谓保也,《大戴礼》曰:保,保其身体),亦宜常思受人委托之重。学生有善则劝勉之,有过则督责之,或用直言,或用婉道,或用刚克,或用柔克，务令进于道义之途。至于疾病，则宜维持之，调护之，不可稍有懈忽，稍有隔膜。盖既受他人父兄委托之重，则学生在校时，安危疾病，忧乐郁舒，均与吾身休戚相关，当思己之爱怜子弟如何，他人爱怜子弟亦复如此。譬诸种植小树然，稍一摧伤，则立见枯槁矣。孔子曰："少者怀之。"孟子曰："幼吾幼以及人之幼。"此即所谓师范也，亦即所谓人格也。吾特开诚布公而言之，世有罪我者，所不计也。以上论"爱护学生"。

论语曰："君子上达，小人下达。"予常谓上达之难，如气球升空然，收足轻气，鼓动需时。而下达之易，则如高处抛物往下然，有地心吸力以吸之，至为迅速。荀子所谓"从善如登，从恶如崩"，亦即此义，可惧也。盖凡人之气质，或偏于厚，或偏于薄，或偏于清，或偏于浊。所以变化之者，惟有两端，读书取友而已。读书而正，取友而端，则其为君子可知也。读邪僻之书，取游荡之友，则其为下流之归可知也。故欲考学者之美恶邪正，观是二者而即知之。大抵人生所最当注意者，惟在于一化字，化不在形迹，而在精神之间。今人有从一师，交一友，洎乎至密，而语言意味，亦渐形似之者，所谓化也。入兰芷之室，久而不闻其香；入鲍鱼之肆，久而不闻其臭，皆精神中之同化也，其可不慎乎？其可不慎乎？如长日加益而不自知，此益乃所谓真益。盖交良友，则口不为无益之言，身不为无益之事，心不为无益之思，其精进也，如绝尘而奔矣。交不良之友，如履薄冰，每履而下，则遍体鳞伤，久之，而心与之俱死矣！是故师友者，造就人格之阶梯也，有师友而后有人格。以上论"师友"。

驳学校不祀孔子议癸丑

唐文治

掊击之事，鄙人向所不为。然是非之界，万世人心，风俗所关，岂容不辨？前见教育部有不祀孔子议案，数月以来，各省各邑因此议案均观望依违，不敢复举孔祀。文庙殿庑，鞠为茂草。若任其沦胥，数十年后，我中国学子将不知孔子为何如人。纵使贤智之士独抱遗经，递相传嬗，然空谷幽芳，知音日寡，不久必至于淹灭。痛心之事，孰有甚于此者？因特作驳议，以此义公诸天下。夫前此教育所以腐败者，在仆仆考试诱人以利禄。行科举法于学校之中，致学者之心奔竞陷溺，兼之科条繁琐，用非所学，此其所以为谬。其咎初不在祀孔子也。今于正人心、明道德、谋普及、崇实业、提倡科学以造异能、注重管理以免横决诸重要事绝不闻提议，独先以不祀孔子，其理安在？

教育部之言曰孔子非宗教家，尊之自有其道，今乃以宗教仪式崇奉于学校之中，名为尊孔，实不合理。此不应拜孔子之理由一。呜呼！何其说之偏也。夫孔子非宗教家，西人之言也。且非西人之公言，一二人之私言也。庸讵知西人以神道为宗教，而吾孔子未尝不以神道设教？如"精气为物，游魂为变"、"惟皇上帝，阴骘下民"、"天厌之，天厌之"、"获罪于天，无所祷也"之类，四书五经中不胜枚举。孟子深得孔子之传者也，尝言"莫之为而为者，天"，而必曰"使之主祭而百神飨之，是天与之"。盖孔孟深知吾国中人以上之材始可以言理而不言数，言人而不言神。若中人以下之材，则不得不藉鬼神气数之说，使之震慑其心，然后能去恶而为善。向使孔学而非宗教，何以时时言天？然则孔子固不自命为宗教家，而谓为五洲之大宗教家可也。盖西人之所谓宗教，为中人以下言之也；中国之所谓宗教合中人以上、以下言之也。西人之所谓宗教，专指弃伦常、信虚无言之也；中国之所谓宗教，兼指讲伦常、议礼制、度考文言之也。故曰大哉孔子，言其学之无所不包，能赅万汇，为大教育家，即为大宗教主。此亦万国学人之所公认也。今据一二西人甚我之言，以为中国无宗教，至于道教、佛教，更不足言。夫因无宗教而谓我为野蛮之国，吾人亦将忍受之乎？

教育部之言曰：教育与宗教各有目的，不宜强合为一。今以似是而非之宗教仪式行于学校，既悖尊孔之义，尤乖教育目的。此不应拜孔子之理由二。呜呼！何其说之偏也。夫明于教育之原理者，尤宜求教育之事实。要知教者何，教所以为人之学也。育者何，育之以成其为人也。教以为人之学，而育之以成其为人，则必举数千年来崇奉敬仰之人以为目的。是教育与宗教断不宜分而为二者也。今以吾国学生之程度与西国之学生较，其文明将有过之乎？抑犹有所不及乎？夫以西国学生程度之高，其信教者且于学校中日日祈祷，时时讽经，可见教育之与宗教实有相与维系之理。西人且合而为一，今乃曰以"似是而非之宗教仪式行于学校"，何其说之偏也。夫原议者之意，不过欲废拜跪之礼而以学校为之先导，不知因革之义，当革腐败之政治，非革数千年以来之文教礼法。今欲一切扫除之，恐起贤士大夫之攻击，且不独起贤士大夫之攻击，又将起全国人之攻击。其意本以尊孔而适以废孔，《易》

言自天祐之、言洗心、言齐戒、言顺天命，诸经中均含有宗教性质。故居中国而言教育，断不可分教育、宗教为二。《左传》一书，言因果尤夥。若必欲分教育、宗教为二，势不举孔氏之书及一切中国经籍及名儒著作尽废去之不止。而攻击者且谓其意实欲废孔而名为尊孔。呜呼！其说愈偏而不知其事之愈危也。

教育部之言曰宪法公例，信教自由为三大自由之一。今以学校拜孔子之故，致令他教之子弟，因信仰不同，不肯入学，既悖宪法公例，尤于教育普及大生障碍。此不应拜孔子之理由三。呜呼！何其说之偏也。夫向之景教中人，入吾学校毕业以去者，不知凡几。信教自由，未闻障碍，教育部宁未之知？且彼奉耶稣教之学校，不闻因孔教子弟入彼学校而废其膜拜耶稣、讽诵《圣经》之例。是彼则宜坚持其教而传吾以他教，吾则宜自废其教而任人以传他教；彼之崇拜耶稣于教育普及绝无障碍，我之崇拜孔子则于教育普及大生障碍。天下有是理乎？呜呼！国粹之灭亡可为痛哭流涕者也。昔者外人讥我，谓中国交涉度量至为广大。何者？为其专让他人以权利，而绝不计彼此平等之权利。方今民国初建，高明之士曾不一鉴夫前车？呜呼！呜呼！尤可痛已。

凡为治者，最忌空言而不求实事，为学者亦切忌空言而不求实事，空言之为害于天下久矣。方今政界皆坐此弊，岂独教育一端为然？故名为百事俱举而实则无一事之实行。痛乎！悲夫！今必曰孔子非宗教，则必废释奠、废文庙、废经典，古礼古乐荡然无存，偭规改错，何所不至。欧美之新道德寂然未闻其输入，而吾旧有之道德则扫除之惟恐不尽。其嚣然不靖者，谓从此我可以恣睢以自肆；其安分循礼者，则群起违抗而大生其訾謷。此后政治将益无所措其手足。夫立一法、行一说，必审夫天下人心之从违。今中央政府之命令，几不能行于国门之外，而复使多数礼法之徒生无形之反抗。呜呼！是自危之道也。孟子曰："失其民者，失其心也。"人心之向背，国家安危之所由系也。今以教育至要之命脉，而于人心维系之几绝不措意，是皆持说悠谬，不求实事之过也。外人之眈眈也，行将瓜分吾国也；吾人之昧昧也，行将自灭其教也。呜呼！呜呼！此天下同志之士所当一心并力以争之者也。

无锡重建尊经阁碑记辛酉

唐文治

圣贤立教，常本于天性之不容已，人心之不容昧。子思子曰："天命谓性，率性谓道。"吾夫子传道明教，垂诸六经，炳然照耀于世者，二千数百年。教化与气运相为推移，而经术学术盛衰递嬗于其间。经学盛，则国以盛而人道明；经学衰，则国以衰而人道晦。粤稽前史，毫发不爽，然后叹天人消息之微，关系圣教非偶然也。宋明故事，诸行省郡邑于学舍旁皆建置尊经阁，庋藏经籍，所以齐道德，兴庶民，甚盛典也。无锡尊经阁为有明成化间府同知谢庭桂所建。咸丰十年庚申之变，庠序讲堂，废圮殆尽。迨同治改元，稍稍修葺，次第经营，而尊经阁迄未规复。今岁辛酉，钱塘施君肇曾创设国学专修馆于锡邑，延文治讲学于惠山之麓。当是时，邑绅孙君鸣圻、杨君寿楣慨焉发卫道之诚，特捐巨赀就金匮训导旧廨后隙地，重建尊经阁。复改善廨宇，俾馆生肄业其中。文治抚今追昔，是阁之废，距今适六十年矣。此六十年中，邦人士钩稽训故，精研文字，雍容先进，不乏通经致用之人。乃于尊经一阁，付诸阙如，必待孙、杨两君成兹盛举，抑独何哉？盖废而不遽兴者，人也；剥而自然复者，天也。至于推心理之大同，暨乎声气之翕然而无间，则又天人感应之枢机也。天地扶阳抑阴之心，崇正黜邪之理，常倚伏于无形，不可见而可见。故虽当世界昏蒙否塞之交，必有几希之明光，隐而复显，久之如水之竟委而穷源，如木之披华而结实，而圣人之教用以寖炽而寖昌，此则有赖于人心之善承天道振起而斡维之。比年以来，异端杂出而蜂起，正学荄滋不绝如线，一二浅见寡识之徒必欲摧残之以为快，偶有讲求经学者，则相与讥笑唾侮，斥为迂愚。数千年之礼义文教几几乎坠地无余，黉舍成墟，生徒废经而不读。问所谓尊经旧址，则蓬蒿榛莽，极目萧然，徒见樵夫牧竖，踯躅往来，搢绅父老，凭吊欷歔而不能置。由是人情风俗，如江河之日下而无所底止，是岂造物之不仁欤？盖天下兴亡，匹夫有责，而圣教经学之存亡，则吾中国士夫皆与有责焉者也。今孙、杨两君独能发愤重建斯阁，不为风挠，不因谤避，讵曰："摅怀旧之蓄念，发思古之幽情而已。"盖将扶翼圣教于举世不为之时，作中流之砥柱而为天下倡也。孟子曰："一乡之善士，斯友一乡之善士；一国之善士，斯友一国之善士。"苏省夙号声明文物之邦，誉髦斯士济济跄跄，然必不惑于歧途，斯能纳之于正轨。兹者吾锡国学专修馆创于先，尊经阁建于后。一乡一国之间度必有闻风兴起者。《易》曰："山下出泉，蒙以养正，圣功也。"又曰："硕果不食，尚消息盈虚，天行也。"君子于是知天人交会之几，无平而不陂，无往而不复也。

《无锡国学专修馆文集甲编》序癸亥

唐文治

文集之昉何自乎？其昭明之选乎？胜华沸丽，为文人摛藻之资，非圣人之本意，文集之自出也。然则其楚骚之辞乎？哀歌纾怨，蒸成楚风，一家一先生之言，未极人文之变，未可为文集之昉也。子长不云乎："《诗》三百，大抵圣贤发愤之作。"征十五国之风，以极政治之变；列大小雅之文，以极兴亡之迹；集数十百人之言，以观民风之习尚、民志之弛张。夫子定之删之，而各得其所。以之言而有征也，以之专对而必达也，以之事父事君而必忠必孝也，以之兴观群怨而各发其志也。风言其讽，颂言其容，雅言其政，雅颂之兴亡，天下王道之兴亡乎？其文集之所昉乎？非特此也。《帝典》《皋谟》，唐虞政教之文也。《夏书》《商书》，禹汤政教之文也。《洪范》，箕子之文也。而《周书》《誓诰》之文，大都周公、召公立典制礼之作。历千百年之文，集数十圣之作，昭昭如日月之代明，离离如日星之错行。上极尧舜之道，下集三王之文，疏通知远，其《书》之教乎？此又文集之所自昉乎？非特此也。《春秋传》之文，集百二国宝书而作也。《论语》《礼记》，集孔孟论道论理之文也。则文集固圣贤以之传道而教人者也。圣贤之统，政治风俗之变，无何在，无何不在也。嗟乎！今天之丧斯文也久矣！其孰能振之？吾馆之设创者，为钱塘施君省之，继者为无锡孙君鹤卿暨京外诸同志。殚精竭力，成立于风雨鸡鸣之会。大江南北，学者踵至。日有讲，讲六艺也；月有课，课圣道也；年有核，核先生之学也。犹惧其或出于泥也，通经学、理学以究古今之奥坊；其或出于滞也，明史学、政治学以达外内之情，定期为文以验之。其果能服圣人之教与否也？其果能载先王之道与否也？于今二年矣。爰假教师朱君叔了、陈君柱尊、陆君景周，集其可观者若干文著于此编，刻而问世，未知其进能以六艺之道施于行乎否也？未可知也。其能以《诗》《书》之教为孝、为忠、为专对、为使命、为文、为质也？未可知也。其能以《春秋》之教，兴废继绝，诛乱臣贼子也？未可知也。其能以《论语》《礼记》探道体之全，理礼之精也？未可知也。然非圣人之言不敢言，先王之教不敢道，人心风俗之论不敢著于编也。则此编也，固将继往圣而为言，开绝学而为文也。则此数十人之精神，或将有补人心风俗于万一与？未敢知矣。人或有以此编为讽世疾俗之文，一家一先生之言，非知此集者也。人或有以此编为文人摛藻之资者，又岂此集之旨哉？呜呼！凤鸟不至，河不出图。文王既没，我已矣夫。然而尼山木铎于大道之行，三代之英固梦寐而不能忘也。为天地立心，为生民立命，此区区救世之愚，诚所愿上质先圣之灵，而下与诸同志共勉之者也。

《茹经堂文集(一编)》序

金绍基

昔者绍基尝侍吾师询教育矣。师之言教育必举《易·蒙》,以养正之旨相诏。谓当雷雨经纶之际,举世方晦盲否塞,固蔽而不通,艰险而不夷。屯之至则为蒙。启蒙莫善于教育,而教育首重夫德行。《蒙》之《象》曰:"山下出泉,蒙;君子以果行育德。"言育德而必先以果行,则知教育贵乎严格,《礼》所谓"师严而道尊"是也。近世言教育者,知教而不知育,知教育而不知崇德行,胥天下之人材尽桎梏之、戕贼之,出其盱睢恣肆之谈、狂妄不经之说,淆乱是非,以相簧鼓,害中于人心,祸延于社会。吾以为天下之大乱,必自此始矣。且古之师儒固分,有治民之责者也。周儒师以贤得民,儒以道得民。是故为师儒者,必先自修其德行,而后可诲人以德行。《坎》之《象》曰:"水洊至习,坎;君子以常德行习教事。"常者,恒也。君子立不易方,守其德行既有,以端师范矣。然又必习其教事,而后可以为人师。杨子有言:"师者,人之模范也。模不模,范不范,为不少矣。教育能保民于无疆,而其不良也,亦可杀人于无形。十年而后,必有追思吾言而叹息者。"未几,革命事起,绍基辞南洋大学教务与吾师别,垂十余载,目击京师乱象与吾师昔日所言若合符节,未尝不慨然于圣人作《易》,忧患之故,而知今日之祸变有自来矣。虽然,剥之极也必复,阳消于上则息,于下硕果不食。故曰:"复其见天地之心。"文中子设教河汾,房、杜皆其弟子,卒致有唐贞观之治;曾文正与唐镜海、罗罗山、刘孟蓉诸大儒讲学兵戎之际,戡定洪杨,削平大难。天地之心不可息,而其权寓于教育。《泰》之《象》于否极之时见之,复之道亦于剥极之后征之。吾师,其殆今之硕果哉?近者同学诸子拟刊吾师文集,征序于予绍基。既任剞劂,其敢无一言以附简末。窃维世衰道息久矣!自教育不良,举国乃如醉如狂,多将熇熇不可救药。而吾师独灵光岿然,挽既溺之人心而归之正。刻《十三经》,设国学专修馆,于以乐育人材,守先待后,屏绝他务不为而谆谆焉于此不倦者,诚以教育之废,推中人而坠于小人之域;教育之兴,引中人而纳于君子之途。昔周公作《周礼》以致太平,其言六德曰:"智、仁、圣、义、忠、和";言六行曰:"孝、友、睦、姻、任、恤"。而行又重于德,反是则有不孝、不弟、不睦、不姻、不任、不恤之刑,此在今日固无人愿闻者。然欲拨乱而反之正,舍斯道果何由乎?是集所录,大抵阐明古圣贤之微言大义,俾后生小子得知夫德行所从入之途。虽不尽言教育,窃以为教育原理莫大乎是。是亦可推见吾师救世之苦心矣。呜呼!方吾师长商部时,新政固次第举行矣。乃朝组一解,垂老投荒,不忍斯世之猖狂而莫之救。礼堂讲授,手定遗经,陶铸群伦,惟恐不及。其为不得已之隐衷宜乎,非世人所能尽知也。

岁次丙寅,二月既望,受业金绍基拜序。

孙君鹤卿墓志铭戊辰

唐文治

无锡孙君鹤卿既殁之后，族党戚友相与吊于庭，工人相与叹于肆，农夫相与嗟于野，鳏寡孤独茕茕无告之民相与哭于巷。盖君尝修水利，溉农田，建丝厂，经理四乡公所，设溥仁慈善养济等会，以故惠泽遍于乡闾，达于遐寓。且恸曰："善人不可得而复见矣"！将葬，其家来征铭。余与君为执友，奚敢辞？

君讳鸣圻，鹤卿其字。邑廪生。赴闱试，屡荐不售，遂以恩贡生历江西同知，捐升道员。然君淡于仕进，一以胞与为怀，乐善博施，既如上所述，而其有功于名教者，尤在办国学院一事。自欧风东渐，士夫糟粕，五经弁髦，六艺以为不足复存，君独慨焉忧之。会钱塘施君省之创设国学专修馆于惠山之麓，延余主讲，然退息无居。君爰度金匮县学旧址，修复明代尊经阁，别建斋舍，俾诸生迁徙其中。越三载，施君以事中辍，君遂主董院事。尝从容为余言：迩来正道沦胥，燕朋逆师，燕僻废学，风纪荡然，伊于胡底。幸赖吾院为一线之绵延，学者尚知孝悌亲师之谊。十年而后，庶几其有豸乎？越一载，齐卢难作，黉舍飘摇。君在沪，书来谓吾侪宜茹苦含辛，维持终始。又越二载，余以忧患余生，屡思退老。君蹙然曰："公尽心力，我尽财力，患难相依，彼此幸弗渝也。"余感其言，爰请同邑钱君子泉以为辅。由是风雨晦明，纮歌不辍。吾数人者，心相印而道相同也。君体素羸，患咯血症。比岁学静坐法，得专气致柔之旨，体稍稍健矣。今年春，遭仲兄之丧，抱痛鸰原悒悒，时有所感，竟于民国十七年五月二十七日婴肺炎病卒。享年六十有一。其曾祖讳沛，祖讳元楷，考讳昌烈，均封赠如例。配陈氏，继配程氏。遗孤钟海，才五岁耳。呜呼！古传有言："天道无亲常与善人。"乃至今世，为善者几若获罪于天，何耶？岂阴阳消息之机，墋黩而靡常耶？抑将食报于后，为吾人所不知者耶？铭曰：

孤峰惨悴，松柏牢愁。哀哉孙君，积善离忧。归藏于斯，令闻千祀。敬勖后人，善继厥志。

乙亥毕业纪念册序

唐文治

知耻近乎勇。人当耻其所当耻,不可耻其所不当耻。惟知大耻而后具大勇,有大勇而后洒大耻,未闻不知耻而能有勇者也。迩时可耻者,有三大端。孔子曰:“士志于道,而耻恶衣恶食者,未足与议。”谓其居心卑鄙,耻所不当耻也。然而士方皇皇焉夤缘奔走,惟衣食住之是图,而礼义廉耻因之扫地无余。夫惟崇德乃能广业,德业之不修,何有于事业?试问今日有食无求饱,居无求安,专心好学者乎?有菲饮食,恶衣服,卑宫室,明德光于上下者乎?此大可耻者一也。文化之行也,或推之,则或挽之。今吾国圣学大行于东西诸邦,美国设中国学系,延中儒教授。法人有精音韵学者,通贯古今,驾戴、段而上之。奥人有罗士恒者,覃研中学数十年,传嬗彼邦,其教法悉如吾国之旧,宿儒莫能逮。而东瀛祀孔祀贤,访求吾圣贤后裔。独吾中人扫除国粹以为快,国性日漓,国势日蹙,此大可耻者二也。有是二耻,人心世道益不可问。析言破律,乱名改作之徒盈天下,坚僻自是,簧鼓谬说,戕贼青年。一闻忠孝仁义之说,掩耳疾走或相与訾謷之,以为大愚。于是,外人讥讪以我为无礼义、无教化之国,此大可耻者三也。然则何以救之?曰:“正人心之廉耻而已。”读经尊孔,学道爱人,端本于忠恕,推极于中和。正气盛而乖戾之习消,名节修而贪鄙之风绝。大耻庶几可洒乎。吾校乙亥级诸生毕业有期,特印纪念册,请序,以志不忘。爰撰耻说,以作弁言。耻之于人大矣,诸君其勉之哉!校长唐文治叙于无锡国学专修学校。

《国学专修馆十五周年纪念刊》序丙子

唐文治

今兹世界,一大战国也。火器日精,千辟万灌,一遇战事,杀人盈野,人命若草芥。悲乎哉!天地之大德曰生,生理灭,乾坤几乎息矣。昔子舆氏目睹善战之惨,大声疾呼曰:“人皆有不忍人之心。”不忍者,生理也。欲拯民命,先救人心;欲求人心,先明正学。正学明而后人各安其分,各得其所,此古今中外之常经,莫能外焉者也。文治束发读书,受父师训。弱冠潜研经训性理,志闲先圣之道。壮岁服官,游历欧美,自愧无裨于世。强仕后,奉先妣讳,回籍掌上海南洋大学,淬厉工业,日省而月试之,尤兢兢焉以道德礼义为根本。民国十年解职,遂于无锡创办国学专修馆,嗣易名学校,迄今十有五年矣。此十五年中,拮据卒瘏,一经齐卢之战,再经匪人之侵陵,三经中日沪上之衅。道途梗阻,黉舍飘摇。然风雨如晦,鸡鸣不已,庋图书则自数百册增至四万余册,修屋宇则自十数幢增至七十余幢,核学额则自三十名增至二百七十名。至于救时之志,更无日不申儆诸生,相与朝乾而夕惕若也。横览东西洋诸国,靡不自爱其文化,且力谋以己之文化扩而充之,深入于他国之人心。而吾国人于本国之文化,孔孟之道德礼义,修己治人之大原,转略而不讲,或且推去而任人以挽之。悲乎哉!文化侵略,瞬若疾风,岂仅武力哉?吾为此惧,深恐抱残守阙,终就沦湮,爰于太湖之滨,购地数十亩,将悉力经营,建兹广厦,俾文人学士之来游兹土者,观感兴起,动读经尊孔之思,而吾校生徒,春诵夏弦,更得怡情高旷,祛鄙吝而涤烦襟。圣人所谓智动仁静,《礼记》所谓藏修息游,吾中国文化或藉此为权舆,其复见天地之心乎?或曰:斯举也,非其时而程功远,不其艰哉!余曰然。夫重明之光,吐焰寸燧;放海之波,滥觞一勺。我孔子论为山曰:“止吾止也,进吾往也。”斯举也,一年不成,期以三年。三年不成,期以五年。恃一心之至诚而已。造物之闳也,山川之富也,彼其无穷广大而不测者,皆太和元气之所积也,积之时义大矣。西人制器,敛目视,求神遇,冥心妙合,恒自一世积累传嬗至数世而成,其锲而不舍如此。吾国民性何遽不若西人乎?且夫宙合万几,举人生精神之所构造,殚数十年之精神,斯有数十年之效验。善教者使人继其志,则夫开鹿洞、表鹅湖、绍龙场之心传,与夫正人心、救民命之事业,当吾校三十周纪念,必有发扬光大之者。愿吾校同人诸同学暨海内同志视兹弁言以为息壤。若夫提倡辅助斯校,董其成者,与是编之惠锡南针者,凡我师生,咸感激不去于怀也。

陈石遗先生墓志铭丁丑

唐文治

陈先生石遗,侯官诗文学大名家,与余乡试同年,长余九岁,尊之曰先生。光绪中叶,相识于嘉兴沈子培先师座中。其气刚以直,其言辨以皙,其品高峻不可方物,余心折之,然踪迹犹疏。迨辛未岁,门人叶长青介先生来无锡,佐余主国学专修学校讲席,欢然道故,聚首七年。丁丑四月,去之闽,无离别可怜色。乃七月得耗,先生死矣!惊怛欲哭而无泪。逾月,其孙光度来,稽首请铭。呜呼!余虽不忍铭先生,然后死之责,不容不铭。

先生家世潜德,祖讳起龙,考讳用宾,俱赠如例。兄弟四人,曰书,曰豫,曰迁。用宾公年五十生先生,故名曰衍,石遗其字。姿禀特异,五岁已能背诵《四子书》《毛诗》《春秋左氏传》。少长,读书数行下,长老名宿皆叹奇之。光绪壬午,举于乡,主试宝竹坡学士,于是文名藉甚。再试春官,不中第,遂无意进取。作诗、古文辞,下笔迅捷,日盈者寸。年三十一,出宾台抚刘公铭传幕。越四年,湖南学使闽同乡张文厚公燮钧函聘总校,得人为盛。当是时,南皮张文襄公之洞督两湖,以经术文学号召天下,其幕府极一时之选。闻先生名,安车以征,先生年四十三矣。宾主相得极欢,每当长夜张灯,集诸名士赋诗饮酒,论古证今,先生一言出,率屈其座人,文襄敬礼之。值四方多故,外患迭乘,国家锐意变政。文襄高掌远跖,开铁路,兴工厂,遣留学,储通材,苦费无所出,用先生言,仿造外国暗字银纸,创铸当十铜元,行用南北十数省,余利至千百万,有裨国用至巨。先生又请以中国自有金铸造金币,以百十万建织呢厂,可支三十年国用,文襄迟回未克行。厥后有以铜元流弊訾建议者,先生曰:“吾知裕国便民而已,知我罪我,非所计也。”光绪壬寅,开经济特科,招绩学异能之士,文襄以先生荐。及终试,文襄索先生卷不得,则已为他人所抑矣。先生笑曰:“吾岂以此为重耶?”学部创立,征先生为主事,兼礼部礼学馆,凡有关学术邪正,盛衰兴亡,必奏记长官,侃侃无诎。旋应北京大学教职,先后讲授南北各大学,垂四十年。口讲指画,胥归实用,士林争附矣。尝纂《福建通志》,竭晚年精力,是非褒贬,一秉大公。别立《儒行传》,敦崇庸德庸言,盖前史志所未有。云自古元黄交战之会,必有刚毅英杰之才扶持乾坤之正气以贞下而起元。我国自政体改革以来,纪纲废弛,缀学之徒叫嚣隳突,醉心欧化,侮慢圣贤,甚至倡废孔之议。先生人格严峻,凛然不可犯。其言曰:“孔子圣之时,赞《易》则言革命,《礼运》则表大同。惛不知者,乃于孔教有违言,可谓失之毫厘,谬以千里。”呜呼,斯言也,非能体天地之心,而开贞下起元之运者耶?洎先生殁后,风云骤变,飞鸟以凶,民生之惨罹其毒者,至于口不忍言,笔不忍述,而先生不及见,庸非福乎?惟余与先生皓首订交,䜣合无间。回忆壬申之春,时局不靖,先生避居余寓,一角危楼,患难与共,谈论经史,往往莫逆于心,相视而笑,此景宛然目前。一旦长别,感念人琴,怆怀身世,情何以堪!先生为文凡四五千篇,体曲而直,辞矫以健。他人或出于作为,先生则纯任自然,平淡苍老,于子厚、介甫为近。其所为诗,风骨高骞,时时发明哲理,天怀高旷,自言得于山水游为多。其他所著书凡数十种,都百余万言，余尝总序其目。其平生事实，具详年谱，特举其荦荦大者著于篇，用备史官采择。

先生生于清咸丰丙辰四月八日，民国二十六年七月八日卒。享寿八十有二。配萧夫人，讳道管，常随先生游历诸名胜，卓然女学儒宗，著有《烈女传集解》等书数种，载清史馆列传。箎室李氏。子七：声暨，声渐，声被，声讫，萧夫人出，皆前卒。桐吉，亮吉，雍吉，李氏出。女二，兰卿，适林；师葛，适吴，亦萧出。孙六：光威，光度，光衡，光量，光权，光准。明德之后，必有昌者。以时事孔棘，即丁殁后一月，渴葬于西门外文笔山之原。铭曰：

闽学权舆，龟山洊兴。罗李绍述，紫阳丕承。气节挺秀，松柏菁菁。先生体兹，正直劲清。蔚为文章，纬史经经。扩为诗话，艺苑式型。天纵大雅，俶傥不群。活国大计，胸罗无垠。中年佐幕，广雅心倾。经济鸿博，浩气纵横，都讲大学，竹箭南金。大成小造，天下门生。足迹所历，西华北岳。昔年罗浮，今春巴蜀。炳炳烺烺，书篇盈橐。子长追踪，名山巨作。七六来锡，题我新屋。一灯荧然，论文角逐。四月言别，后期宿诺。天胡不淑，灵光隳落。学人莘莘，群失矩矱。烽烟满地，望风遥哭。有子觥觥，有孙擢擢。我铭以贞，千秋高躅。

无锡高君践四家传癸未

唐文治

呜呼！人生当世，性情相固结而已。苟至情至性之不存，何有于学问？更何有于事业哉？无锡及门高君践四，奉厥考秋荃先生遗训，输家产兴学，不足则以储积股券佐之，创立无锡中学。开校之日，践四述其尊人真泠之训，涕泗滂沱。襄礼者、旁听者、教授者、入学读书者，靡不感动或泣下。邑绅钱君孙庵叹曰："此教孝之校也，吾辈决当辅助之矣。"践四尊人讳曰鼎焱，字曰秋荃，余尝为之传。世系详传中，践四讳阳，天性诚笃，幼读中庸君子之道四，心有会悟，遂取其义，号践四。盖庸言之信，庸行之谨，实本于庭训也。年十七入吴淞中国公学，以优等毕业。旋入上海约翰大学暨北京法政大学，均以性情不合，自退学。其去就不苟如此。越一年，考入苏州东吴大学，习教育。既毕业，入东吴法学院，攻法科。是年冬，赴美国康乃尔大学研习法制经济，得硕士学位。游历彼邦，携一木质小斧归，人咸讶之，则曰："此购自华盛顿城作为纪念者。"盖华盛顿少时伐木，误刊其父所植樱桃树，其父怒询谁刊，华盛顿惧而以实告。其父喜曰："汝诚实不欺，吾不复责汝矣。"践四盖取其诚实以自勖，亦以勖子孙者也。其居恒自励，先人后己，表里如一，不骛虚名。而其性情所独到，更有过人者。每读宋欧阳子《泷冈阡表》，至"祭而丰不如养之薄"语，辄为流涕曰："古今人子，心同理同。吾读此语，心滋恫矣。"自课周密，晨必读书，声琅琅然达户外。民国十七年戊辰，余长子妇俞庆棠创办民众教育院于苏州，后迁无锡，特聘践四为院长，忻然就职，旋易名江苏省立教育学院。规模大备，风声所播，近者悦而云从，远者如云、贵、甘肃各省，皆派员负笈来校受业。莘莘焉，汎汎焉，蔚为社会教育之重心矣。践四既任事，恒亲自督课，若农若工若商，或验以实事，或参以理论，夙夜勤劬，锲而不舍，先后凡十三载，中间又兼任暨南大学教务长。丁丑秋，仓猝变起，遂率教育院生徒西迁，辗转至桂。虽道路流离，而絃歌不辍。厥后任广西大学校长，一如在苏讲学时，其精神始终贯彻，毋稍懈也。初，践四与挚友郭君德华同居。郭君，豪侠士也，后因事离桂。践四踽踽凉凉，卧病桂林七星岩园背村陈家敝祠中，仅一老仆侍汤药。曾一度思入医院，而两袖清风，虑无费不果入，遂以不起。既殁之后，无论识与不识，皆嗟叹曰："以高君之声誉名位，而困厄若斯，岂所谓竟唐杜工部《佳人》一诗全胚胎于《谷风》诗？""幽居在空谷"，即谷风也。"夫婿轻薄儿，新人美如玉。但见新人笑，哪闻旧人哭"，即所谓"谁谓荼苦，其甘如斋，宴尔新婚，如兄如弟"也。"在山泉水清，出山泉水浊"，即所谓"泾以渭浊，湜湜其沚"也。"侍婢卖珠回，牵萝补茅屋"，即所谓"我有旨蓄，亦以御冬"也。"摘花不插鬓，采柏动盈匊"，《采绿》诗所谓"终朝采绿，不盈一匊"也。"天寒翠袖薄，日暮倚修竹"，《绿衣》诗所谓"絺兮绤兮，凄其以风"也。彼伉俪乖戾者诵之当感动而涕零矣。他如《伯兮》诗"自伯之东，首如飞蓬。岂无膏沐，谁适为容？"《中谷》诗"有女仳离，条其啸矣，遇人之不淑矣。"其语皆极痛心。故曰："温柔敦厚，诗教也。"惟读经之君子，乃能立家庭之模范。

送周予同先生赴台湾序乙酉

唐文治

台湾地处闽省之东，相隔一水，有唇齿相依之势，为军事政治隩区。从前士大夫议改设行省，而行政卒未收指臂之效。清光绪中叶，我师败于日本，合肥李相国主持和议，订约马关，遂与朝鲜先后割让。维时清议咸非之，余亦为悲愤不怡者累数月。盖相国虽有不得已之苦衷，然一败再败，中原震撼，固不得辞其咎也。自是厥后，台地沦陷者垂六十年。乙酉岁，我国师战胜，河山复旧，朝颁新政，士温故业。执友浙江瑞安周予同先生，奉政府命派赴台湾，任文史专科学校校长。余追思往事，忻喜特甚，于予同先生之行也，序以送之曰：闽省学派，倡自紫阳，讫于前清之初。李文贞公光地，阐明性理，大扇宗风。康熙时钦定诸经传说，汇纂与折中义疏等，皆出其手，拟橐进献之。于是文学递传一时，春诵夏纮，达于闾巷，儒林硕彦，雍容揄扬，掞芬摛藻，方领矩步，罔有逾越范围者，可谓盛矣！洎乎近世，士或溺于卑浅之说，俚俗肤庸，不克深造，《四书》群经，遂束之高阁而不读，世道沦胥，率由于此，又何衰也！非有人焉尽力以振兴之，斯文扫地无余，不知伊于胡底矣！予同先生博学多闻，敦善不怠，恂恂乎君子人也。曩岁在国学专修学校教授诸生，宗旨一出于纯正，与余心心相印，而其识见之卓越群伦，广博无津涯，远出余上。宋张横渠先生有言："为天地立心，为生民立命，为往圣继绝学，为万世开太平。"盖吾人讲学，固以后世为心，以百姓为命，非拘墟于一时也。予同先生此行，任讲学之职，实负传道之功。古语曰："莫为之前，虽美弗彰；莫为之后，虽美弗传。"闽学渊源失传久矣。吾常谓欲淑人心，必明性理，而欲明性理，非昌明闽学不为功。理学明，则人心善而国运以盛；理学晦，则人心昧而国运亦衰。征诸史书，毫发不爽，非虚言也。先生行矣。异时声教宏敷，艺林舆诵，台地文化，行将与吾苏诸省相颉颃。口碑所载，咸曰：此周先生开山之力也，其盛矣夫！其吾校之荣也夫！其邦国之光也夫！是行也，何生以聪相随往。何生品诣诚朴，为吾门高弟，得从此名师，昕夕受教，必有精进而无疆者，吏当拭目以俟之。

钱塘施公省之墓志铭丙戌

唐文治

公讳肇曾,字省之,浙江钱塘人。后建别墅震泽,并占苏籍。曾祖讳某,祖讳某,考讳某,字静庵,与乃兄少钦公种善树德,有声于时。睦姻任恤,凡有贫困来求者,靡不分金指囷,如其愿以去。盖其善因善果,蓄积者久矣。公苕龄嗜学,读四子五经外,旁逮佉卢文字,罔不覃思精研,探厥奥窔。壮岁随杨子通星使游海外,任纽约正领事。辙迹所至,声誉鹊起,侨民咸怀其德。阅历既深,爰拟采他国之长,以补吾国之绌。综其生平,盖有不可及者数大端:初,毗陵盛宫保筹办京汉铁路,在沪设局,知公才堪大用,遂以汉郑路工委畀之。惟时风气否僿,人尚缘饰,争揽路权,视为利薮。公砥柱中流,盟心若水,此坚定不可及者一也。比款订约,英人争权,于是要求五处路工,而沪宁线实居其一。公折冲坛坫,不竞不絿,用是敦槃辑睦,卒保主权,此其谙练外交,不可及者二也。沪约告成,公复主京汉路工。惟时毗陵入掌邮部,潮流倾洞,讹言朋兴。公懔《礼经》三坊,浩然归沪,杜门却扫,作海上寓。公遵养时晦,此其见微知著,不可及者三也。民国肇造,百废俱廞,中央筹设陇秦、豫海铁路,袤延四千余里,为中原绾毂。公遂膺督办之命,经营十载,殚精竭虑,路工骎及边陲,成效丕著,而于国库恒济有无,囊橐不思自润。年方周甲,急流勇退,解组归林,静参释典,此其经纶稍展,廉洁自持,不可及者四也。愿外业之崇隆既如此,而内心之蕴蓄更有不可及者。夫国学,寿世之命脉也,《十三经》,寿人之宝书也。辛酉、壬戌之交,公在锡山创设国学专修馆,延余主讲,培植髦士,并商讨余藏《十三经》评点善本,寿诸梨枣,饷遗来学。名山事业,足永千秋。而于沪上复创设育英中学校,敬业乐群,以端趋向。菁莪棫朴,北箭南金,树木树人,项背相望,其渐被教育者广矣。中国济生会,慈善团之领袖也。自公长会务以来,值盘根错节之际,为扩义滂仁之举。凡遇各省水旱、凶荒、兵灾、疾疫,抚循噢咻,发粟授衣,不可偻指计。吾乡太仓,瘠苦之区,迭被灾祲,贫穷无告,沾闿泽者,口碑载道。又若创办佛教净业社,苦海慈航,诞登彼岸,惟日不足回忆。辛未之春,难友麕集本社,而获庇大厦者,无虑千百人,其寿人寿世,又何如哉! 至于任集堂轩统务,佛院统监,修士林林长,无非积善根源。余如实业界主持闸北水电公司,经济界被选永亨银行、交通银行董事长,酌盈济虚,厚生正德,俱可称述焉。《戴记·儒行》篇曰:"虽危起居,竟信其志,犹不忘百姓之病。"余尝作六字箴为教育宗旨曰:"正人心,救民命。"公之立人达人,其有心心相印之意也欤! 公以清同治某年某月某日生,民国三十五年某月某日卒,享寿八十。德配龚夫人,先公几日卒。簉室某氏。介弟建,名肇基,字植之,前特任驻美大使,名闻中外。子几,某某,女几,孙几,孙女几。于某年某月某日,与龚夫人合葬于某原之阡。铭曰:

钱塘灵秀,震泽苍茫。笃生贤哲,令闻令望。象寄通译,美邦名扬。路政肇始,公握厥维。孰缓孰急,为干为支。呼吸千里,飙轮四驰。沧桑蒿目,退隐沪滨。潜研二氏,释典道经。孜孜为善，施粥济生。国学专修，征集名流。剞劂善本，予焉取求。藏诸名山，不朽千年。艺林戴德，口碑留传。鸳翼双戢，箫史升仙。芝兰玉树，森森满前。我铭公墓，执笔泪涟，后有达者，来拜兹阡。

无锡国专校友会春季大会训辞丁亥

唐文治

今日忻逢本校校友会春季大会，鄙人未能到会出席，歉仄之余，弥深神往。诸君均系吾门杰出人才，以后建功立业，未可限量。须知传嬗鄙人学说，实系传嬗鄙人精神。自古圣贤所以承继而不绝者，惟在精神而已。孟子论伯夷、柳下惠，“奋乎百世之上，百世之下闻者莫不兴起”。非由精神振作而何？孟子又论“豪杰之士，虽无文王犹兴”，非因精神之振作乎？尧、舜、禹、汤、周文、孔子，或见而知，或闻而知。知者，精神所寄托也。以《论语》首章而论“学而时习之”，时习者，精神也。由说而乐而不愠，皆精神之愉快也。《孟子》首章“未有仁而遗其亲，未有义而后其君”，皆精神之感动也。《中庸》由至诚以至形著动变，皆精神之作用。《孝经》一书，首重爱敬，“爱人者，人恒爱之；敬人者，人恒敬之”。精神之感，乎不啻电力之引射。《周易·系辞传》：“寂然不动，感而遂通天下之故。天下之至神，不疾而速，不行而至。”此即《中庸》所谓“至诚如神”。盖以吾心中之精神，感动天地间之神明，即以感人心中之神明。汉学家之考据名物，宋学家之穷理尽性，罔非精神之所推衍。朱子之居敬穷理，即朱子之精神。陆子静先生葆本心，王阳明先生致良知，即陆王二家之精神。纵览《十三经》、二十四史，无论治乱贤奸，所以彰善瘅恶，衷是去非者，皆前人精神之所寓。先圣先贤以精神递传于吾辈，吾辈即以精神递传于后人。夫如是道统事业绵延而不绝，然则吾人可妄自菲薄乎？颜子曰：“舜何人也？予何人也？有为者，亦若是。”有为者何？精神也。孟子曰：“君子深造之以道，欲其自得之也。”深造自得者何？精神也。滕文公以弱国见偪于齐，孟子告之曰：“君如彼何哉？强为善而已矣。”《尽心篇》又曰：“强恕而行，求仁莫近焉。”汉董仲舒对贤良策：“强勉学问，则闻见博而知益明；强勉行道，则德日起而大有功。”强者精神之所贯注也。若吾一身一心精神不能振作，一家一国精神亦不能振作，或用之匪正，立见危亡矣。故今日诸君，欲传嬗鄙人之精神，请将鄙人所撰《孝经》《论语》《孟子大义》及《孝经》《孟子救世编》，详细为学者讲授，则精神充周本校，且远及于一乡一邑一国矣。更有进者，读文一事，虽属小道，实可以涵养性情、激励气节。近时诸同学为鄙人读文灌音，本月杪可出版问世。诸同学注意读文，则精神教育即在于是。他日家纮户诵，扩充文化，为文明教育最盛之邦，其责任实在于我诸同学。鄙人窃昕夕望之，馨香祝之。又闻诸同学开会后即赴茹经堂观察，益征厚谊，具见师弟契合之精神，沆瀣无间。并此附谢。

太仓陆勤之先生家传戊子

唐文治

岁次戊子,二月十六日,太仓姻世执友陆勤之先生以舌癌证卒于里第。先生性仁慈乐善,施与不倦。乡人被其泽者,相与奔走巷哭。余闻噩耗亦不禁恫心挥泪,曰:“呜呼!失一师资矣!”盖吾乡自陆、陈、江、盛四先生讲学以来,风气纯朴,人心敦厚。远近延师者,莫不取资于吾娄。因之四方之稔先生名者,亦痛惜曰:“失一师资矣!”先生讳曾业,勤之其字,后改名起。先生本吾乡望族。八世祖讳毅,以名进士官监察御史,巡视中东两城。丰裁严整,不阿权贵,有自撰《巡城琐记》。曾祖讳元文,字子铁,嘉庆癸酉顺天举人,著有《练斋诗稿》。祖讳恩藻,考讳汝梅,均太学生,代有积德。先生为本生,考成甫公讳勷次子,天性至孝,事亲先意承志。母徐太孺人病革,刲臂籲天调药以进,稍效,后卒不起。先生大恸曰:“天不许我报罔极恩耶。”先生年逾弱冠,游于庠。旋食廪饩,举优行。先受业于李先生伯豫、王先生晋蕃。嗣又受业于同邑王文贞公之门,文思大进,声誉鹊起。乃应秋闱,屡荐不售,诸乡老咸为太息。平居见义勇为,亲族中有贫乏者,赡养之惟恐不及。民国初年,先生往游冀北。天津白河泛滥,大浸稽天。先生昼夜跋涉,跣足行水中,力救难民。江浙齐卢之战,吾乡浏河当其冲,炮火所及,玉石俱焚。先生奔走号呼,筹款筑室,以庇乡人,全活綦众,至今犹有感念之者。居北京时,先生入法政大学,肄业。昕夕劬学,浸至咯血,入医院。维时余官京师,劝其少息,乃辍学,而钱塘施植之先生延揽先生佐理哈尔滨道署,事阅三载。余方监督南洋大学,以庶务科长需才甚急,特三次电招先生来校,而先生亦以思亲弥切,幡然南归就职,余倚之如左右手焉。民国肇造,五路恢张,而陇海路线尤长。督办施省之先生亟招先生佐理其事,先生又襄路务者数年。旋以积劳体孱,急急思归。惟时余与省之先生创办国学专修学校,延先生为总干事,缔造艰幸,倚畀益重。而先生往来于娄江、沪渎之间,又几阅寒暑,旋浩然归隐,筑室于邑之鲇鱼墩,莳花栽竹,无意问世矣。先生初以继室施孺人逝世,悼亡伊郁,肝火上炎,遂患舌病。时发时止,初不介意,讵历二十年,竟成舌癌证。先后入上海镭锭医院及中山医院疗治,已稍稍愈矣。无何节届春分,夙疾大作,遽尔作古。天夺善人,伤哉!忆往者余同乡毕君枕梅尝曰:“凡人所不能为者,惟陆君能为之。”且高尚廉洁,岂常人所能及?武进庄君思缄与先生共事,叹服曰:“若陆君者,可谓先之劳之,且能无倦。”综二君之言,可以概先生之平生矣。

先生以清同治丁卯年七月二十六日生,民国三十七年国历三月二十六日卒,春秋八十有二。去岁丁亥,重游泮水。元配胡孺人,继配施孺人,均有贤德,先先生卒。二雍伯公项太孺人女也,长适吴震骧。次讳巧荫,未字,年十九以贞烈投水死,得旌表如例。余尝为文以哀之。本生兄弟四:长讳修爵,三讳修瀛,四修祜。姊妹三:长适钱雨田,次适王炽甫,三适朱子久。子二:长庆熙,供职上海中央银行,娶同里太原王氏。次庆祺,供职上海闸北水电公司。女庆兰,为余第四子庆永妇。孙二,树孙、崧孙。孙女豳。门庭之内,贤孝可风,先生之食报宜哉。

论曰:余初闻先生归道山,念六十载交情,不觉沾襟之浪浪也。既而思之,曰:可无遗憾矣。往者读《书·洪范》篇怪其叙五福自寿富以迄考,终不及子孙之贤。若先生之一门孝弟,可补《洪范》之缺矣。孝子不匮,永锡尔类。君子万年,永锡祚胤。特援引诗篇以慰幽灵于地下,即为其哲嗣文孙勖焉。

训　　辞

唐文治

今日为本院举行开学典礼并庆祝会，严君伯侨及诸同人函招到锡演讲，鄙人因道远未克亲诣，特属副院长王君瑗仲代表致辞。诸生均系英年好学之士，前途未可限量，前鄙人有赠同学诗句云："孟坚人表昭然揭，我辈相期第一流。"按：古人有三不朽事业曰："立德、立功、立言。"即圣门四科之德行、政事、言语、文学四大端之义。往者湘乡曾涤笙先生谓立功须乘时会，而立德立言，则修之在我。立德在品行，立言在著作。诸生能熟读鄙人所著《孝经救世编》《孟子救世书》及《紫阳阳明学术发微》，自有会悟。兹特将立品要旨，指示如左：立品之要，首在清廉。近时多有才气过人之彦，而不免堕入贪鄙者，实属可惜。须知《论语》言"君子喻义，小人喻利"，孟子言舜蹠之分，在利与善之间，善即义也。《周易》乾卦言"以美利利天下"。盖溥其利于天下，是为美利，敛其利于一己，即为私利。义者，宜也，利物是以和义。利字刃列于旁，若如《大学》所言，以身发财，则必至于自杀，且杀其子孙矣。孟子言杀人之父，人亦杀其父；杀人之兄，人亦杀其兄。吾尝窃补之曰："杀人之子孙，人亦杀其子孙。"吁！可畏！往余讲学必揭义利之辨。若一涉贪污，譬诸退入于泥，终身无自拔之日矣。故余律己教人，务在廉洁，未有掺守不廉，而能办大事者也。

次之宜敦谦和之行，《易传》言"保合太和"；《尚书》言"同寅协恭，和衷哉"；《诗》言"既和且平，礼之用，和为贵"。大乐与天地同和，和者天地之中气，人受天地之中以生，凡食五谷之伦者，未有不得中气者。和气之反为戾气，和气盛，则致太平；戾气盛，则酿劫运。世未有不能谦和而能与人共事者也。

又进而言之，惟有为善一事●子以兹●●为善称舜徒，乐善不倦为天爵，居今之世，强为善而已矣。何以谓之强？凡力量有不足？则强勉以图维之。凡环境有困难，则尽力以抑除之。善机善缘，善因善果，随地皆是。余平素最爱《论语》两"如不及"："一曰学如不及"，学问无止境也；一曰"见善如不及"，善几往而不可复返也。或曰为善须有实力，曰不然。善字从羊从口，羊跪乳。观其情状，而知孝为万善之源也。约之于口者，若无实力，则苦口提倡亦功德也。且居今之世，戈铤满地，正为善大好机会。孟子曰："君子莫大乎与人为善。"吾辈而不为善，谁与救人哉？●见孺子入井，皆有怵惕恻隐之心。清初睢州汤潜庵先生（讳斌）常言能以此二语，常存于心，即可上达天德。综观近世百姓困苦，奚啻孺子入井，安得不动怵惕恻隐之心乎？《礼记》言："人者，天地之心。"深望好善之士，切实共勉之。更进而言之，则自新以新民是矣。《大学》引汤盘"日新又新"，《康诰》"作新民"，朱注云：振超其自新之民。《论语》《中庸》均言"温故而知新"，知新有在温故中者，有在温故外者，余尝谓学问、事业，不论新旧，惟在实事求是，适用于今世而已。《易传》言进德修业，而扩充之则造于盛德大业。曰："富有之谓大业日新之谓盛德"，富有者德行无不周备也，而盛德必归于日新。故又曰："刚健笃实辉光，日新其德。"圣人以此洗心，洗之俾日新又新也。世界一日不新，则晦蒙而否塞;人心一日不新,则含垢而纳污。人心与世界,相为维系,世界皆人心所造成。此经传中新民主义,幸诸生熟习之。

院长唐文治谨识

致孙卿先生信

唐文治

孙卿先生大鉴敬启者:吾国学专修学校创办迄今,已届卅年。其间时局变幻,播越纷仍,在艰难困顿之中,勉力支撑,绘诵不辍,是皆诸君子鼎力匡辅维护之所致也。回溯过去,因受环境经济限制,于课程设备等,均未克达成原有之期望。解放以来,鉴于时势之需要,革新不容或缓。爰由校务会议议决改校为院,藉事扩充,已于卅八年七月八日经苏南行署核定为"私立无锡中国文学院",先设文学、史地、哲学三系,并附设中学部文、理、农三科。办理伊始,经纬万端。关于课程之革新,师资与设备之充实,在政府精简节约之时下悉力以赴,先求基本条件之具备,再定前途开展之计划。惟本院经费全恃学费收入维持,在昔日保守状态之下,量入为出,本已竭蹶,于今日事业待展之际,若无的款,更感周章。文治维工作之艰巨,凛职责之重大,夙夜彷徨,不遑宁处,兼以养痾沪渎,精力就衰。曩者负责同仁,大都偏重治学,于诸君子前迄少请益,殊为觖然。

先生吾乡斗杓,万流仰镜,对于本院关注逾恒。此次董事会改组,拟聘先生担任中国文学院董事长,主持一切,并乞广为提倡,劝募基金。俾本院基础稳固,前途日趋光明,无忝建设新民主主义新中国之伟大使命。是不第文治一人之幸,即莘莘学子亦永拜嘉惠于靡既矣。

附陈计划书一册,敬祈俯允指示见复,曷胜祈祷,专此奉订,只颂道安

唐文治拜启

学　校　论

唐文治

呜呼！今之学校，尚何言哉？孟子曰："横政之所出，横民之所止，不忍居也。"往者，余实为提倡学校之人，而时至今日，则有不忍言者。回忆二十年前，先师沈子封先生有言，糜数百万之金钱，养数百万之游士，今之学校是也。又先师王文贞公亦尝谓，学校宜于通商口岸酌设数处，内地不宜遍设。余心窃非之，而不敢辩。迄今，其言竟验矣。二先生之学识，岂不深且远哉？近美儒卫西琴，讥我国学校蔑弃孔子之道，舍己求人，躐等而进，目为悲惨教育，盖残害青年甚矣。夫复何言。虽然，学校者，天下之命脉也，则余又不忍不言。

盖闻古之学校，教以礼义，养其德行，培之以盛德，扩之以大业。《礼记·学记》篇曰："一年视离经辨志（郑注：离经，断句也；辨志，谓别其心意所趋向也），三年视敬业乐群，五年视博习亲师，七年视论学取友，谓之小成；九年知类通达，强立而不反，谓之大成。"夫知类者，盖谓知万事之类也；通达者，盖谓通古今之变也；强立而不反者，盖谓特立独行，不违反乎师说，不曲徇乎风气，不苟同乎流俗也。夫是之谓明体而达用，夫是之谓自治而治人。今也，弁髦礼法，灭弃纪纲，甚至为人利用，日益长其嚣陵不靖之气。呜呼！古之学校，所以造人才，今之学校，所以害子弟，岂不痛哉？《易纬》曰："正其本，万事理。"今之学校，未有不正其本而能救之者也。窃尝谓欲救天下，先救学校，欲救学生，先救人心。是故吾于科学之宜重而专，程度之宜高而深，管理之宜简而严，皆一切不论，独探其本而言之。

一曰明人伦。孟子论三代学校之制，断之曰："皆所以明人伦也。"人伦明于上，小民亲于下。又曰："谨庠序之教，申之以孝悌之义。"盖深痛乎战国之世学校失修，彝论攸斁，杀机盈溢于天下，率兽食人，人将相食，故特发明人伦之说以救之也。今也，徇兼爱之说，父子无亲，而家政日益乖矣；惟天生民有欲，无主乃乱，君臣无义，而尊卑上下之秩序乱矣；男女无别，嫌疑不避，血统视为迂说，性命轻于鸿毛，夫妇之道益苦，而惨酷之事日有所闻矣；长幼无序，朋友无信，而敬恭信用亦且扫地无余矣。夫欧美数十年来，以公司性质治其国，而其有君也，不如诸夏之亡。中国数千年以来，以道德仁义治其国，而荡灭伦常，至于此极。人且谓我为无礼、无义、无教化之国，而以劣种目吾民，岂不尤可痛哉？今亟宜以虞廷五品之教、《中庸》五达之道、《孟子》五伦之训、朱子《白鹿洞学规》倡示大小各学校，日夜宣讲，庶良知明而本心不泯，此乃根本之最大者。

二曰读经书。《十三经》者，我中国之宝也；《五经》者，宝中之精而尤精也。读《易》，而知阴阳消息、进退存亡之几焉。读《书》二十八篇，而知唐虞以来治化之迹焉，陈宝大训，贵重无逾于此矣。读《诗》而知列国之风俗、商周之所以兴焉。读《礼》而知三千三百之遗、至德凝道、德性问学之奥焉。读《春秋》而知尊卑贵贱、善善恶恶、命德讨罪之权焉。盖修身、治天下之纲要，悉寓于是矣。东海、西海、南海、北海，此心同，此理同，凡有血气，莫不尊亲。欧美之人，皆知尊我国之经典，而我乃废而弃之，岂不怪且异哉？且考各国学校，奉宗教者，靡不诵《圣经》。今我有孔子之遗经,而不知读,以至人格日卑,品行日坏,岂不更悖且谬哉?今亟宜令大小各学校,分别读经,大学以能诵《十三经》为毕业,中学以能诵《五经》为毕业,小学以能诵《孝经》《四书》为毕业。户诵家弦,恂恂规矩,庶民兴斯,无邪慝此,亦根本之最大者。

三曰习礼乐。考古学校之制,春秋教以礼乐,冬夏教以诗书,春诵夏弦。太师诏之秋学礼,执礼者诏之冬读,书典书者诏之文王世子之教,春夏学干戈,秋冬学羽籥,是以子所雅言诗书执礼,立于礼,成于乐。君子学道则爱人,小人学道则易使。然则礼乐者,非特治国之先河,抑亦教育之良器也。今之学生,血气曷为而不平,心知曷为而不定,不习礼也。性情曷为而嚣张,气质曷为而忠厚,不习乐也。盖古之为教,所以范民志者,要在于视听言动之间。今之为教,所以启发民情者,无非耳目玩好之欲。如是而欲成就人材,陶淑品性,譬诸南辕北辙,愈趋而愈远矣。夫欧美诸邦,起居有礼,食息有乐,以视我国民之人才品性为何如哉?今亟宜斟酌古今,定为礼制,俾学生娴习之。古乐虽亡,亦宜就律品之可考者,播为笙歌,递相教导。直而温,宽而栗,刚而无虐,简而无敖,庠序之士,有不履中而蹈和者哉?至于非礼之礼,及淫哇之乐,则宜严行屏绝焉。

四曰定志趣。孔子曰:"君子喻于义,小人喻于利。"天下岂有生而为君子者哉,亦岂有生而为小人者哉?惟其所喻而已。所喻者,习闻习见而已。习者,最可惧之端也。古学校之教,务在为圣、为贤、为豪杰。德行、言语、政事、文学,各就其性之所近。宋胡安定教士子,犹以经义、治事分科,盖惟其志趣有定,是以所造益精。今之学生,问其志趣,茫然不知所答,其质直者则曰:"吾求衣食而已。"夫集天下人之心思材力,所讲求者,不过衣食教育,何怪其志气之愈卑,行诣之愈劣哉?夫向之弋取科举者,尚读圣贤之书,今之弋取衣食者,苟无所能,势必出于欺骗,此又可痛之甚者。昔年,美国孟禄、塞娄两博士来华考察学务,皆谓吾国亟宜造就领袖人才,吾深服其所见之远也。王子垫问曰:"士何事?"孟子曰:"尚志。"夫尚志非他,居仁由义,富贵不能淫,贫贱不能移,威武不能屈,为天下第一等人而已。

五曰重国文。今日学校课程,未有重于国文者。普及教育赖乎国文,输入文明亦赖乎国文。盖穷乡僻壤,岂能尽通西文,惟赖游学生之精通国文者,遍行教授之也。乃近时提倡白话文字,号为国语,欲以替国文,余实不解其何故。姑不论白话与文字必不能合而为一,试问所谓国语,将以何者为标准?推而究之,不过北京之土语而已。乃称之曰"官话",道人鄙陋,可笑尤甚。往时,有人建议,谓秦陕为自古建都地,当以其地为国语;又有谓洛阳居天下之中,当以其地为国语;又有谓山东为圣人之邦,当以其地为国语,众说纷纭,莫衷一是。不知土音各有习惯,我苏省独非中国语乎?即闽粤等省,独非中国语乎?以欧洲一隅而论,仅当中国数省之地,然且英有英语,法有法语,德有德语,意有意语,然则语言必不能统一,明矣。夫以自古以来统一之文字,而必欲割裂之;自古以来必不能统一之语言,而强欲统一之,敝精神口舌于无用之地,亦何其愚耶?抑不独愚焉已也。曾子曰:"出辞气,斯远鄙倍矣。"春秋时,子产有辞,诸侯赖之。古人之言,惟恐其不雅。今人之言,惟恐其不俗,为白话文字,而民之鄙倍乃日甚,是戕贼本国之文化者,白话文字也。而且无长幼,无尊卑,概以尔我相称,庸鄙俚卑,罔知逊顺,是破坏本国之秩序者,白话文字也。夫诚为研究语言计,须知铁路四通,方言即可了解,岂必列入课程,又岂可因语言而变文字?且白话无课本,一切淫邪小说,犹是风行。即如山东盗风极炽,又以此等书提倡之,而掠人劫货之案,抑复公然无所顾忌。诲盗诲淫,国民隐受其毒而不自知,痛心何极。在当事者,不过厌故喜新,不料其流弊乃至于此。是败坏吾民之心,骚扰吾民地方之风纪者,白话文字也。是宜严行禁绝,按照鄙人所著人格载明各书,令各学校于读经之外,一律诵读国文。其不通国学者,概不得毕业。而或者畏苦其难,不知天下本无难事,惟于难中求之,而成就者乃愈大。若吾国固有之国学,而犹苦其难,则不读书,不求学可也。

以上数端,或以为迂而无当,或以为旧而不时,不知此乃鄙人数十年辛苦阅历而得之者。听用吾言,则学校治,而国家亦治;不用吾言,则学校亡,而国家亦亡,决无依违两可之理。且学问之道,当论是非,不当论新旧。盖今之所谓新旧者,非指古今之异代而言,乃指中外之异俗而言。然则旧者而是,不得强以为非也,其非亦不得故以为是也;新者而非,不得强以为是也,其是亦不得故以为非也。孔子所以为圣之时者,惟其先知先觉,因其时而提倡之,补救之,非投时俗之好,相与俯仰而浮沉也。世之人其有猛省者哉?至于学制,当师王文贞之议,通商口岸,建设大学,内地应多设私塾,既省经费,兼宏造就(见《地方自治论》)。至于学章,宜有一定,不得随时变更。近时,中小学校忽而三年毕业,忽而四年毕业,忽行所谓三三制者,忽行所谓二四制者,忽行所谓三四制者,不务实事,惟喜更张,朝三暮四,既道人以作伪,又教人以无恒。参差眩惑,无所适从,何怪士气之嚣然不靖哉!而受其实害者,乃在优秀之青年。呜呼!戒之,戒之!

然更有进焉者。如上所议,盖就学校以论学校耳。尚有在学校之外,亟宜注意者,有家庭之教育,有社会之教育,有政治之教育三者,与学校皆有互相维系之故。譬诸入一室,尘埃积寸许,必一切整理之。若仅拂一几,拭其桌,求其洁净,不可得也。孟子曰:“一日暴之,十日寒之,未有能生者也。”亦此意也。今之家庭教育何如乎?迫于衣食,困于饥寒,其所教导者,无非委琐龌龊之辞,较之科学时代,卑鄙尤甚数倍。《召诰》有言:“若生子,罔不在厥初生,自贻哲命。”哲命者,天性也。天性既漓,虽有孔、孟、程、朱,亦不能改其心而易其骨。今之社会教育,又何如乎?是非颠到,见利即趋,礼义廉耻,罔所顾恤。其下者,以赌博为生涯,以冶游为放旷。良善子弟经此洪炉之陶铸,有不销铄者哉?今之政治教育,又何如乎?君子之德风,小人之德草。我中国之教育,向视上之人为标准。苟子之不欲,虽赏之不窃。孔子对季康子之患盗,未尝不太息而流涕矣。凡人上达难,而下达易。学校教法纵极精良,而学生被此三者空气,将如地心吸力,不移时而下达九渊矣。虽然,吾立此论,非为学校宽也,将以学校为三者教育之基础也。盖惟学校改良,而后三者自能改良,惟三者进化,而后学校益复进化,本末始终,相为表里。然而居今日而言,教育舍正人心其奚由哉?其奚由哉?

文 化 论

唐文治

十年以前谈新文化,人无不欣欣焉,仰慕而乐道之。近年以来谈新文化,闻之者疾首蹙额,十居其七八。甚者,哂笑退避,默然以去。何心理之相远若是也?盖文化者,有文而后有化。今之新文化,其文固安在乎?夫焉得而有化?其不能持久也,曷足怪哉?吾特发明中国文化之本原,大声疾呼,为天下告。自来言中国之文化者,莫盛于尧、舜、禹、汤、文、武、周公。史臣之赞尧曰“文思安安”;赞舜曰“浚哲文明”、曰“诞敷文德”;赞禹曰“文命敷于四海”。孔子之赞文王曰“文明柔顺”。《曲台记》之赞文王曰“以文治”。是为吾国文化之权舆。窃尝推原三代而上,大抵文章与道德合而为一,文章、道德与政治又合而为一。孔子赞尧“巍巍乎其有成功也,焕乎其有文章”,可见有功业,斯有文章,二者实相表里。是故尧之文化在亲睦九族,平章百姓,协和万邦,黎民于变时雍。舜之文化在纳百揆,宾四门,亮采惠,畴命秩,宗典乐,上下草木鸟兽咸若。禹之文化在六府孔修,庶土交正,水火金木土谷惟修正德,利用厚生,惟和而声教远迄也。文王之文化在明德慎罚,丕显宏谟,止仁止敬,止孝止慈,止信用能肇造区尤也。推而言之,伊尹以文教兴殷,周公以文教兴周,先知觉后知,先觉觉后觉。仰而思之,夜以继日,其载于《诗》《书》《礼》《乐》者文化,咸可睹矣。虽然,由周公而上,上而为君,故其功绩盛。由周公而下,下而为臣,故其学识长。降及孔子,有德无位,删《诗》《书》,定《礼》《乐》,赞《周易》,修《春秋》,见龙在田,天下文明。然而道德虽盛,而其文化仅行于社会之间,由是文章、道德与政治遂判而为二,而天下乱矣。降而至于孟子亦然。然其所言学校、井田、不忍人之政,何一非文化之灿著者乎?秦汉文章,俱无功德可纪。魏晋六朝,其政治卑污窳败,其文章亦无足称。降及唐代贞观之治,庶几乎文章、政治合而为一矣。其后则时离而时合焉。降及宋代,周、程、张、朱诸大儒出,发明文章、道德合一之谊,精深纯粹,然皆不得位于政治合一之旨,不过徒托空言,故其文化亦及于下而不及于上。元明以后,则时离而时合焉,而离时常多,故治日常少。此中国数千年来文化之大较也。然则文学之关系于政治,岂不重哉?亦岂虚言所能缘饰哉?虽然,此犹言其迹也,试更言其理。昔者,庖牺氏之画八卦也,仰以观于天文,俯以察于地理,通神明之德,类万物之情。盖庖牺之作卦,兼天文、地文、人文以为象者也。通天、地、人为文,故通天、地、人,然后可以为政。故《贲》《之》《象》传曰:“观乎天文,以察时变;观乎人文,以化成天下。”是为文化最精之理。厥后,黄帝之史仓颉,知文理之可相别异,初造书契,百工以乂,万品以察,盖取诸夬夬,扬于王庭。言王者宣教布化于朝廷,君子所以施禄及下,居德则忌也。孔子作《杂卦传》,终之以夬,曰:“君子道长,小人道消也。”盖文化兴由于君子进,文化衰由于小人庸。圣人之情见乎辞,而政治之原理从可知矣。《礼记》曰:“入其国,其教可知也。”其为人也,温柔敦厚,《诗》教也;疏通知远,《书》教也;广博易良,《乐》教也;洁净精微,《易》教也;恭俭庄敬,《礼》教也;属辞比事,《春秋》教也。唐柳子厚曰:“本之《书》,以求其质;本之

《诗》，以求其恒；本之《礼》，以求其宜；本之《春秋》，以求其断；本之《易》，以求其动。”盖惟深于文化者，为能得古圣贤命脉之所在，以措之于政治，而其中则尤有至理存焉。盖分者，文理也。《论语》曰：“博学于文，约之以礼。礼也者，理之不可易者也。”《中庸》曰：“文理密察，足以有别也。”盖有文而后有理，有文理而后能密察，有文理密察，而后能有别。国家政治所以有条而不紊者，惟在于文理而已矣。今也，无理而欲言文，因无文而并欲废理。呜呼！无文无理之徒而可以治天下乎？何怪风俗人心如江河之日下乎？今试问东西洋各国哲学诸书，有能如我国《十三经》之广大精微者乎？曰无有也。今试问东西洋各国历史诸书，有能如我国《二十四史》之始终条理者乎？曰无有也。然则各国之文化，有能如我中国者乎？夫各国之文化，不如中国，各国方尊我之文化。而我乃谓中国之政治不如各国，欲并其文化而扫除之，庸讵知中国之文化将转行于各国，而中国之政治乃日乱而即于亡。悲夫！悲夫！夫振兴文化之道奈何？宜取所定国学专修学校学规，布诸各省而仿行之，颁诸各邑、各乡而遍设之；本诸《十三经》以正其心；本诸《二十四史》以考其事；本诸汉唐以来文集、奏疏、函牍、言论以广其见闻，养其知识，庶几文化渐渍于人心，国家可得而理欤。且夫共和之治宜莫如尧舜。孟子曰：“尧舜之智，而不遍物，急先务也。尧舜之仁，不遍爱人，急亲贤也。”又曰：“欲轻之于尧舜之道者，大貉小貉也；欲重之于尧舜之道者，大桀小桀也。”夫尧舜之急先务而亲贤者天工，人其代之，是以文化昭明于万世。今也，变天之道，乱人之纪，不明本末、轻重之数，不知急先务亲贤，而徒空言，遍物爱人，则是貉也、桀也。貉固膜隔而不仁，桀则暴戾恣睢，而无不噬。呜呼，貉也，桀也！西国之政治岂若是之悖哉？其文化亦岂若是之妄且诬哉？吾故特发明文化、政治合一之旨，大声疾呼，为天下告。

表论

唐文治

子思子曰："仁者，天下之表也。"其所作《表记》，盖无非天下之表。子尝欲取世之事，续为《表记》，特先于本论之中言之。表何在？吾将先破天下之迷惑。夫精于农者为农长，精于工者为工长，精于商者为商长，精于教育、计学者为教长、财长，此诚是矣，然有其表焉。设使以冲锋陷阵之战将而令为陆军长，以会计出纳之巨商而令为商政长，操刀使割，辄至于伤人者，何哉？盖天下贵有领袖之才，若辈者无其表故也。吾尝谓用人之法，莫善于唐虞。禹为司空，契为司徒，皋陶为士，稷为农官，其他典礼、典乐、水、火、工、虞，靡不永守其职，而无变更，无他，用其专长故也。然而禹之言曰："安汝止，惟几惟康。"皋陶之言曰："慎厥身修，思永。"其他益稷陈谟，亦皆能匡正君德。何者，彼其道德行谊，盖有出于专长之外者。后世鲜知此义，朝用一人，暮易一人，绝不问其品行心术之若何，其表果安在哉？

夫世界一教育场也，国家一大学校也。善政不如善教之得民也，善政可以定一时，善教可以淑数世。行其教者治，不行其教者乱，而其大枢纽，尤在于各省之吏治。今之吏治窳败甚矣！征辟不行，变而为推举。推举冗积，变而为任用。任用者无非私人，爪牙布而腹心伤，害马多而骐骥去，民乃大受其苦矣。由是游官之多甚于游民。一任进而一任退。游官之苦亦更甚于游民，冰山既倒，奔走无门者有之；穷饿流离，不得归其乡土者有之，是爱之者适以害之也。呜呼！彼独非人哉！《论语》之言教化曰："天何言哉，四时行焉，百物生焉。"《礼记》之言教化曰："地载神气，神气风霆，风霆流行，庶物露生，无非教也。"孔子之言教化曰："吾无行而不与二三子者，是丘也。"夫天之教化如是，地之教化如是，圣人之教化如是，盖皆寓于无形之中者，表是也。吏治之教化，亦若是焉而已。今宜于各乡各省设仕优学校，凡候补之参事、佥事、主事以及道尹、县知事等，分别都萃其中，以经学为之根柢，旁及历史、地理、经济、时务等类，严其课程，加以甄别。部长、省长，以时旁听焉。熏陶涵育之，不及格者斥之，俾学道爱人之训，浸灌于人人之心，则表正影端之效，自然推暨于无穷矣。至于用人，宜兼采征辟、考试之法，不得已而参以任用。迨学校成绩既著，则皆取材其中，于是有不风行而草偃者，吾不信也。《书》曰："天乃锡禹洪范九畴。"范者表也。《传》曰："惟则定国，毁则为贼。"则者，表也。《大学》言治平之义曰："其所令反其所好而民不从。""所藏乎身不恕而能喻诸人者，未之有也。"所好、所藏者，表也。《中庸》言文武之政曰："为政在人，取人以身。修身以道，修道以仁。仁者，人也。"天下之表也。道者何也？"君臣也，父子也，夫妇也，昆弟也，朋友之交也。五者，天下之达道也。"失其一焉，则身不能修，道不能立矣。而其要归于至诚。能诚，则虽愚而必明，虽柔而必强。不能诚，则虽明而必愚，虽强而必柔也。是故吾处于至安之境，而处人以至危，则失其表也。吾处于至佚至甘之境，而处人以至劳至苦，则失其表也。吾处于至泰至舒之境，而处人以至贫至困，则失其表也。吾所为者，不能孝，不能弟，不能仁，不能义，则失其表也。是皆致乱之道也。我以至诚待人，而至诚之响应桴鼓，速于置邮而传命，得其表也。我以欺诈示人，而欺诈之钩心斗角，传于累代而不绝，失其表也。

吾尝横览五大洲，纵观二十四史，凡其存焉、兴焉、盛焉者，皆上之人得其表者也。凡其亡焉、废焉、衰焉者，皆上之人失其表者也。然则后世之观政者，当先观其表之何如，而其执政者，亦必自问其表之何如。必其德可以为天下之表，而后其人乃可以任天下之事。非然者，危道也，重者自戕也，轻者亦自取辱也。《书》曰："作之君，作之师。"《易》曰："见龙在田，利见大人。"君德也。盖惟社会有师表，而后天下有君表。无师表者不能治学校，无君表者不能治国家，其揆一也。故曰天下之本在国，国之本在家，家之本在身，夫是之谓政本。然心也者，又身之表也，夫是之谓治天下之本，是以孟子见齐王曰："我先攻其邪心。"

人但知学校之有师表，而不知国家之有君表。人但知学校之长为师表，而不知凡为师者皆有师表。人即知国家之有君表，而不知凡为上者皆有君表。盖人之群必有长，有长即为表。一人居于上，而在下者性情心术，无不似之。甚之其言语笑貌，无不似之，出于无形之规摩也。然则天下之表，可不慎之又慎哉！故吾以是说终于篇焉。文治记。

三、经费与校园建筑

私立无锡国学专门学院 立案用表之学校概况表、预算表

私立无锡国学专门学院立案用表之(一)

学校概况表

名　　称	私立无锡国学专门学院
种　　类	国学专门
校　　址	无锡城内学前街
开办经过	本院原名国学专修馆,于民国九年由通县王芝祥、钱塘施肇曾等发起创办,十年二月正式开学。并就无锡学前尊经阁旧址建造教室宿舍,十年八月迁入。迄十五年十二月,前后办理毕业四次。国民政府成立,于十六年八月呈请改定今名备案。
经费来源	原由施省之、孙鹤卿两先生按年捐款,现在组织董事会担任筹款,并征收学费,每年共得洋一万一千二百二十元
组织及编制	定章三年毕业,现有甲、乙、丙三班
备　　考	
说　　明	一、各表“私立”二字之下应填学校名称 二、经费来源一栏应详细填报 三、组织及编制除在本栏摘要填报外,并应将该项章程附呈备查

私立无锡国学专门学院立案用表之(二)

预算表　十六年度

岁入	经常	息　　金	
		学费收入	十六年度全年共得洋三千二百二十元
		其他收入	校董会筹款六千元
		计	九千二百二十元
	临时	捐款二千元	
	合计	一万一千二百二十元	
岁出	经常	教员俸给	四千四百五十二元
		职员俸给	三千四百四十四元
		校役工食	四百六十八元
		图书购置	四百元
		仪器购置	
		标本购置	
		消 耗 费	九百五十六元
		其他支出	一千五百元(器具购置九百元,杂支五百元,纸张文具一百元)
		计	一万一千二百二十元
	临时		
	合计	一万一千二百二十元	
备考			
说明	除依照本表填报外,并应将该校详细预算附呈备查		

私立无锡国学专门学院详细预算表　十六年度

岁入	经常	学资收入	甲班不收;乙班四十九人每人四十元,全年一千九百六十元;丙班本学期起三十六人,每人三十五元,计一千二百六十元。共计三千二百二十元
		杂项收入	学生保证金、杂志费、讲义费、报名费、膳食等约六百元
	临时	校董会筹款	约七千四百元
	合计		一万一千二百二十元
岁出	经常	教员俸给	每月(唐蔚芝先生一百元,冯振心先生九十一元,朱叔子先生一百〇五元,钱子泉先生四十元,陆景园先生三十五元)三百七十一元,全年四千四百五十二元
		职员俸给	每月(院长百元,正副主任各三十元,文牍兼课外指导三十三元,训育兼会计庶务六十元,训育兼管书缮校三十四元)二百八十七元,全年三千四百四十四元
		校役工食	校役工人每月工食三十九元,全年四百六十八元
		图书购置	全年约四百元
		器具购置	新装电灯约三百元,新生课桌椅、用具约四百元,修缮约二百元,共九百元
		纸张文具	办公信封、信纸、学生讲义纸、考卷纸约一百元
		消耗费	每月(上级一桌并全校茶水五十四元,电灯费二十五元)约七十九元,全年约九百五十六元
		杂支	招生广告两期约二百元,校外宿舍房租一百元,项目一百元,每月电话、各种报纸、一切杂支约一百元,共五百元
	合计		一万一千二百二十元

私立　立案用表之(六)
图书馆图书分类统计表

类别		经类	史类	子类	集类	杂志类
中国文	册数	2 007 册	1 755 册	212 册	1 189 册	72 册
	价值	602 元	527 元	64 元	357 元	22 元
外国文	册数					
	价值					
备考						
说明						

私立无锡国学专门学院立案用表之(九)
教员履历表

姓　名	唐文治	钱基博	冯　振	朱文熊	陈　柱	陆修祜
性　别	男	男	男	男	男	男
年　岁	六十四	四十二	三十二	六十一	四十一	四十七
籍　贯	无锡	无锡	广西北流	太仓	广西北流	太仓
学　历						
经　历	前南洋公学校长	前清华约翰教授	前北流中学校长	前南洋公学教授	前梧州中学校长	前南洋公学教授
所授学科	经学、理学、修辞学	文学批评国学概论	诸子学、文字学、文学	诸子学、文学史、文学		经学、文学
每周授课时数	八	四	十三	十四	一	五
专任或兼任	专任	兼任光华大学教授	专任	专任		专任
本校兼任职务	兼任院长	兼任教务主任	兼任院务主任			兼任文牍
月　薪	一百元	四十元	九十一元	一百零五元	无	三十五元
到校年月	十年一月	十六年九月	十六年九月	十一年一月	十一年一月	十年九月
备　考						

私立　立案用表之(十)
职员履历表

姓　名	唐文治	钱基博	冯　振	陆修祜	沈炳焘	高文海	姜谋深
性　别	男	男	男	男	男	男	男
年　岁	六十四	四十二	三十二	四十七	四十一	二十八	三十八
籍　贯	无锡	无锡	广西北流	太仓	长沙	昆山	无锡
学　历							
经　历	前南洋公学校长	前清华约翰教授	前北流中学校长	前南洋公学教授	前南洋学职员		前东林乙种实业三师附属教员
职　务	院长	教务主任	院务主任	文牍	训育兼会计庶务	缮校兼管图书	训育兼缮校
专任或兼任	专任	兼任光华大学教授	专任	专任	专任	专任	专任
本校兼授学科	兼授文学、哲学	兼授通论	兼授文字学、哲学	兼授文学			
月　薪	一百元	三十元	三十元	二十五元	六十元	十二元	三十元
到校年月	十年一月	十六年九月	十六年九月	十年一月	十年一月	十六年九月	十七年一月
备　考							

历年经济比较表

历 年 经 济 比 较 表

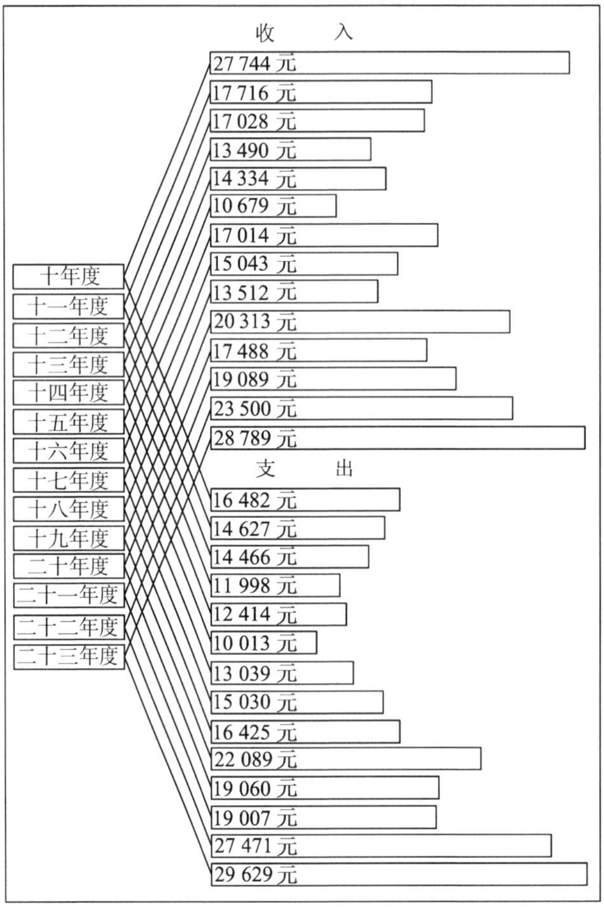

二十四年度各项经费支配表

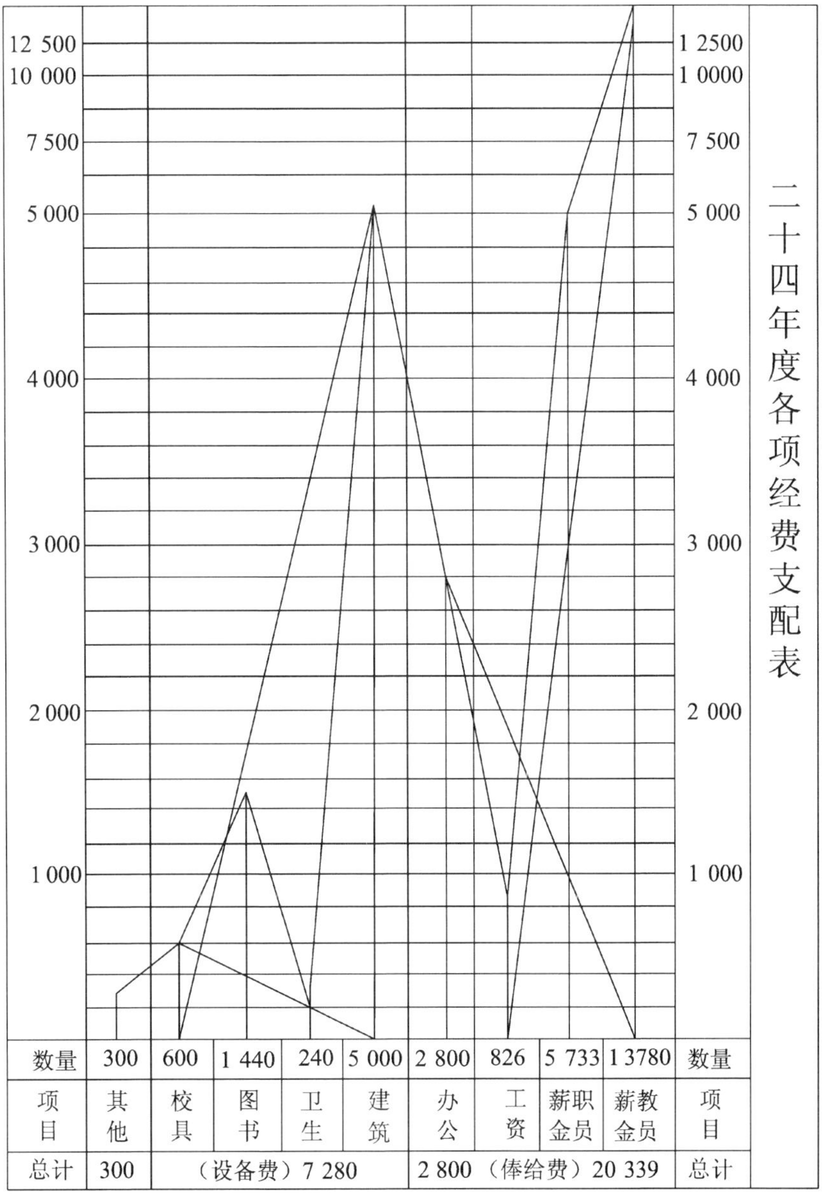

数量	300	600	1 440	240	5 000	2 800	826	5 733	1 3780	数量
项目	其他	校具	图书	卫生	建筑	办公	工资	薪职金员	薪教金员	项目
总计	300	（设备费）7 280				2 800（俸给费）20 339				总计

教育部资助电报

教育部电文

教育部训令　高第14511号

令私立无锡国学专修学校

本部为培养文书应用人才起见,特指定该校设置二年制文书专修科,训练学生五十名,核定每年补助费四万元。合行,令仰遵照。并拟订计划及课程纲要送部有核。此令。

部长陈立夫

中华民国三十一年四月十八日

复教育电文

（为遵令拟具文书专修科计划及课程纲要，呈请备核由）

私立无锡国学专修学校呈
桂字第六六号
民国三十一年五月二十六日

教育部：

案奉钧部本年四月十八日（高字第一四五一一号）训令开：本部为培养文书应用人才“录原文”送部备核。等因。奉此。兹谨遵令拟具计划及课程纲要乙份，呈请察核备案，实为公便。谨呈。

附呈文书专修科计划及课程纲要一份

私立无锡国学专修学校校长唐文治　　假
教务主任、代理校长冯振

三十一年七月二十四日请补助电文

重庆教育部高(28033)号

指令奉悉,前呈文书专修科预算不足(49 035)元,除补助(40 000)元,尚短(9 035)元,再减学米约(20 000)元,共短(29 035)元,物价日增,尚不在内。乞案实增赐补助,俾利进行,先赐电复1413。午敬。

私立无锡国学专修学校收据及电文

私立无锡国学专修学校收据

兹收到

教育部增拨三十一年度文书专修科补助费国币一万五千圆正。此据。

代理校长　冯　振

总务主任　蒋庭曜

会　　计　陈　实

中华民国　三十一年十一月　日具

复教育部电

电为钧部增拨文书专修科补助费一万五千元业已汇到,特补具印收由(如文)

私立无锡国学专修学校代电

桂字第一三五号

三十一年十一月六日

重庆教育部陈部长钧鉴:未经赐电,早经奉悉增拨文书专修科补助费一万五千元亦已汇到,谨补具印收一纸,随电奉呈。

私立无锡国学专修学校代理校长冯振叩戌鱼钤

呈教育部电文

（呈请准予，俟钧部核定扩充文书专修科计划增拨经费后，始行编造预算由）

私立无锡国学专修学校呈

桂字第二一五号

二十二年四月七日

教育部部长陈：

案奉钧部本年三月十日高字一一三三四号代令内开：兹支配该校附设文书专修科一班经费四万五千元。除函请财政部饬库径行拨款外，合行，令仰知照。并应编选预算七份呈报核转等因。奉此。本应即行遵办理本校关于文书专修科之设置，因各方人士纷函嘉许，促谋扩充以应急需，业经拟具《扩充文书专修科计划书》一份，于本年三月六日以桂字第一九八号呈文呈送钧部在案。拟俟指令核定该项计划增拨经费后，始行编造预算。理合具文呈明，敬祈

察核谨呈

私立无锡国学专修学校校长唐文治假

教协主任
代理校长冯振

教育部电文

（据呈请增拨文书专修科经费，核示饬遵由）

教育部指令
三十二年五月八日

令私立无锡国学专修学校：

三十二年三月六日桂字第一九八号呈一件：为恳予增拨文书专修科经费一十四万四千六百十元，以资扩充由。

呈件均悉。查本部于上年度指定该校设置文书专修科，训练学生五十名，经核定开办及经常费四万元，嗣准追加一万元。本年度经核定该专修科经常费四万五千元，业经列入预算，无从增加。本年该专修科无庸扩充招生，仰即遵照。件存。此令。

部长：陈立夫
中华民国三十二年五月八日

呈教育部电文

（呈恳准予续招文书专修科新生以应社会需用由）

私立无锡国学专修学校呈　桂字第二五一号

教育部部长陈：

案奉钧部本年五月八日（高字二二八三六号）指令略开：查本部于上年度指定该校设置文书专修科，训练学生五十名。经核定开办，经常费四万元，嗣准追加一万元。本年度请核定该专修科经常费四万五千元，业经列入预算，无从增加。本年该专修科无庸扩充招生。仰即遵照。此令。等因。奉此。原应遵办，始本校自奉令设置文书专修科以来，各界人士或致函嘉许，或莅校参观，莫不以秉承钧部之旨培养实用人才、改良文书之责相勉。以故本校现照多方计划，务得充实图书，广延师资，谋逐步之改进。如本年即行停止招生，非特无以应社会之需求，即班级中断，原有学生程度较低，此亦无法出降留用。特函呈钧部，敬恳准予继续招生，至经费一项拟将本年度文书专修科新生与国学专修科生同样征收学米，聊资挹注等，不足之数本年度仍恳钧部量予补助至三十三年度，再请列入预算，是否可行？尚祈指令示遵。谨呈。

校长唐文治假

教务主任
代理校长冯　振

中华民国三十二年五月二十八日

教育部复电文(高30225)

(教育部指令)

令私立无锡国学专修学校:

三十二年四月七日桂字第二一五号呈一件,为呈请准予,俟钧部核定扩充文书专修科计划增拨经费后始行编造预算由。

呈悉。查此案。前据该校来呈,业于本年五月八日以高字第二二八三六号指令,饬本年毋庸续招文书专修科新生在案。仍仰遵照前令办理,并编造预算呈核。此令。

部长:陈立夫

中华民国三十二年六月十四日

呈教育部电文

（呈报文书专修科预算书敬恳，体恤艰困，
续拨不足之数八万九千四百元，以资维持由。）

桂字第二九〇号
三十二年八月十六日

案奉钧部本年三月十日高字一一三三四号代电内开：兹支配该校附设文书专修科一班，全年经费四万五千元。除函请财政部国库径行拨款外，令行电仰知照。并应编造预算七份，呈报核转。嗣奉钧部高字三〇二二五号指令内开：三十二年四月七日桂字第二一五号呈一件，为呈请准予俟钧部核定扩充文书专修科计划增拨经费后，始行编造预算由。呈悉。查此案。前据该校来呈，业于本年五月八日以高字第二二八三六号指令，饬本年毋庸续招文书专修科新生在案，仍仰遵照前令办理，并编造预算呈核。此令。等因。奉此。兹谨编造本年度文书专修科预算书七份呈核。惟近来物价激增，一二月中竟涨至数倍，所造预算均属最低数额，省无可省。但除已准拨四万五千元外尚不足八万九千四百元，仍敬恳钧部体恤艰困，约不足之数八万九千四百元，如数赐拨，以资维持而利教育。无甚感祷，谨呈
教育部部长陈

私立无锡国学专修学校
校长唐文治
代理校长冯振

教育部复电文

（教育部指令）（高49195号）

令私立无锡国学专修学校：

三十二年八月十六日桂字290号呈一件，为请增拨文书专修科经费不敷数。又二十九日桂字301号呈一件，为请增拨本年度补助费由。两呈暨件均悉。查本年度经费及补助费已分配无余。所请增拨文书专修科经费及本年度补助费一节，未便照准预算书注销。仰仍照核定数四万五千元改编呈核。此令。

部长：陈立夫

中华民国三十二年十月八日

呈送教育部文

呈送本校文书专科三十三年全年度支出预算书敬祈　核准赐拨由

私立无锡国学专修学校呈

桂字第四二一号

民国三十三年一月六日发

教育部部长陈

案查本校文书专修科经费原定额数实不足支配,因迩来物价激增,兹谨拟具三十三年全年度预算书送呈察核。敬祈赐准,即行拨发。为祷。谨呈

校　　长　唐文治　假

代理校长　冯　振

私立无锡国学专修学校文书专修科三十三年全年度支出预算书

（自三十三年二月一日起，至三十四年一月三十一日止）

款	项	目	科　目	人数	每月预算数	全年预算数
一			本科经常总支出		1 250 000	15 000 000
	一		薪津		90 000	11 640 000
		一	兼主任	一	300 000	12 600 000
		二	兼任教授	一	140 000	1 680 000
		三	专任讲师	一	240 000	2 880 000
		四	助教	一	200 000	2 400 000
		五	兼职员	一	90 000	1 080 000
	二		工饷		120 000	1 440 000
		一	工资	一	120 000	1 440 000
	三		办公费		160 000	1 920 000
		一	文具		45 000	540 000
		二	电灯费		60 000	720 000
		三	邮电		5 000	60 000
		四	杂支		50 000	600 000

私立无锡国学专修学院文书专修科预算书

甲　教职员薪津费

职　别	人数	每月薪津	全年薪津	备　注
兼主任	一	2 000 元	24 000 元	
兼任教授	一	950 元	11 400 元	凡兼任均与本校其他专修科合聘
兼主任讲师	一	1 500 元	18 000 元	
兼任助教	一	650 元	7 800 元	
兼任书记	一	600 元	7 200 元	
合计		5 700 元	68 400 元	

乙　办公消耗费

名称	每月支出	全年支出
文具	100 元	1 200 元
电灯	100 元	3 600 元
工友	800 元	9 600 元
杂支	200 元	2 400 元
合计	1 300 元	16 900 元

两项总计全年共支八万五千三百元正。

文书专修科经费预算书

一、教职员薪津费

职　别	人　数	每月薪津	全年薪津	备　注
兼主任	一	1 900 元	22 800 元	
兼任教授	一	900 元	10 800 元	
讲师	一	1 500 元	18 000 元	
兼任	一	700 元	9 400 元	
共计			6 100 元	

私立无锡国学专修学校
文书专修科增拨经费电文

教育部训令

（令知三十三年度附设专修科补助费）

令私立无锡国学专修学校：

案查本部前令该校自三十一学年度起附设文书专修科一班，至本年暑假修业期满，下学年仍应继续招设一班。兹核拨本年度全年补助费六万元，另补助该校建设费六万元，共十二万元。除呈请：行政院转令财政部饬国库署于五月及十月分两次径拨外理。合行。令仰知照。此令。

部长：陈立夫

中华民国三十三年五月初四日

呈教育部电文

（呈请增拨本校三十二年度文书专修科补助费，
或准予征收学费，敬祈察核示遵由。）

私立无锡国学专修学校呈
桂五三一号
三十三年五月十九日

教育部长陈：

案奉钧部五月初四日（高字21084号训令）内开：案查本部前令，该校自三十一学年度起附设文书专修科一班，至本年暑假修业期满，下学期仍应继续招设一班。兹核拨本年度全年补助费六万元，另补助该校建设费六万元，共十二万元。除呈请行政院转令财政部饬国库署于五月及十月分两次径拨外，合行，令仰知照。等因。奉此。查全年补助费六万元，平均每月不过五千元，按照目前生活仅可聘请教授一人，实属万难维持。呈恳请赐予至少增拨补助十万元，倘因预算已定无法增拨，则请准于下学期招收文书科新生时，照三年制及五年制国学专修科文生一律征收学费，俾资弥补，而利进行。是否有当，敬祈察核示遵。谨呈。

校长唐文治假
代理校长冯振

教育部电文

（据呈请加列文书专修科新生投考资格核示知照由教育部代电）

私立无锡国学专修学校：

桂字第五一一号呈悉，未经高中毕业曾在各机关服务人员志愿入该校文书专修科者，可准其以同等学力资格应考。惟所拟投考资格第二项不必列入招生简章。电仰知照。

教育部

中华民国三十三年六月十九日

教育部电文

（核示该校文书专修科经常补助费不敷，准在建设费内移用二万元，不得征收学费。仰知照由。）

教育部指令

令私立无锡国学专修学校：

三十三年五月十九日桂字第五〇一号呈一件，呈请增拨该校三十三年度文书专修科补助费，或准予征收学费，祈核示由

呈悉。该校文书专修科经常补助费六万元，如确系不敷，姑准在建设费六万元内移用二万元，所请准予征收学费一节，应毋庸议。仰即知照！此令。

部长：陈立夫

中华民国三十三年七月十一日

呈教育部电文

（呈为重行呈请文书专修科经常补助费无法维持敬祈
赐予增拨，以资继续开办由。）

私立无锡国学专修学校呈
桂　五六八号
三十三年七月二十八日

教育部部长陈：

案奉钧部七月十一日（高字第33472号）指令内开：该校文书专修科经常补助费六万元，如确系不敷，姑准在建设费六万元内移用二万元，所请准予征收学费一节，应毋庸议仰即知照。等因。奉此。关于不准征收学费一节，足见钧部提倡文书教育之至意，本校自当遵从。惟查前年奉令开办文书专修科时，核定经费为四万五千元，以物价增加十倍计，便需四十●●●●教授本校经费原已支绌万分，实无其他款项可以移用弥补。钧部既不准征收学费，又不允增加补助，本校于仰遵钧令，则无米之炊巧妇不能。停止招生则既违钧令亦非本校为社会服务之意，进退两难，实为狼狈。诚恳钧部俯察下情，赐予增拨补助，俾获勉强维持继续开办。教育幸甚，本校幸甚。谨呈。

敬祈钧部代为策划以善其后，倘不赐予增拨补助，诚恐无法继续开办，困迫之情伏乞垂察是幸。谨呈。

校长唐文治假
代理校长冯振

教育部电文

（所请增拨文书专修科补助费一节碍难照准）

令

私立无锡国学专修学校：

三十三年七月二十八日桂字五六八号呈一件，为呈请文书专修科经常补助费无法维持，祈赐予增拨，以资继续开办由。

呈悉。本部经费支绌，该校文书专修科经费，应在前发经常补助费六万元及建设费六万元项下统筹匀支。所请一节碍难照准。仰即知照。此令。

部长：陈立夫

中华民国三十三年八月十七日

教育部电文

教育部代电渝高 12967 号

所请增拨文书专修科补助费一节，未便照准。迁移费俟统筹分配时酌予补助。

私立无锡国学专修学校三十四年十二月三十一日八号代电悉。查三十四年度私立学校补助费系统筹核定，所请增拨文书专修科经费一节未便照准。至该校迁移补助费，俟统筹分配时，酌予补助。统仰知照。

教育部

中华民国三十五年二月初四日

呈教育部电文

（电报本校附设文书专修科经过，敬祈察核并恳迅予赐拨补助费由）

文字第〇八四号

私立无锡国学专修学院代电

教育部钧鉴：

案奉钧部本月十四日高字第一九七七七号代电节开：至本部指定该校附设文书科二班本年度是否继续招生，应特办理情形报核。等因。奉此。查本校于三十一年夏奉令设置二年制文书专修科一班，于三十三年第一班毕业，续招第二班。因桂林沦陷，至三十四年春始行开学。三十四年夏，又奉令添办第三班，改为秋季招收，提前在春季，现拟将不及秋季惟春季招生似●之适当，明年应招之第六班，今年秋季以后一律春季始业。兹将应届班级人数及毕业生人数列表送呈。敬祈察核，并恳迅将补助费赐拨为祷。

私立无锡国学专修学院校长唐文治叩卯胥钤

附：　私立无锡国学专修学校附设文书专修科历届班级人数暨毕业人数表

招生年月	班次	班数	学生数	毕业年月	毕业生数
三十一年八月	1	一班	二十七	三十三年七月	十三
三十四年三月	2	一班	十五	三十六年一月	九
三十四年八月	3	一班	十三	三十六年七月	六
三十六年二月	4	一班	十九		
三十六年八月	5	一班	三十		

教育部复电文

教育部代电(高 10779 号)

私立无锡国学专修学校:

兹增发该校附设文书专修科二班三十五年度追加补助费三六〇〇〇〇〇元,款另汇,仰于收到呈据备核。

教育部

中华民国三十六年三月二十四日

教育部复电文

教育部代电

高字一七八九一

民国三十六年四月一日

私立无锡国学专修学校本年三月十六日呈悉。查专科以上学校不得设分校及分地办理,业经通令饬遵在案。所请文书科借地上海办理一节,事关通案,未便照准。仰迅全部迁返无锡。令并办理为要。

教育部印锡一八五号

呈教育部电文

（电送本校文书专修科在校学生数、班次、已毕业学生班数、
人数、服务状况等表，敬祈核备由。）

私立无锡国学专修学院代电
学第〇三六号

教育部朱部长钧鉴

案奉钧部本年四月三日（高学 18264 号）训令，饬报本校文书专修科办理情形，兹遵将在校学生数、班次及已毕业学生班数、人数、服务状况等列一简表附呈，敬祈核备为祷

私立无锡国学专修学院校长唐文治叩卯寒钤
中华民国卅六年四月十四日

教育部复电文

（高 25983 号）

三十七年五月十六日
收文文经字第三八七号

私立无锡国学专修学校四月二十四日文字第八四号代电暨附件均悉。该校附设文书专修科二班，准予每班补助三千万元，共发补助费六千万元。款另汇，仰于收到后填送印收。

教育部
中华民国三十七年五月十四日

冯振致友人书

旌驾旋桂，曾专诚趋谒，适值公出，未获承训，至深向往。敝校无锡国专，本期已遵照部令于九月三日上课。新旧学生九班共二百八十余人。一切进行当称顺利。惟物价高涨，较之去年，何止倍蓰。而教育部经常补助一仍旧贯，出入相衡不敷甚巨。维持艰难达于极点。顷已呈请教育部恳于本年度特别补助费赐予增加共拨八万元以救眉急。敬恳我公在陈部长前鼎言嘘拂，俾获实现。以我公平日爱护敝校之殷，谅必邀垂允也。专肃，奉恳敬叩

勋绥

冯振谨上

私立无锡国学专修学校三十二年、三十三年收入决算书

私立无锡国学专修学校三十二年下学期自八至十二月份起止收入决算书

三十二年十二月三十一日编

三十三年度国家总预算补助支出领用机关调查表

机关名称:私立无锡国学专修学校

所在地址:桂林　穿山

沿革:民国十年元旦,钱塘施肇曾捐资开办于无锡慧山,聘太仓唐文治为校长,名无锡国学专修馆。是年冬,迁城内学前街,自建校舍。十六年春,改名国文大学。秋,又改名无锡国学专门学院。十七年秋,教育部核准立案。十九年春,奉部令改今名。二十六年,抗战事起,迁湖南长沙,又迁湘乡。二十七年春,迁广西桂林。秋,唐校长因病请假返沪,委教务主任冯振代理校长。冬,又迁北流。三十年秋,重迁桂林。自建校舍于穿山。

主管人职姓名:校长唐文治　代理校长冯振

到职年月:校长　唐文治　民国十年一月起

代理校长冯振　民国十六年七月到校,二十七年七月以教务主任兼任代理校长

组织概况及员工种类数额:主席校董—校长
- 训导处
  - 生活指导组
  - 军训组
  - 体育组
- 教务处
  - 图书馆
  - 注册组
  - 出版组
- 总务处
  - 文书组
  - 出纳组
  - 庶务组

教授　专任3　兼任8　　副教授　专任2　兼任　　讲师　专任4　兼任2　助教1

军训教官2　助教2　　职员16　　兼教员者8

学生二百八十余人

受何机关之监督及考察:教育部

一年来曾否及如何实施查考:教育部派训导委员会主任委员钱云阶及督学许心武到校

视察

经费来源及三十二年度收支情形：除收学生学杂费外全仰先后国库补助

三十二年度收支(收＄379 131.14)(支＄469 823.43)

政府补助之缘起及经过：为奖励私立学校办理成绩优良，自二十六年起，按月补助二千元，全年二万四千元。二十七、八年以七折九扣，支发全年一万五千一百二十元，二十九年增加特补助费一万元。三十年增加特别助费二万元，为三万五千一百二十元。三十一年饬办文书专修班，合计经常补助、特别补助共十二万九千元。三十二年经常补助、特别补助共十四万九千元。

历年或一年来之工作概述：自重迁桂林后，建筑教室五座，学生宿舍三座，办公厅、图书馆、礼堂各一座，教职员宿舍二座，厨房、门房、杂房、厕所共二十余间，装置电灯及各种设备运动器具，增购图书至一万余册，并尽力设法安定教职员生活。

附件

备注

私立无锡国学专修学校三十二年下学期自八至十二月份起止收入决算书

三十二年十二月三十一日编制

经常门常临时部分

自三十二年八月一日起

至三十二年十二月三十一日止

款	项	目	科　目	决算数	备　注
一			本校经常收入	二二二一七四 四一	本表以国币计元为单位
	一		经费收入	一〇九三九九 二〇	
		一	补助费	六五〇〇〇 〇〇	
		二	学费	四四三九九 二〇	此项仅将变卖学米款列入
	二		其他收入	一一二七七五 二一	
		一	宿费	三〇五〇〇 〇〇	
		二	图书费	一七九二〇 〇〇	
		三	杂费	三四一〇〇 〇〇	
		四	讲义费	一四二〇〇 〇〇	
		五	其他	一六〇五五 二〇	

附收支比较表

上期结欠　八〇五三一 九六

本期收入　二二二一七四 四一

本期支出　二三七四七八 三二

本期结欠　九五八三五 八七

代理校长　冯　振

私立无锡国学专修学校三十二年下学期自八至十二月份起止支出决算书

三十二年十二月三十一日编

私立无锡国学专修学校三十二年下学期自八至十二月份起止支出决算书

三十二年十二月三十一日编

经常门常临时部分　自三十二年八月一日起

至三十二年十二月三十一日止

款	项	目	科　目	决算数	备　注
一			本校经常支出	二三七四七八 三二	本表以国币计元为单位
	一		俸给费	七六〇五九 一八	
		一	薪俸	四七八一一 八〇	教职员米津以实物发给,不列入此数
		二	工资	二八二四七 三八	
	二		办公费	八二三八七 五一	
		一	文具	一三九九七 〇〇	
		二	邮电	九〇七 二〇	
		三	消耗	三〇四二二 六〇	
		四	修缮	七六一九 一六	
		五	旅费	二五〇八 〇〇	
		六	杂支	三四八五八 五五	
		七	医药品	二〇七五 〇〇	
	三		特别费	八〇〇 〇〇	
		一	特别办公费	三〇〇 〇〇	
		二	其他特别费	五〇〇 〇〇	
	四	购置费	四　二　六二		
		一	图书	一九一八七 六三	
		二	器具	二一九四四 〇〇	
	五		建筑费	三七一〇〇 〇〇	

附收支比较表

上期结欠　八〇五三一 九六

本期收入　二二二一七四 四一

本期支出　二三七四七八 三二

本期结欠　九五八三五 八七

代理校长　冯　振

私立无锡国学专修学校三十三年上学期收入预算书

三十二年十二月三十一日编制

私立无锡国学专修学校三十三年上学期收入预算书

三十二年十二月三十一日编

经常门常/临时部分

自三十三年二月一日起

至三十三年七月三十一日止

款	项	目	科　目	预算数	备　注
一			本校经常收入	五三七〇〇〇 〇〇	本表以国币计元为单位
	一		经费收入	三六一四〇〇 〇〇	
		一	补助费	六五〇〇〇 〇〇	
		二	学费	二九六四〇〇 〇〇	估计学生二五〇人,每人缴米一六〇斤,每百市斤折价国币七四一元,合计如上数
	二		其他收入	一五五六〇〇 〇〇	
		一	宿费	五〇〇〇〇 〇〇	估计学生二五〇人,每人缴二〇〇元
		二	杂费	五〇〇〇〇 〇〇	仝(同)右
		三	图书费	二五〇〇〇 〇〇	估计学生二五〇人,每人缴一〇〇元
		四	讲义费	二五〇〇〇 〇〇	仝(同)右
		五	其他	五六〇〇 〇〇	
	三		捐款	二〇〇〇〇 〇〇	

代理校长　冯　振

私立无锡国学专修学校三十三年上学期支出预算书

三十二年十二月三十一日编

私立无锡国学专修学校三十三年上学期支出预算书

三十二年十二月三十一日编

经常门常临时部分

自三十三年二月一日起

至三十三年七月三十一日止

款	项	目	科　目	预算数	备　注
一			本校经常支出	五三七〇〇〇 〇〇	
	一		俸给费	三三八〇〇〇 〇〇	
		一	薪俸	二八八〇〇〇 〇〇	
		二	工资	五〇〇〇〇 〇〇	
	二		办公费	九三〇〇〇 〇〇	
		一	文具	一五〇〇〇 〇〇	
		二	邮电	一〇〇〇 〇〇	
		三	消耗	三五〇〇〇 〇〇	
		四	修缮	七〇〇〇 〇〇	
		五	旅费	五〇〇〇 〇〇	
		六	杂支	三〇〇〇〇 〇〇	
	三		购置费	五〇〇〇〇 〇〇	
		一	图书	二〇〇〇〇 〇〇	
		二	器具	三〇〇〇〇 〇〇	
	四		特别费	六〇〇〇 〇〇	
		一	特别办公费	三〇〇〇 〇〇	
		二	其他特别费	三〇〇〇 〇〇	
	五		建筑费	五〇〇〇〇 〇〇	

代理校长　冯　振

私立专科以上学校补助费分配办法大纲

一、教育部为奖助优良之私立专科以上学校发展起见，自民国二十三年度起，设置私立专科以上学校补助费额，其分配依本办法办理之。

二、补助费之给予，应以立案私立专科以上学校之办理成绩优良而经费困难未得公私机关之充分补助者为限。同时注重理农工医之发展（每年至少应占全部补助费百分之七十），并酌量顾及地域之分配。

三、补助费总额定为全年七十二万元，钧以百分之七十补助扩充设备，以百分之三十补助添设特种科目之教席。

四、补助费之给予，每次以一年为期；但中途经考核认为有违给予时规定之条件时，得停止发给。

五、凡申请补助之私立专科以上学校，须具申请补助书，遵依教育部制定之项目，详确填载于每年四月底以前，呈送教育部。

民国二十三年度补助费之申请，至迟须于民国二十三年六月底以前，将申请书送部。

六、补助费之给予，由教育部组织私立专科以上学校补助费实查委员会审核决定，其组织及权限如左：

（一）组织

（甲）设委员七人，为四人就部外专家聘任。

（乙）设秘书一人，指定委员一人兼任。

（丙）凡在私立专科以上学校任有职务者，不得充任委员。

（丁）委员为无给职，但开会或受本会委托执行视察或其他工作时应给旅费。

（戊）委员任期二年，得连任。

（己）委员会开会时之主席由部就委员中每半年指定一次。

（二）权限

（甲）委员会审查各学校关于补助费之申请，决定补助费之给予；

前项决定教育部认为有修正之必要时，得以书面提示理由，拟送委员会复议。

（乙）关于本项补助之各种详细规章，得由委员会拟订，送部决定施行。

（丙）委员会执行职务时，除查询事件外，不直接对外收发公文。

七、补助费之分配，每年由教育部专案呈由行政院转报国民政府备案，并登公报。

八、本办法大纲，自呈准公布之日施行。

附：申请补助书应叙明之事项

一、申请补助之详细理由。

二、申请机关经费收支概况——应附送本年度详细预算并摘记左（下）列事项：

（1）学校收入——（1）学费，（2）资产及基金，（3）各项捐款，（4）补助费（各项补助费应详细注明来源，如中央或地方政府机关，庚款机关，其他公共团体之类）。

（2）学校支出——（1）俸给费，（2）办公费，（3）设备费，（4）特别费等。

三、请求补助院（或科）系之教学与设备概况：

（1）本学年教员人数及其主要教授姓名资历待遇。

（2）本学年各年级学生人数。

（3）本学年课程。

（4）图书价值。

（5）仪器机器价值及其主要仪器机器目录。

私立无锡国学专门学院六个月预算

无锡国学专门学院十八/九年八/一月起/止六个月预算

岁入项下

收院董拨经常费二千五百元

收学宿费五千零十元

收杂费九百三十元

共收洋八千四百四十元

岁出项下

支教职员俸给六千二百九十四元

支院役工食一百四十二元

支图书器具五百元

支修缮三百元

支纸张笔墨邮电五百元

支膳食六百十元

支杂品五十九元

支杂支三百元

共支洋八千七百零五元

不敷洋二百六十五元

本预算经董事会审核,采取量入为出原则,详为删减尚有不敷之数,应仍由院根据前项原则,量为撙节以期决算时收支适合。

民国十八年四月二十七日经济教育董事连(联)席会议同注

私立无锡国学专修学校校舍设计全图、平面图说明书、立面图

无锡国学专修学校校舍设计全图

民国二十五年三月

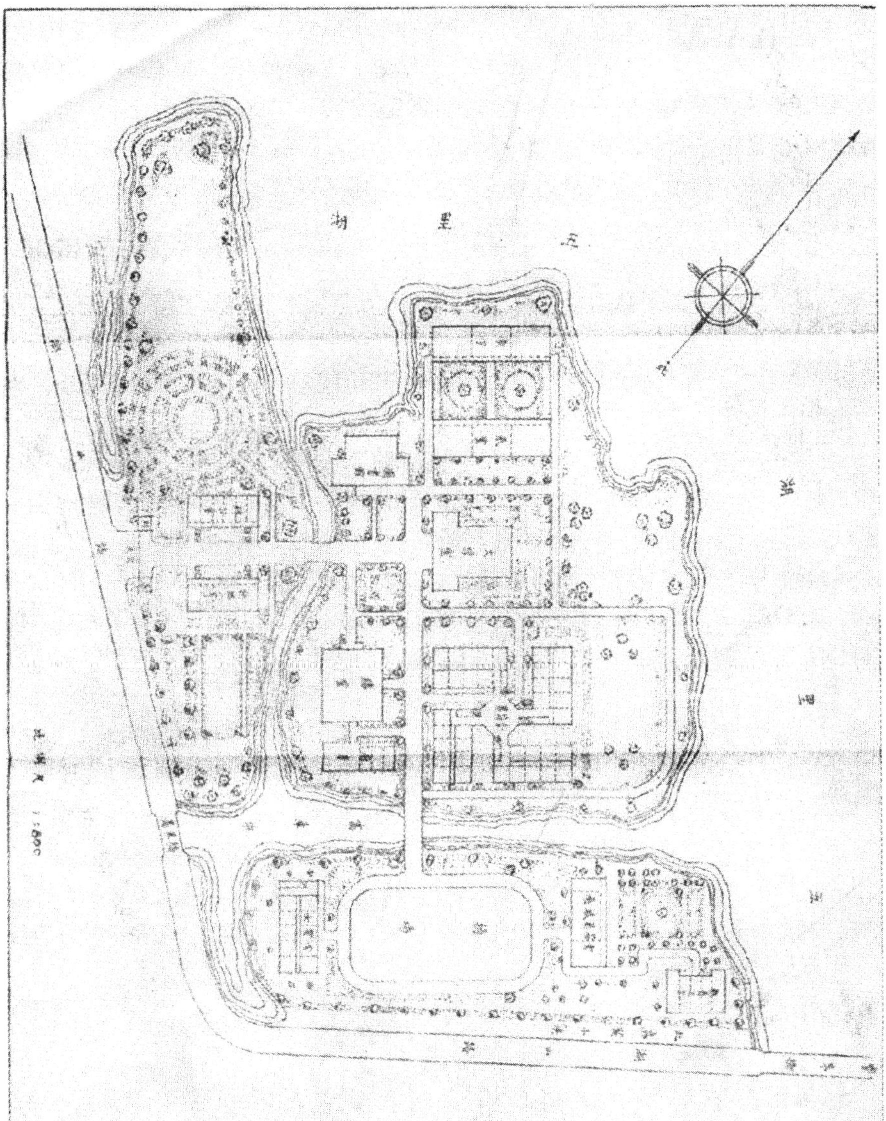

全校平面图说明书

校地面积		
校舍面积及座数		
课室间数		六间
图书馆间数		一间
实验室间数		
体育场面积	室内	
	露天	
寄宿舍间数		十五间
附近状况		校舍前后及右面均系学校左邻住家
建筑或购置费		建筑教室及宿舍二座,共费洋六千五百元
建筑或购置年月		十年八月
备考		现因宿舍不敷,于十七年一月租校外宿舍一所,计有十间。又租校外运动场一所,计有二万二千五百六十方呎,皆离本院不远

私立无锡国学专门学院平面图

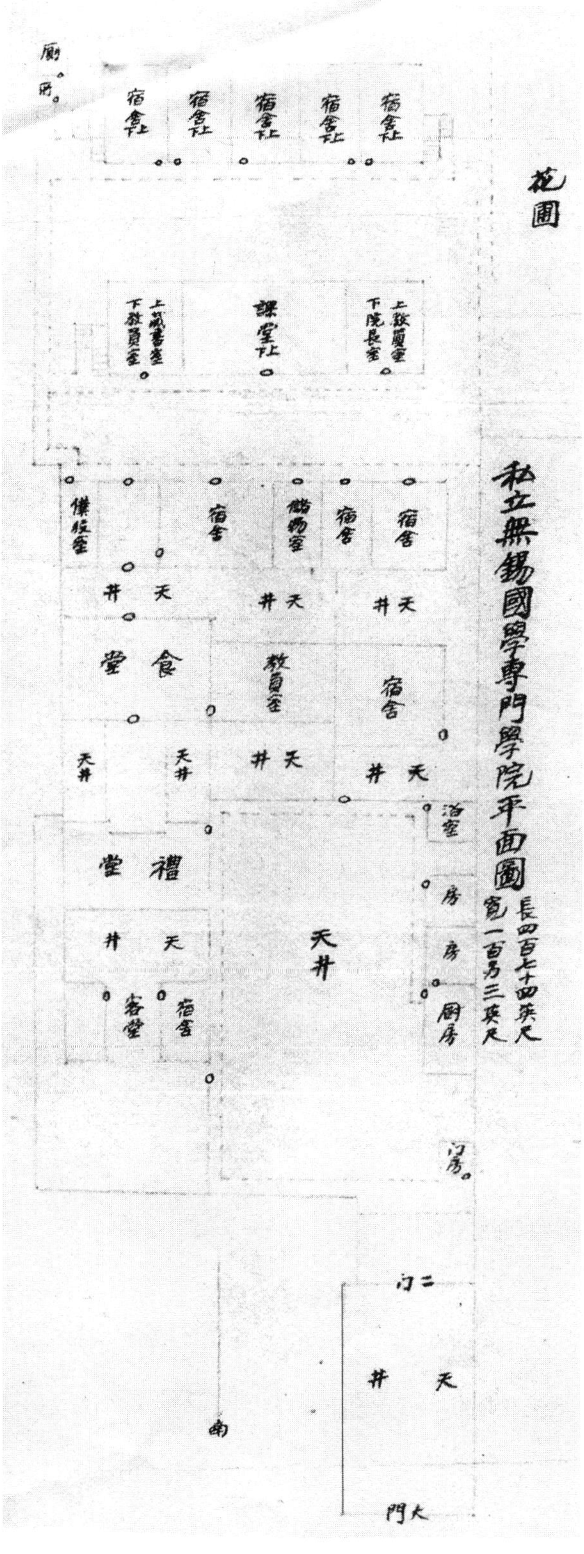

私立无锡国学专修学校与广西地方政府有关征地联系电文

教育部电文

教育部指令　高字第36613号

令私立无锡国学专修学校：

三十年八月二十日(山字第一一八号)呈一件为呈报。已在桂林穿山建筑校舍,自本学期起,即迁桂林上课,请察核备案由。

呈悉。准予备案。

此令。

部长陈立夫

中华民国三十年九月十四日

广西省政府电文

广西省政府代电

民肆字第二一五〇六号

中华民国卅年十月　日发

（准校呈请拨用本市望城冈之南，笔架山之北，与校相连处荒地五百亩为运动场、垦植场等由。仰遵照希查照由）

桂林私立无锡国学专修学校鉴：桂林市政府阅准校十月十八日呈请拨用本市望城冈之南、笔架山之北，与校相连处荒地五百亩，为运动场、垦植场场址等由。查该地如确属官荒及尚未指定其他用途，应准照拨用。如属私人土地，应由校方照价购用，以恤民艰。惟贵校用地似无需五百余亩之多，仍应按照实际需要尽量缩减。仰该市政府遵照，切实查明，会同校方勘定范围，绘图拟议呈核，并希查照。

广西省政府艳民肆印

呈桂林市政府公函

无锡国学专修学校公函
桂字第五十二号
民国三十一年三月二十六日发

（按照实际需要拟具本校扩充计划、绘具图说二纸，填送收用土地报告表二份，函请迅即派员测量划拨应用由）

案准贵府地三字第一六九四九号代电：为拨用望城岗南土地电请，拟具详细计划送府再行办理。附空白收用土地报告表二份等由。准此敝校现有学生三年制三班、五年制三班，共六班学生，共一百九十八人。下年度须增加五年制两班，约一百人。明年暑假复增两班约一百人。是一年后须增加二百人，连同原有人数须有四百人。并拟在明年寒假开始招收三、五年制春季始业生各一班，三年、五年制办全又须增加人数一倍。是六年后共有人数约八百人。至于经济情形，敝校全由国府补助，按照实际需要得请求逐年增加，就将来发展情形，前送敝校校址扩充界线恐尚不足应用。惟贵府既以范围太为辽阔，兹只求目前应用计划量缩小，拟图送阅。并因物价逐日高涨关系，已与乡民接洽妥当，在扩充地点建筑图书馆及宿舍各一座，并围竹篱以防盗窃。敬希迅即派员测量正式划拨敝校应用，至纫公谊。

此致

桂林市市长陈

代理校长　冯　振

收用土地报告表

征收人名称		无锡国学专修学校
征收土地原因		扩充校舍建筑运动场农场造林
征收土地所在地范围及面积		笔架山北望城冈南
兴办事业之性质		发展文化事业
土地定着物情形		荒坟荒土
土地使用之现状及其使用人之姓名住址		
四邻连接土地之使用状况及其定着物情形		
土地区内有无名胜古迹并记明其现状及沿革		只有荒坟并无古迹
被征收土地粮赋	有无粮赋	无粮赋
	粮额若干	
曾否与土地所有权人经过协定手续及其经过情形		
土地所权人或管有人之姓名住址		
土地征收后之使用配置		
兴办事业所拟工程设计大概		所拟工程如图拟于年内完全实现
应需补偿金额总数及其分配		
征收之年月		即日
附记		

中华民国三十一年三月二十六日无锡国学专修学校　填报

私立无锡国学专修学校校舍设计图、建筑计划

无锡国学专修学校校舍设计图

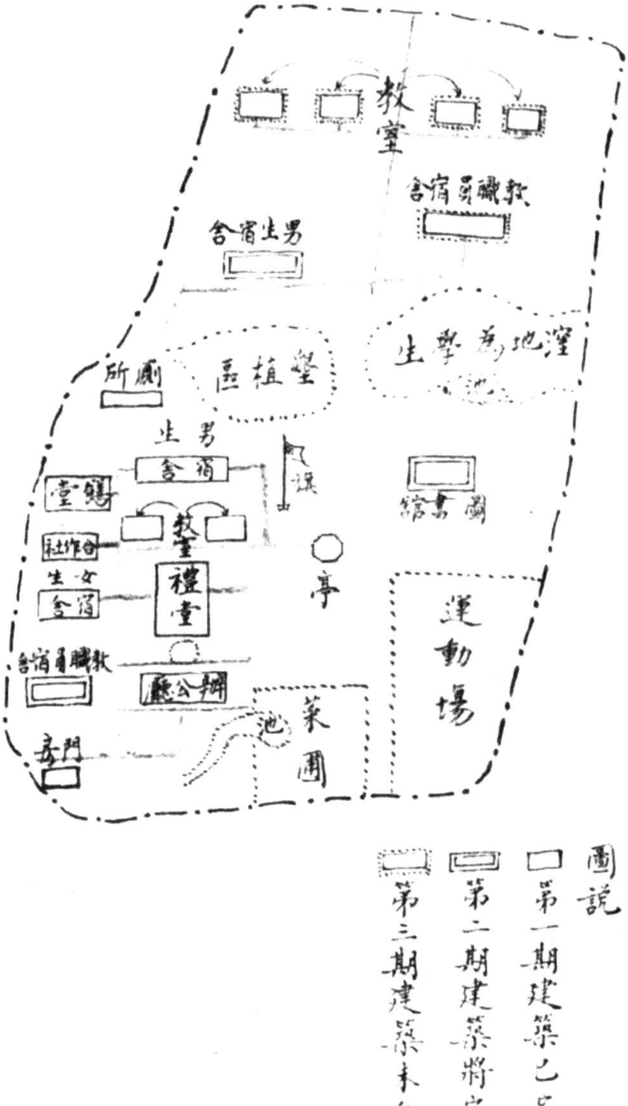

私立无锡国学专修学校校址地形及扩充界线图

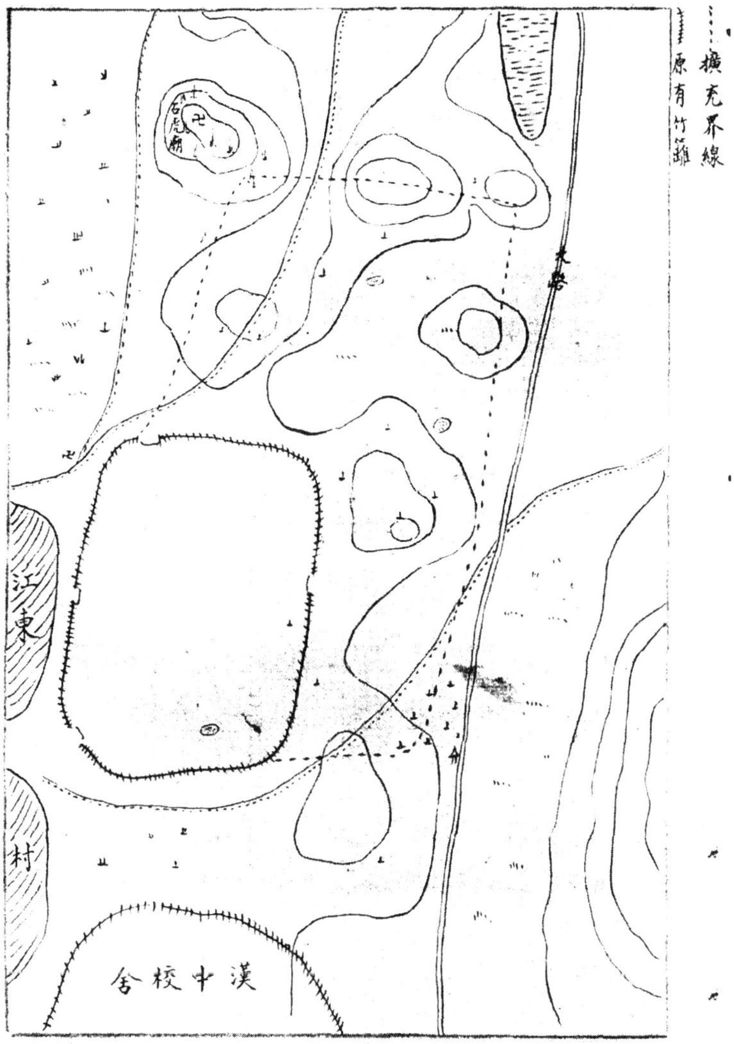

建筑单位:图书馆、教职员宿舍、学生宿舍

校名:私立无锡国学专修学校

校长:唐文治　代理校长:冯振

主办会计人员:陈实　事务主任:蒋庭曜

校舍建筑委员会其他委员:向培良、陈千钧、王震、蔡德存

建筑计划

建筑单位名称:图书馆	建筑理由:因学生及图书日增,原有图书室不敷应用,且竹木材料消防不易,故拟改建砖墙	占地面积:二十八方丈	层数:二
		建筑价值:1 349 190 元	高度二丈二尺
号数:5		营造时间 33 年 5 月	设计者:王　井

建筑内容

层别	室别	间数	每间面积(长×宽)	每间可容人数	层别	室别	间数	每间面积(长×宽)	每间可容人数	层别	室别	间数	每间面积(长×宽)	每间可容人数
下	阅览室	4	24×12		上下	书库	2	24×12		上下	研究室	4	12×9	
上	馆长室	1	18×12		下	职员室	1	18×12		上	会议厅	3	24×12	
上	成绩室	1	24×12											

工程分析

材料									人工			间接费		
类别	数量	约值	类别	数量	约值	类别	数量	约值	类别	工数	约值	类别	约值	说明
石墙脚	15.6 文	140 400 元	清砖	13 000 块	80 600 元	金字木	26 根	20 800 元	木工	92	128 800 元			
木抬炉	26 根	31 200 元	木桁条	190 根	22 800 元	木椽片	35 根	4 200 元	泥工	120	102 000 元			
瓦桷板	31 丈	21 700 元	天花梁	190 根	19 000 元	天花板	53 方	49 800 元	运力		34 000 元			
负架	22 个	26 400 元	窗户	50 个	60 000 元	石灰	450 担	81 000 元				合计	材料 1 084 390 元	1 349 190 元
纸筋	800 斤	6 400 元	板壁	23 丈	14 950 元	青瓦片	16 000 片	96 000 元					人工 264 800 元	
楼梯	2 个	18 000 元	五金		25 000 元	玻璃	1 659 块	247 500 元					间接费	
油漆		48 000 元	檐口板	22 丈	2 640 元									
楼梁	200 根	31 000 元	楼板	35 丈	38 000 元									

备注

建 筑 计 划

建筑单位名称:学生宿舍	建筑理由:因原有学生宿舍不敷应用	占地面积:16.8 方丈	层数:1
		建筑价值:284 400 元	高度 1 丈至屋沿
号数:6		营造时间 33 年 5 月	设计者:王　井

建筑内容

层别	室别	间数	每间面积（长×宽）	每间可容人数	层别	室别	间数	每间面积（长×宽）	每间可容人数	层别	室别	间数	每间面积（长×宽）	每间可容人数
1	学生宿舍	3	30×14	32		管理员室	1	12.4×14			贮藏室	1	12.4×8	
	工役室	1	12.4×6											

工程分析

材料									人工			间接费		
类别	数量	约值	类别	数量	约值	类别	数量	约值	类别	工数	约值	类别	约值	说明
木柱	12 根	5 400 元	窗户	16 个	12 400 元				木工	220	30 600 元			
大抬炉	3 根	4 500 元	天花梁	24 条	3 500 元				泥工	260	31 200 元			
小抬炉	6 根	2 700 元	天花板	35 丈	2 100 元				运力		22 000 元			
人字木	12 根	5 400 元	石灰	40 担	2 200 元									
桁条	76 根	9 120 元	纸筋	150 斤	1 200 元									
木枋片	54 根	6 480 元	檐口板	15 丈	1 500 元									
瓦桷板	14 方	9 800 元	钉子	30 斤	2 400 元									
瓦片	6 万	3 600 元	八人架床	24 张	67 200 元									
间房板	6.5 丈	3 300 元	行李架	4 个	6 400 元									
毛竹	160 根	5 600 元	五金		1 000 元									
门架	5 个	4 500 元												

合计		
	材料 200 400 元	284 400 元
	人工 84 000 元	
	间接费	

备注：

建筑计划

建筑单位名称:教职员宿舍	建筑理由:因原有教职员宿舍不敷应用,乡村僻陋无屋可赁	占地面积:12 方丈	层数:1
		建筑价值:297 300 元	高度 1 丈
号数:4		营造时间 33 年 5 月	设计者:王　井

建筑内容	层别	室别	间数	每间面积（长×宽）	每间可容人数	层别	室别	间数	每间面积（长×宽）	每间可容人数	层别	室别	间数	每间面积（长×宽）	每间可容人数
	1		6	20×10	有眷属者一人，无则二人										

工程分析	材料									人工			间接费		
	类别	数量	约值	类别	数量	约值	类别	数量	约值	类别	工数	约值	类别	约值	说明
	木柱	21 根	9 450 元	天花梁	20 个	2 000 元				木工	280	39 200 元			
	木抬炉	18 根	7 200 元	天花板	6 丈	3 600 元				泥工	320	38 200 元			
	人字木	18 根	7 100 元	檐口板	16 丈	1 600 元				运力		28 000 元			
	木枋片	120 根	14 400 元	楼梁	30 根	6 000 元									
	桁条木	90 根	10 800 元	楼板	8 丈	8 000 元									
	椧皮板	14 丈	9 800 元	扶梯	1 个	300 元									
	青瓦	6.5 万	39 000 元	石灰	130 担	23 400 元									
	毛竹	350 根	12 250 元	纸筋	500 斤	4 000 元									
	门架	18 个	16 800 元	钉子	60 斤	4 800 元									
	窗户	12 个	10 800 元												
													合计	材料 191 900 元 人工 105 600 元 间接费	297 300 元
备注															

私立无锡国学专修学校校址勘划图

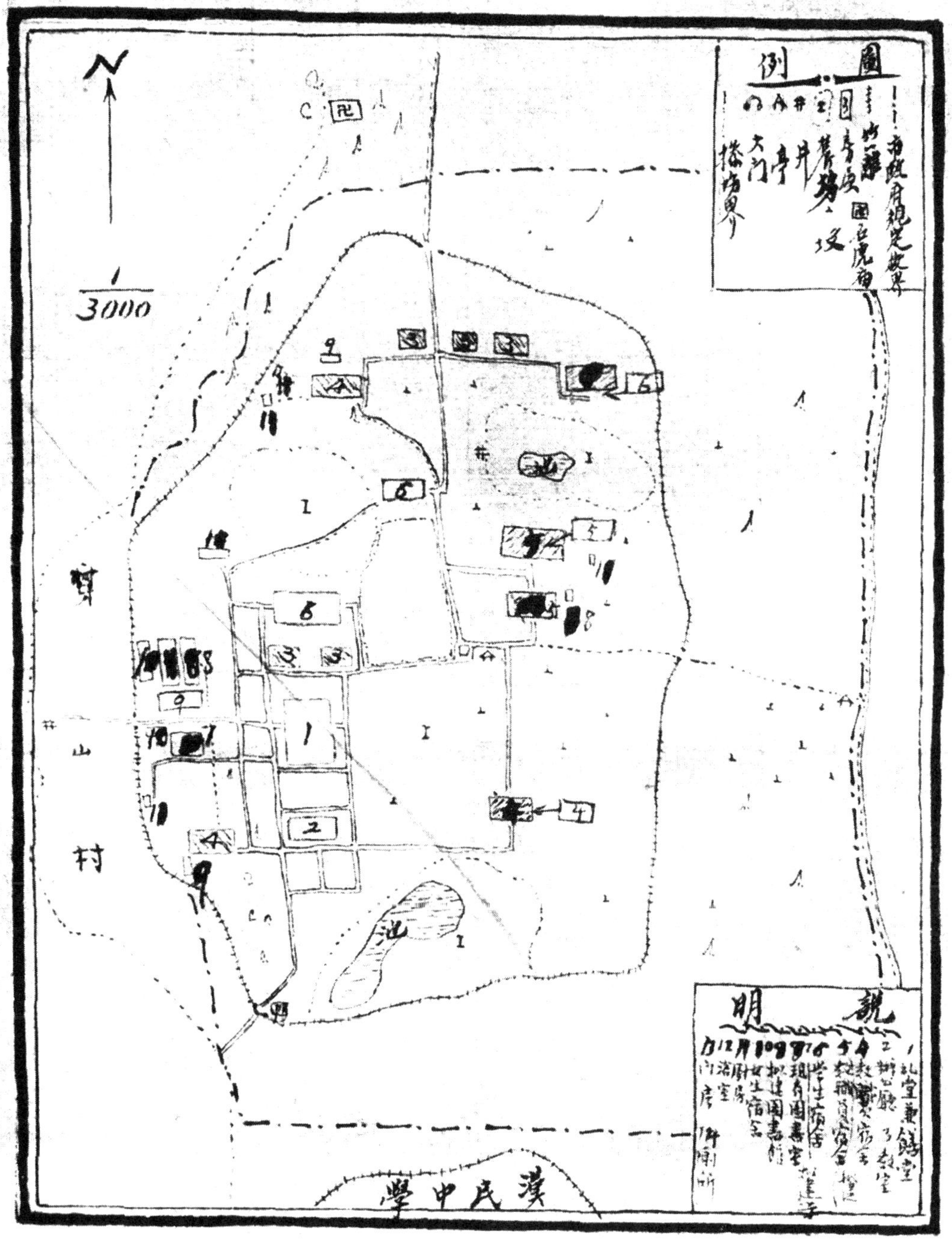

桂林市政府复电文

（函准贵校复员至江苏无锡，穿山校址基地及树木应予保护，请查照由）

桂林市政府公函
市三函字第二八九号
中华民国三十五年二月二十六日发

私立无锡国学专修学校：

案准贵校本年二月九日（围总字第零三一号）公函，以贵校复员迁回江苏无锡，至穿山校址，托由穿山村民王天贵代为管理，嘱予保护等由。自应照办，除令饬东附郭区公所加以保护外，相应函复，希烦查照为荷。此致。

桂林市市长　苏新民

私立无锡国学专修学校 1928—1929 年、1932—1933 年、1934—1937 年等年度收支预算、决算

无锡国学专门学院十七八年八一月起止计六个月决算

收上存洋七百二十三元零九分五厘。

收捐款洋一千零五十元。穆藕初先生五百元，刘鸿声先生五百元，过瑞炯世兄五拾元。

收学宿费洋三千八百二十二元。学费甲班十五元者，四十二人，共六百三十元，乙丙班三十元者，八十三人，共二千四百九十元，宿费一百十七人，共七百零二元，总计大洋三千八百二十二元。

收杂费洋一千三百三十九元七角。保证金二百七十元，讲义杂志费五百零四元，补考费五十二元，报名费四十九元，膳食二百七十一元，利息一百八十五元七角六分，出售七元九角四分，共一千三百三十九元七角。共收洋六千九百三十四元七角九分五厘。

支俸给洋四千八百七十七元。教员：唐蔚芝先生六百元，冯振先生五百四十六元，钱子泉先生二百四十元，朱叔子先生六百二十元，徐管客先生六百元，陆景周先生二百十元，侯景舆先生一百四十四元，刘觉民先生一百二十元，计三千零九十元，职员：院长六百元，院务主任一百八十元，教务主任一百八十元，文牍兼课外指导一百九十八元，训育兼会计庶务二百二十五元，●兼缮校二百二十四元，训育兼庶务八十八元，管书兼缮校九十二元，计一百八十七元，合共四千八百七十七元，收据六十九张。

支工资洋一百二十一元，收据六张。

支纸张、笔墨洋二百三十八元五角一分二厘，收据十五张。

支器具洋三百九十五元八角九分，收据十五张。

支图书洋一百九十六元一角二分，收据十二张。

支杂品洋三十九元三角五分七厘，收据十二张。

支膳食洋五百三十一元二角，收据六张。

支邮电洋二百四十六元六角四分，收据三十五张。

支修缮洋四十九元三角五分三厘，收据六张。

支杂支洋二百九十元零六角三分六厘，收据三十六张。

支特别费洋五百元，还陆勤之先生六月份借款收据一张。

共交洋七千四百八十五元七角零八厘。

除支实亏洋五百五十元九角一分三厘。

附注：另孙敦仁堂捐洋一千元，已拨入图书馆建筑费内，以资永久纪念。

无锡国学专门学院十七八年(八月起七月止)全年预算

收院董会捐拨经常费四千元。
收学费六千二百四十元。
收杂费二千四百元。
收临时捐款一千元。
共收一万三千六百四十元。

支俸给一万零二百八十四元。
支校役工资二百四十二元。
支纸张、笔墨四百七十七元。
支器具五百元。
支图书五百元。
支杂品一百七十九元。
支膳食一千零四十六元。
支邮电四百八十元。
支修缮三百元。
支杂支八百九十七元。
支还陆勤之先生上年借款五百元。
共支一万五千四百零五元。

不敷约一千七百六十五元。

附注　省款补助洋三千元,叠经公文私函陈述经费为难情形,仅借拨到十七年一月份经费二百五十元,以后恐无望。

无锡国学专修学校二十一年一月份预算

收上存洋一千七百六十三元八角一分八厘。
收省补助费洋一百二十五元。
收杂收洋三百元。
共收洋二千一百八十八元八角一分八厘。

支教职员俸给一千三百二十元。
支校役工资三十五元五角。
支纸张五十元。
支杂品二十元。
支图书十元。
支膳食一百零五元。
支邮电四十五元。
支修缮九元。
支杂支一百三十元。
共支洋一千七百二十四元五角。

结存洋四百六十四元三角一分八厘。

无锡国学专修学校二十/二十一年二月起/止全年收支决算

收上存洋二百九十二元二角零四厘。

收校董拨款洋五千元。

收省补助费洋二千三百七十五元（九个半月）。

收学宿费洋一万零三百九十二元。学费 296 人每人三十元，宿费 276 人每人 6 元。

收杂费洋二千八百七十六元六角。图杂讲义费 1 068 元，报名费 280 元，利息 73 元，补考费 94 元，膳余 106 元。

共收洋二万零九百三十五元八角。

支教职员俸给洋一万五千一百九十二元。

支校役工资洋三百二十六元。

支纸张、笔墨洋七百八十四元五角三分三厘。

支器具洋二百二十八元六角六分。

支杂品洋一百三十一元。

支图书洋二百七十六元九角零五厘。

支膳食洋一千三百五十一元五角六分。

支邮电洋六百六十四元三角七分。

支修缮洋三百六十元八角六分。

支杂支洋一千零二十五元五角一分九厘。

支特别费洋一百四十八元零七分五厘。

共支洋二万零四百八十九元四角八分二厘。

结存洋四百六十四元三角一分八厘。

无锡国学专修学校（二十一年二月起/二十二年一月止）全年收支预算

收上存洋四百六十四元三角一分八厘。
收校董拨款洋五千元。
收省补助费洋三千元。
收学费宿费洋九千三百六十元约(三十人)。
收杂费洋三千元。
共收洋二万零八百二十四元三角一分八厘。

支校职员俸给洋一万五千八百四十元。
支校役工资洋三百二十六元。
支纸张、笔墨洋八百元。
支器具洋二百元。
支图书洋三百元。
支杂品洋一百元。
支膳食洋一千三百五十八元三角一分八厘。
支邮电洋六百元。
支修缮洋三百元。
支杂支洋九百元。
支特别费洋一百元。
共支洋二万零八百二十四元三角一分八厘。

无锡国学专修学校二十二/三年二/二月起/止全年收支决算

收上存洋四百六十四元三角一分八厘。

收校董拨款洋四千元。

收省补助费洋二千六百二十五元(十个半月)。

收捐款洋七十元。

收学宿费洋八千五百二十六元。(学费24人,宿费26人)

收杂收洋三千四百零四元二角七分。(图书杂志讲义费1 205元,报名费368元,医药费482元,膳余●元,利息4 115元,文凭费825元,补考费2元,出售丛刊196元,旧钟●元,信纸●元)

共收洋一万九千零八十九元五角八分八厘。

支教职员俸给洋一万三千六百五十元零七角。

支校役工资洋二百八十四元。

支纸张、笔墨洋八百八十元零九角八分五厘。

支器具洋一百四十七元四角。

支图书洋五百零四元六角五分五厘。

支杂品洋九十八元二角三分。

支膳食洋一千一百七十四元一角五分。

支邮电洋五百五十五元一角九分。

支修缮洋一百二十一元九角二分。

支杂支洋九百三十五元一角八分八厘。

支特别费洋五十三元六角一分。

共支洋一万八千四百零六元零二分八厘。

结存洋六百八十三元五角六分。

无锡国学专修学校添建楼房收支决算

收捐款洋二千一百五十元。

收建筑费洋七百七十五元 （●人每人征收建筑费●元）。

收旧料作价洋七百元。

收借款洋二千元,（每学期征收建筑费归还）。

收校长垫款洋一千九百七十一元二角。

共收洋七千五百九十六元二角。

支木作工料洋九十二元七角。

支水石作工料洋一百零一元零六分。

支水门汀阴沟工料洋一百六十四元二角。（以上走廊）

支木作工料洋三千二百三十五元六角九分。

支水作工料洋一千九百三十五元八角四分。

支石作工料洋六百七十三元七角八分。

支油漆作工料洋三百零一元五角。（以上正屋）

支木作工料洋八百九十元零三角。

支水作工料洋三百四十八元六角二分五厘。

支石作工料洋五十七元二角七分五厘。（以上门间）

支增添各项工料洋五百二十一元七角三分。

共计洋八千三百二十二元七角。

折实洋七千五百九十六元二角。

无锡国学专修学校二十二年一月份预算

收上存洋二千一百零九元五角六分。
收省补助费洋一百二十二元。
收杂收洋三百二十二元五角。
共收洋二千五百五十七元零六分。

支教职员俸给洋一千三百四十八元。
支校役工资洋三十五元五角。
支纸张洋五十元。
支杂品洋二十元。
支图书洋七十元。
支膳食洋一百二十元。
支邮电洋七十元。
支修缮洋三十元。
支杂支洋一百元。
支特别费洋三十元。
共支洋一千八百七十三元五角。

结存洋六百八十三元五角六分。

无锡国学专修学校二十二/三年二/一月起/止全年收支预算

收上存洋六百八十三元五角六分。
收校董拨款洋四千元。
收省补助费洋三千元。
收学宿费洋九千七百二十元,约三十五人。
收杂费洋三千四百元。
共收洋二万零八百零三元五角六分。

支教职员俸给洋一万六千一百七十六元。
支校役工资洋二百九十元。
支纸张、笔墨费洋九百五十元。
支器具洋二百三十元。
支图书洋五百元。
支杂品洋二百元。
支膳食洋一千三百五十元。
支邮电洋七百元。
支修缮洋二百元。
支杂支洋九百元。
支特别费洋六十元。
共支洋二万一千五百五十六元。

收支相抵不足洋七百五十二元四角四分。

二十三年全年预算

谨将本校二十三年度全年预算开呈

钧鉴

收入项下:

收省补助费洋三千元。

说明:每月补助洋二百五十元,合如上数。

收校董会拨款洋五千元。

说明:经济校董十人每人拨洋五百元,合如上数。

收学宿费洋一万八千元。

说明:假定学生二百五十人,每人收学费六十元,宿费十二元,合如上数。

收杂收洋三千元。

说明:假定学生二百五十人,每人收讲义费、图书费及其他等费洋十二元,合如上数。

共收洋二万九千元。

支出项下:

支俸给费洋二万五千三百八十元。

一、教员薪金洋一万八千元

说明:共分五班(三年级、二年级各一班,一年级分甲、乙二班,补习一班共五教室)每班每周假定二十五时,每时代价三元,合如上数。

二、职员薪金洋八千四百元

说明:职员十四人,每人年平均六百元,合如上数。

三、校役工饷洋四百八十元

说明:校役十人,每人平均四十八元,合如上数。

四、膳食洋一千五百元

支设备费洋二万零二百元。

一、建筑费洋一万六千元

说明:购地约二亩,每亩约二千元(照无锡现在地价论),建筑礼堂、寝室、养病室、盥洗室、音乐室等楼房约十二幢,每幢约一千元,合如上数。

二、修缮费洋六百元

三、卫生设备费洋四百元

四、图书费洋一千五百元

五、校具杂项设备洋一千七百元

支办公费洋三千元。

支特别费洋五百元。

支其他洋五百元。

共支洋五万二千五百八十元。

实亏项下:

收支相抵，计不敷洋二万三千五百八十元。　　　　　　　　　　　　　　　　　　应请。
赐予补助。

再尚有教员资历待遇表、学生人数表、课程表、图书数目价值表、房屋器具设备表，皆详二十二年度呈报表册兹不再详。

无锡国学专修学校二十三年二月起十一月止十个月收支决算

收校董拨经费洋四千元(唐校董保谦,蔡校董兼三,杨校董翰西、味云,华校董绎之,任校董筱珊,丁校董梓仁,孙校董钟海,各五百元)。

收省拨补助费洋二千七百五十十元(二十二年二月份起二十三年十月份止)。

收捐款洋一千五百二十元(唐校董保谦特捐一千元,薛慈溟先生三百元,孙飏香二百二十元)。

收学宿费洋一万九千九百六十一元(上学期学费二百十六人,每人三十元,宿费一百九十一人,每人六元;下学期学费一百七十五人,每人三十五元,九十六人每人四十元,宿费二百元,三十七人,每人十元)。

收杂费洋八千三百五十二元四角三分一厘(上下学期建筑费二千四百三十五元,保证金六百元,图杂志费一千四百六十一元,讲义费九百七十四元,医药费九百七十四元,补考费一百五十一元,出售信笺等费四十六元〇〇六厘,文凭费三十元,利息三百〇六元八角八分,膳余九百二十元五角四分五厘,报名费四百五十四元)。

共收洋三万六千五百八十三元四角三分一厘。

支教职员俸给洋一万六千八百六十六元。

支校役工资洋三百十四元三角。

支纸张、笔墨洋六百七十六元五角一分四厘。

支器具杂品洋一千〇八十六元五角四分二厘。

支图书洋一千四百七十九元〇七分五厘。

支邮电洋六百八十五元二角四分。

支膳食洋一千三百〇六元九角。

支修缮洋七百二十七元二角一分二厘。

支杂支洋一千〇四十一元九角九分九厘。

支特支洋一千九百五十六元六角八分二厘。

支上年亏洋二千〇十七元二角七分六厘。

支还交通银行二千元。

共支三万零一百五十七元七角四分。

余六千四百二十五元六角九分一厘。

十二月份及一月份用费约六千余元。

无锡国学专修学校二十四年二月起十一月止十个月收支决算

收校董拨经费洋二千五百元(唐校董保谦、华校董绎之、任校董筱珊、杨校董味云、丁校董梓仁,各洋五百元)。

收省拨补助费,洋二千五百元,共收十个月。

收学宿费洋二万三千一百〇五元。

上半年学生二百三十九人,收学费三十五元者,一百三十九人,计四千八百六十五元。收学费四十元者,一百人,计四千元。寄宿生二百〇二人,每人收十元,计二千〇二十元。总计一万〇八百八十五元。

下半年学生二百六十三人,收学费三十五元者,一百〇四人,计三千六百四十元。收学费四十元者,一百五十九人,计六千三百六十元。寄宿生二百二十二人,每人收十元,计二千二百二十元。总计一万二千二百二十元。

收杂费洋九千三百二十二元三角五分。

全年建筑费二千五百十元。图书杂志费一千五百〇六元。

讲义费一千〇〇四元。医药费一千〇〇四元。

保证金五百六十五元。补考费二百十九元。

文凭费七十六元。利息五百二十九元九角三分。

膳余一千三百七十一元八角。报名费三百四十元。

其他收回押租及杂收一百九十六元六角二分。

共收洋三万七千四百二十七元三角五分。

付教职员薪俸洋一万八千五百八十三元。

付校役工资洋四百二十六元。

付膳食洋一千三百二十七元一角一分。

付纸张、笔墨洋七百九十三元五角五分五厘。

付器具杂品洋五百八十元〇五角七分七厘。

付图书杂志洋一千四百四十五元三角五分。

付邮电洋七百九十七元二角八分。

付修缮洋六百四十一元三角四分。

付杂用洋一千二百十七元五角五分五厘。

付特支洋七千三百十五元七角六分六厘,内有建筑图书费二千六百元、购地费四千三百元。

共付洋三万三千一百二十七元五角三分三厘。

收付相抵余洋四千二百九十九元八角一分七厘。

十二月份及一月份收款约洋二千余元,付款约洋六千余元,约可相抵。

二十四年二月起至二十五年一月止全年收支预算

收校董拨款洋五千元。
收省补助费洋三千元。
收学宿费洋一万九千七百元,约二百二十人。
收杂收洋六千七百八十元。
共收三万四千四百八十元。

支教职员俸给洋二万二千二百七十二元。
支校役工资洋四百五十六元。
支纸张、笔墨洋一千元。
支器具杂品洋八百元。
支图书洋一千五百元。
支膳食洋一千八百元。
支邮电洋一千元。
支修缮洋一千元。
支杂费洋一千四百元。
支特支洋二千元。
共支洋三万三千二百二十八元。

收支相抵可存一千二百五十二元。

无锡国学专修学校二十五年起至二十六年一月止全年收支预算

收校董拨款洋三千元。

收省补助费洋三千元。

收学费洋一万七千元(以二百二十人计,收八十元者约一百六十人,收七十元者约六十人)。

收宿费洋四千元(以二百人计,每人收二十元)。

收杂费洋五千二百八十元(以二百二十人计,每人收二十四元)。

收杂收洋三千元(利息、膳余、报名费、保证金及其他等)。

共收洋三万五千二百八十元。

支教职员俸给二万二千三百〇二元,月约一千八百元。

支校役工资六百元。

支膳食一千八百元。

支纸张、笔墨九百六十元。

支器具杂品七百二十元。

支图书杂志一千五百元。

支邮电九百六十元。

支修缮七百八十元。

支杂用一千四百元。

支特支二千元。

共支洋三万三千〇二十二元。

收支相抵可存洋二千二百五十八元。

无锡国学专修学校二十五年二月起十二月止十一个月收支决算

收入项下

收校董拨经费洋四千元。唐校董保谦、蔡校董兼三、杨校董味云、华校董绎之、孙校董镇海等,年捐各五百元。又唐校董保谦捐特别购地款洋一千五百元(又有一千五百元已于二十四年十二月照数收讫合三千元)。

收教育部拨助费洋一千五百元(二十五年七月起至十二月止)。

收省拨补助费洋二千七百五十元(二十五年一月起至十一月止)。

收学宿费洋二万二千二百七十元。

上半年学生二百四十一人,收学费三十五元者,一百零二人,计三千五百七十元。收学费四十元者,一百三十九人,计五千五百六十元。寄宿生二百零一人,每人收十元,计二千零十元。总计一万一千一百四十元。

下半年学生二百三十六人,收学费三十五元者,四十二人,计一千四百七十元。收学费四十元者,一百九十四人,计七千七百六十元。寄宿生一百九十人,每人收十元,计一千九百元。总计一万一千一百三十元。

收杂费洋九千五百十一元三角八分。

全年建筑费二千三百八十五元(以四百七十七人,每人收五元计)。

图书杂志费一千四百三十一元(以四百七十七人,每人收三元计)。

讲义费九百五十四元(以四百七十七人,每人收二元计)。

医药费九百五十四元(以四百七十七人,每人收二元计)。

保证金四百八十元(以九十六人,每人收五元计)。

补考费二百五十一元。

文凭费一百二十六元,以六十三人,每人收二元计。

利息六百〇八元八角八分。

膳余一千〇三十三元。

报名费一百九十元。

运动费四百七十二元,以二百三十六人,每人收二元计。

罚款三百四十四元。

其他收回押租及杂收共二百八十二元五角。

共收洋四万〇〇三十一元三角八分。

支出项下

支教职员薪俸洋二万一千七百三十八元。

支校役工资洋五百三十一元八角。

支膳食洋一千四百七十一元六角五分。

支纸张、笔墨洋九百二十五元一角六分。

支器具杂品洋五百六十二元五角五分。

支图书杂志洋一千三百三十九元五角六分。

支邮电洋九百二十六元五角六分。

支修缮洋八百二十七元一角。
支杂用洋一千三百九十九元四角零七厘。
支特支洋七千四百三十六元一角八分,内有购地费五千八百七十四元。
支退还保证金三百十五元。
共支洋三万七千四百七十七元九角六分七厘。

实存项下
实存洋二千五百五十三元四角一分三厘。
附注:一月份约可收入一千五百元,约需支出三千余元,相抵尚有余款。

无锡国学专修学校二十六年二月起至二十七年一月止收支预算

收入项下
收校董拨款洋二千五百元(以五人,每人收五百元计)。
收教育部补助费洋三千元。
收省补助费洋三千元。
收学费洋一万七千六百元(以二百二十人,每人收八十元计)。
收宿费洋四千元(以二百人,每人收二十元计)。
收学生杂费洋五千二百八十元(以二百二十人,每人收二十四元计)。
收杂收洋二千五百元(利息、膳余、报名费及其他等)。
共收洋三万七千八百八十元。

支出项下
支教职员俸给洋二万六千四百元。
支校役工资洋六百元。
支膳食洋一千五百六十元。
支纸张、笔墨洋九百六十元。
支器具杂品洋七百二十元。
支图书杂志洋三千元。
支修缮洋七百八十元。
支杂用洋一千四百四十元。
支免费生十人洋八百六十元,以每人八十六元计。
支特支洋六百元。
支邮电洋九百六十元。
共支洋三万七千八百八十元。

有关建筑校舍经费电文

行政院批文

行政院批　字第五六七号

具呈人:私立无锡国学专修学校校长唐文治

二十五年四月二十二日呈一件,为呈请赐捐建筑校舍经费、复兴文化事业由。

呈悉。案经饬据教育部二十五年五月十五日(私四七四第六七六五号)呈复称。

查本部自二十三年度起设置私立专科以上学校补助费,依照补助费分配办法大纲第二、第三两条之规定,是项补助费之给予在注重理农工医之发展,约以百分之七十补助扩充设备,百分之三十补助添设特种科目之教席,对于私立学校校舍之建筑,尚无给予补助之规定。该私立无锡国学专修学校请拨助建筑费,实难援用此项办法。至该校申请补助购座费及图书费一节,经据径呈来部,拟俟补助费审查委员会开会时交由该会审核决定,请鉴核。等情。据此。仰即知照。此批。

国民政府行政院院长:蒋中正

教育部部长:王世杰

中华民国二十五年五月二十一日

行政院文官处致唐校长文

（据呈请赐捐建筑校舍经费复兴文化事业一案批示知照由）

径启者:

准行政院二十五年五月二十日第二二三一号函开:“案准贵处二十五年五月二日第二五九零号公函,以私立无锡国学专修学校校长唐文治呈,为该校建筑经费支绌,除请教育部补助讲座费,及图书费二万七千元外,谨恳转行教育部拨款补助一案,奉谕交院函达查照等由。准此,经交教育部在案。兹据该部二十五年五月十五日(私四七四第六七六五号)呈复称,查本部自二十三年度起设置私立专科以上学校补助费,补助费分配办法大纲第二、第三两条之规定,是项补助费之给予在注重理农工医之发展,约以百分之七十补助扩充设备,百分之三十补助添设特种科目之教席,对于私立学校校舍之建筑,尚无给予补助之规定,该私立无锡国学专修学校请拨助建筑费,实难援用此项办法。至该校申请补助讲座费及图书费一节,经据径呈来部,拟俟补助费审查委员会开会时,交由该会审核决定,请鉴核等情,据此,相应函复查照转陈。”等由。准此,经转陈,奉主席谕,查案复知等因。查此案前据呈请到府,经奉交行政院去后,兹准前由,并奉上因,相应函复查照。

此致

唐校长文治

国民政府文官处启

二五年五月二八日

唐校长呈林主席、蒋院长函文

呈林主席
蒋院长：

呈为本校建筑经费绌请提倡补助为呈请俯赐捐助建筑校舍经费。

复兴文化事业，窃维立国之本在正人心，而正人心之本根于道德。先总理尝谓“道德”为民族精神，此种精神不但要保存，并且要发扬光大，然后民族地位可以恢复。近年蒋院长提倡“新生活运动”，于礼仪廉耻诸大端特谆谆告诫，风行草偃，薄海同钦。文治办理私立无锡国学专修学校已届十五载，仰维先总理遗教并蒋院长建国鸿猷，壹以躬行道德、发扬文化为宗旨，而于世界知识、尚武精神并极注重。现在本校学生人数二百四十余人，学籍占十六省，前后毕业者总数三百余人，校舍自赁屋，开学逐渐改建，图书庋藏四万册，刊印本校丛书达十余种。上年钧部派员莅校视察，奉令称：该校校风质朴，堪用嘉许，并命提高学生程度等因。奉此。本校除提高学生程度外，并拟添设高中国文师资科，增设讲座，广购图书，以宏造就。惟是本校校址在无锡孔庙之东，地基有限，无由开拓，窃思本校乃专研国学学府，四方就学日众，徒以校舍偏窄，向隅不少，往往仰望门墙，懊丧而去。文治仰体政府培植人才，推广文化之至意，爰就逐年经费节省所余，在无锡太湖之滨购地五十余亩，山水清嘉是为人文会(荟)萃之地。拟即从事建筑，惟关系中外观瞻及将来逐渐推广之计，规模不宜过隘，预算需费约十万元。目下经济困难，筹措非易，伏念钧席
钧长提倡道德，策励人心不遗余力，而复兴本国文化尤为刻不容缓之图，除申请教育部讲座费及图书二万七千元外，所有关于建筑经费谨呈请钧座赐予提倡转行教育部准，如所请拨款补助以利进行。赐捐巨款，以为首倡，俾得早日蒇工。曷胜屏营待命之至

谨呈

国民政府主席林

国民政府行政院院长蒋

私立无锡国学专修学校校长　唐印

中华民国二十五年四月二十二日

唐校长呈教育部王部长函文

呈为遵章申请补助经费事。

窃维立国之本在正人心,而正人心之本根于道德。

先总理尝谓“道德”为民族精神,此种精神不但要保存,且要发扬光大,然后民族地位可以恢复。

近年蒋院长提倡“新生活运动”,于礼义廉耻诸大端谆谆告诫,风行草偃,薄海同钦。

文治办理私立无锡国学专修学校已届十五载,仰维先总理遗教并蒋院长建国鸿猷,壹以躬行道德、发扬文化为宗旨,而于世界知识、军训精神并极注重。

上年钧部派员莅校视察。旋奉部会开该校校风质朴,堪用嘉许,并命提高学生程度。仰敬指导,易胜感佩。

亟拟遵令提高程度,增设高中国文师资科、史地法政等科,参照中央大学课程增设讲座,广购图书,以宏造就。

旋于本年三月间奉钧部高壹21第三七一六号训令开:凡申请补助之私立专科以上学校,须具申请补助书,遵依教育部制定之项目详确填载送部等因。奉此谨道依补助章程照填申请书表,呈请钧部核准赐拨图书费二万元、讲座费一万四千元,以为复兴本国文化之基础,并将申请书表油印十六份,一并呈送钧部,俯赐批准,实为公便。

谨呈

教育部部长王

附申请书表油印十六份

私立无锡国学专修学校校长唐文治印

中华民国二十五年四月

私立无锡国学专修学校募捐建筑经费启

盖闻"立国要本于人心，善俗必基于正学"。聿维东林之里，实为南纪之纲，教泽旁流，余风未沫。我国学专修学校肇立于民国十年春，初设惠山之麓，嗣经锡绅孙鹤卿先生出资，就泮宫旧址别营讲舍，即于是年秋迁入，文治等承乏其间，忝居讲座。当世局元黄之会，民生憔悴之时，礼乐崩坏，黉序荆芜，孰为大雅之扶轮，深冀中流之砥柱。某等障澜乏术，济溺有心，雅慕鹅湖之论道，缅怀鹿洞之传经，载赓芹藻之章，庶革鸱鸮之响。区区愚忱，惟期于正人心、兴礼义两端，树国家根本之图，为世界壤流之助。盖自立校迄今，十有五载矣。中经匪乱，旋幸恢复。十七年呈准教育部立案，先后添辟校舍，负笈来者益众，卒业者三百有四人，学籍占十六省。僻邑边隅、海外华侨不辞数千里而来。而校宇狭窄，后至莫容，至有徘徊墙之外，仰止涕泣而去者。拓地之谋，急不容缓。爰购地于五里湖滨，得五十亩，惟以中外观瞻，规模不宜过隘。玉虹万丈，下饮波涛，宝界一峰，式瞻云日。当春诵夏纮之暇，宜浴沂风雩之游。就辟大庠，实称得地，惟营建所需约十万元之谱。敢请当代伟人、各界鸿彦登高一呼，众力共举，恢兹广厦，惠我诸生。

我校为宣扬国粹之学府，推崇文化之枢机，诸君子卫道情殷，当仁不让。倘蒙慷慨输囊，从容集腋，凡惠捐二万元以上者，建堂铸像；一万元以上者，勒碑纪勋；募集得以上数目者，亦为相当之酬报；一千元以上者，一体刻石镌名，金石腾辉，河山并寿，曷胜馨香祝之！谨启。

发起人：傅焕光　金其堡　朱家骅　王震　陈衍　王清穆　张嘉璈　薛桂轮　荣宗铨　蔡文鑫　杨寿楣　周毓莘　顾　倬　杨寿枏　荣宗敬　华士巽　唐滋镇　侯鸿鉴　孙家复　曹　铨　冯　振　陈鼎忠　惠美珊　高　阳　陈　柱　叶长青　唐文治等同启

私立无锡国学专修学校请准拨经费补助说略

谨略者：

窃本校创办迄今，已届十六年。仰托钧部帡幪指导之下，学子喁喁，同深感戴。惟是目前最急者，经济问题。原有之校既狭隘不合规模，新购之校地又建筑无从募集，上无以对钧部督令改进之旨，下无以慰各省诸生向往之忱。文治五夜扪衷，万分焦灼。况现在教训军既属合组，设备管理动关紧要。即以本校操场一部分而论，租地仅二亩余，转瞬即届满租期限。前奉部令，应赴新校地练习军训体育，亟应遵办。无如相距十余里，事实上倍形困难。至于办公室并无处所，图书馆实不能容，以及此外之种种茧缚，尤属苦衷难诉。近时中外来校参观者，辄谓国学专修全国只此一区，可代表本国文化。维精神虽系振奋，而规模殊觉简陋云云。是本校在本国不啻惟一之硕果，实有特殊情形与他种私立学校非可例论。倘得有特别经费补助，一俟新校址建筑告成，所有一切设备或须改制，方有着手施行之处。故本校前此具呈，有一面维持一面扩充之计划，惟有仰冀钧部俯赐察核前案，恳请会商财政部准予特别拨给每月经常费四千元，并拨临时费三万元。俾资发展，而利进行，实为德便。再三月十八日钧部派员来校视察，未及详陈，为特谨具说略，敬祈赐察施行。谨略。

校长唐文治

唐校长呈国民政府林主席、行政院蒋院长函文

（呈请赐捐款并指拨英美法庚款为建筑校舍经费复兴文化事业由）

呈为呈请俯赐捐款，并指拨英美法庚款为建筑校舍经费、复兴文化事业事。窃维立国之要在正人心，而正心之本，根于道德。吾国数千年来，郅治之由实以孔教道德为重心，孔教一日不废，则人心一日不亡。先总理尝谓道德为民族精神，此种精神不但要保存，并且要发扬光大，然后民族地位可以恢复。近年以来，蒋院长、钧长提倡新生活运动，于礼义廉耻诸大端特谆谆告诫，草偃风行而人心犹有待于救正者，以孔教尚未修明，道德重心尚未恢复故也。文治等于民国十年在无锡创办国学专修学校，专以躬行道德、发扬文化为宗旨。十七年呈由教育部批准立案，校址在无锡孔庙东旧金匮县儒学，几经困难，始克成立。学生人数自三十人增至二百七十余人，学籍占十六行省。校舍自赁屋开学，逐渐改建，今有楼房六座，平房两座。图书自五百册增至四万余册，刊行本校丛书已达十余种。惟是地基有限，无由开拓，设备尚多缺憾。窃思本校乃国内惟一专研国学学府，四方就学者日众，徒以校舍偪隘，未能尽量收容，向隅者往往流涕而去。文治等仰体政府培植人材、推广文化之至意，爰就逐年经费节省所余及各界热心捐助，在无锡太湖宝界桥旁购地五十亩，山水清嘉，足为学子藏修之助，拟即从事建筑，藉树国学根基。惟关系中外观瞻及将来逐步推广之计，规模不宜狭陋，预算需费约十万元。目下经济困难，筹措非易，伏念钧席、钧长提倡道德，策励人心不遗余力，而复兴本国文化尤为刻不容缓之图，为特呈请钧座赐捐巨款，以为首倡，并令饬英美法庚款委员会各拨助二万元。俾兹事得以成功，所以兴复孔孟道德，发扬民族精神，巩固国家基础，皆于是乎在理。合具文呈请批示遵行，曷胜屏营，待命之至

谨呈

国民政府主席林

国民政府行政院院长蒋

无锡国学专修学校校长：唐文治

唐校长呈行政院长函文

（呈为呈请令行财政部给发教育补助费以宏作育事）

窃维立国之本，教育为先。东西各邦莫不重视本国文化，以为化民成俗之基。敝校创立于民国十年，以正人心保国粹为宗旨。初赁屋于无锡惠山之麓，继迁于城内孔庙之旁。经费来源系由校董孙鸣圻、唐滋镇等每年贴费五十元，筚路蓝缕，艰难迈进。迨十六年九月，蒙教育部批准立案，勉力筹建图书馆暨宿舍等房屋四幢，共五十余间。学额数自三十余人增至二百余人。二十四年五月，教育部派参事陈泮藻到校视察，有“学风质朴”之评语。敝校规模虽逐年扩充，但各校董因商业疲滞，贴费渐形短促。近年减至二千元。现在核计全年经常岁入只有二万九千零四十元，岁出共需七万七千六百上四十元。收支相抵，不敷四万八千六百元左右。历年亏欠之数，均由文治私人维持，借贷罗掘，计穷力绌，窘困万状。加以目下军训教合一，诸事布置不容苟简，如体育场购买基地、添办器械以及卫生设备等之临时费预计需款三万元，亦毫无着落，仰屋兴嗟，至深焦灼。上年曾蒙教育部补助经费三千元，此款系指定添购图书，并非用于学校经常方面。窃念敝校专修国学，为国内仅有之学府，经费困难。停顿堪虞。迩来政府提倡人格教育，推广文化不遗余力，敝校道德教育夙所注重，昌明正学，挽救人心，有俾治道，关系非细。为此呈请钧院俯赐维持，拟恳转令财政部准于教育补助费项下即自二十六年一月起每月赐拨经常费四千元，并请一次赐拨临时费三万元，俾敝校事业得以继续维持，藉图发展，实为稳便。所有预算书三种各五份一并附呈。

谨呈

行政院院长蒋

校长唐文治

二十六年二月八日呈

行政院复函文

奉院长谕,查前据私立无锡国学专修学校呈请拨款,以资维持一案到院,经交教育部核办在案。兹据该部复称,查该校业经本部于本年度补助费项下,按月给予补助,下年度可仍照《私立专科以上学校补助分配办法大纲》之规定,继续向部申请,此外别无款项可拨。等情前来,应由处函知私立无锡国学专修学校。等因。相应函达查照。

此致

私立无锡国学专修学校

行政院秘书长翁文灏

中华民国二十六年二月二十五日

抗战时期校产损失查报

财产损失报告单

报送日期　　　　　年　　月　　日

损失年月	事件	地点	损失项目	购置年月	单位	数量	价值(国币元)		证件
							购置时价值	损失时价值	
26年10月	日军攻武进	武进	住屋			1幢		6 000 000	
26年10月	日军攻武进	武进	沙法			3套	600	8 000	
26年10月	日军攻武进	武进	铜床			2张	4 800	6 400	
26年10月	日军攻武进	武进	写字桌			1张	30	300	
26年10月	日军攻武进	武进	转椅			1张	10	100	
26年10月	日军攻武进	武进	靠椅			8张	200	2 000	
26年10月	日军攻武进	武进	方桌			3套	36	3 600	
26年10月	日军攻武进	武进	木桌			1张	10	100	
33年10月	日军攻桂林	桂林	木床			1张	20	2 000	
33年10月	日军攻桂林	桂林	靠椅			4张	20	2 000	
33年10月	日军攻桂林	桂林	圆桌			1张	10	1 000	
33年10月	日军攻桂林	桂林	写字桌			1张	50	5 000	
33年10月	日军攻桂林	桂林	铜床			2张	4 800	6 400	
33年10月	日军攻桂林	桂林	写字桌			1张	30	300	
33年10月	日军攻桂林	桂林	转椅			1张	10	100	
33年10月	日军攻桂林	桂林	靠椅			8张	200	2 000	
33年10月	日军攻桂林	桂林	方桌			3张	36	3 600	
33年10月	日军攻桂林	桂林	木床			1张	20	2 000	
33年10月	日军攻桂林	桂林	靠椅			4张	20	2 000	
33年10月	日军攻桂林	桂林	圆桌			1张	20	1 000	
33年10月	日军攻桂林	桂林	写字桌			1张	50	5 000	
			合计					6 030 500	

私立无锡国学专修学校　　　　受损失者

私立无锡国学专修学校财产直接损失汇报表

事件　桂林
日期　三十三年十月
地点　桂林穿山

填送日期　三十五年一月六日

分　　类	价　　值
共　　计	$ 17 262 350
建 筑 物	$ 9 812 000
器　　具	$ 490 700
现　　款	
图　　书	$ 696 000
仪　　器	
医药用品	
其　　他	$ 6 262 950

附财产损失报告单 31 张

私立无锡国学专修学校财产间接损失报告表

损失年份三十三年至三十四年　　填送日期　　三十五年一月六日

分　类	数　额（单位：国币元）
共　计	$ 10 742 000
迁移费	$ 8 982 000
防空设备费	$ 100 000
疏散费	$ 330 000
救济费	$ 1 330 000
抚恤费	

附表三张

财产损失报告单

损失年月日	事件	地点	损失项目	购置年月	单位	数量	价值(国币元)		证件
							购置时价值	损失时价值	
33.11	敌入桂林	桂林穿山	建筑物						
			办公厅	30.7	座	1	10 000	400 000	
			礼堂	30.7	座	1	30 000	1 200 000	
			教职员宿舍	30.7	座	1	7 600	304 000	
			教职员宿舍	31.1	座	1	12 000	360 000	
			教职员宿舍	32.6	座	1	23 000	460 000	
			教职员宿舍	33.2	座	1	200 000	400 000	
			学生宿舍	30.7	座	1	14 000	560 000	
			学生宿舍	31.2	座	1	19 000	570 000	
			女生宿舍	30.7	座	1	7 000	280 000	
			教室	30.7	座	2	18 000	720 000	
			教室	31.6	座	2	80 000	750 000	
			教室	32.6	座	1	80 000	800 000	
			大厨房	30.10	座	1	10 000	400 000	
			大厨房	32.6	座	1	23 000	460 000	
			大厨房	33.2	座	2	200 000	400 000	
			男厕所	30.8	座	1	4 000	160 000	
			女厕所	30.10	座	1	1 000	40 000	
			门房	30.9	座	1	1 000	400 000	
			茹经亭	30.10	座	1	1 100	72 000	
			图书馆	31.4	座	1	16 000	48 000	
			浴室	30.10	座	1	1 000	40 000	
			浴室	32.1	座	1	1 000	20 000	
			女浴室	30.10	座	1	800	32 000	

财产损失报告单

损失年月日	事件	地点	损失项目	购置年月	单位	数量	价值（国币元）		证件
							购置时价值	损失时价值	
33.11	敌入桂林	桂林穿山	建筑物						
			米仓	31.1	座	1	1 500	45 000	
			米仓	32.5	座	1	3 500	70 000	
			小厨房	31.5	座	1	1 500	45 000	
			小厨房	32.8	座	1	3 000	60 000	
			小厨房	33.2	座	1	10 000	20 000	
			小厨房	32.10	座	1	1 000	20 000	
			工人住屋	32.1	座	1	2 000	40 000	
			职员宿舍	33.2	座	1	60 000	120 000	
			竹围	30.10	座	1	15 000	600 000	
			竹围	31.10	座	1	30 000	900 000	
			井	32.10	口	1	50 000	100 000	
			池塘	33.1	个	1	18 000	36 000	
			栽林		株		1 000	100 000	
			栽林	32.8	株	1	3 000	60 000	
			栽林	33.2	株	1	10 000	20 000	
			栽林	32.10	株	1	1 000	20 000	
			合计				$ 732 000	$ 9 812 000	

财产损失报告单

填送日期　　　　　　　　　　年　　月　　日

损失年月日	事件	地点	损失项目	购置年月	单位	数量	价值(国币元)		证件
							购置时价值	损失时价值	
			建筑物						
			图书馆	32.2	座	1	11 100		
			办公厅	31.2	座	1	16 000		
			礼堂	30.7	座	1	24 200		
			职员宿舍	30.7	座	1	7 600		
			职员宿舍	32.6	座	1	23 000		
			职员宿舍	33.7	座	1	200 000		
			学生宿舍	30.7	座	1	14 000		
			学生宿舍	31.2	座	1	19 000		
			教室	30.7	座	2	14 000		
			教室	31.6	座	2	50 000		
			大厨房及米仓房	31.8	座	1	9 500		
			茹经亭	32.1	个	1	3 000		
			小厨房		个	3	5 000		
			门房	32.6	间	1	1 000		
			浴室		间	3	2 600		
			女生宿舍	30.7	座	1	3 000		
			职员小宿舍	33.7	间	1	13 000		
			大厨房	33.7	间	1	7 000		
			男厕所	31.5	所	1	4 000		
			女厕所	31,4	所	1	1 000		
			竹围	31.6			3 920		
			井				33 000		
			挖塘				12 000		
			合计				$ 458 920		

财产损失报告单

填送日期　　　　　　　　　　　年　　　月　　　日

损失年月日	事件	地点	损失项目	购置年月	单位	数量	价值(国币元)		证件
							购置时价值	损失时价值	
33.11	敌入桂林	桂林穿山	器具						
			竹茶几		张	3		600	
			竹沙发椅		张	6		1 800	
			圆竹椅		张	1		350	
			两人竹沙发椅		张	1		400	
			书桌		张	1		200	
			木茶几		张	2		300	
			圆桌面		张	2		400	
			长方课桌		张	23		4 600	
			饭桌		张	45		18 000	
			四人卧架床		架	12		12 000	
			八人卧架床		架	34		18 000	
			二人卧架床		架	2		1 200	
			讲台		座	5		1 500	
			碗橱		只	4		3 200	
			贮物架			8		16 000	
			木书架			4		18 000	
			书柜			2		1 200	
			高脚柜			5		5 000	
			借书台		张	3		1 500	
			报纸架			4		2 000	
			课桌		张	285		41 700	

财产损失报告单

填送日期　　　　　　　　　　　　　　年　　　月　　　日

损失年月日	事件	地点	损失项目	购置年月	单位	数量	价值(国币元)		证件
							购置时价值	损失时价值	
33.11	敌入桂林	桂林穿山	器具						
			办公桌		张	22		11 000	
			三屉桌		张	41		12 300	
			竹桌		张	11		1 650	
			条凳		张	490		32 720	
			竹书架		只	23		6 600	
			黑板		块	11		5 500	
			杉木床		张	44		17 600	
			竹凳		张	24		1 200	
			竹床		张	33		6 600	
			木方桌		张	104		10 400	
			乒乓桌		张	1		1 000	
			竹椅		张	6		600	
			大长方竹桌		张	1		200	
			大长方木桌		张	1		300	
			高木柜		只	4		4 000	
			公文柜		只	6		19 000	
			高林凳		张	2		400	
			木椅		张	17		1 700	
			小公文柜		只	2		1 000	
			杂志架		张	2		2 600	
			图书台			9		5 400	

财产损失报告单

损失年月日	事件	地点	损失项目	购置年月	单位	数量	价值(国币元)		证件
							购置时价值	损失时价值	
33.11	敌入桂林	桂林穿山	器具						
			书案板		块	1		500	
			洗衣板			2		300	
			水桶		只	10		5 000	
			大米桶			2		3 000	
			中米桶			3		3 000	
			床板		副	3		300	
			垃圾桶		只	4		400	
			油印机		副	3		6 000	
			挂钟		只	1		8 000	
			圆挂钟			2		4 000	
			闹钟			2		2 000	
			小座钟			1		2 000	
			马灯			1		500	
			茶缸			1		300	
			茶壶			1		400	
			热水瓶		个	2		5 000	
			水缸		只	4		2 000	
			茶桶			2		600	
			茶桶架		座	1		500	
			名牌板		块	1		150	
			布告牌			5		10 000	

财产损失报告单

损失年月日	事件	地点	损失项目	购置年月	单位	数量	价值(国币元)		证件
							购置时价值	损失时价值	
33.11	敌入桂林	桂林穿山	器具						
			大铁锅		只	8		24 000	
			中锅			4		8 000	
			铁镙锅			2		2 000	
			瓦茶盆		个	2		200	
			瓦茶壶		只	1		200	
			饭碗			500		40 000	
			火盆			1		500	
			火钳			2		100	
			担水桶		对	10		5 000	
			隘方锄头		柄	2		600	
			阔方锄头			1		500	
			铁铲			10		3 000	
			米箩		对	4		400	
			草剪		把	1		1 000	
			大铁剪			1		2 000	
			台布		块	2		4 000	
			党国旗		面	6		4 800	
			大秤		管	1		2 000	
			小秤		管	1		1 000	
			茶杯		只	50		1 000	
			铜面盆			1		200	
			木面盆		只	2		100	
			吊桶		只	1		100	
			老虎钳		把	1		2 000	
			铁钳		把	1		1 000	
			竹刀		把	1		300	
			洋铁托盘		块	9		900	
			算盆		张	4		1 200	

续表

损失年月日	事件	地点	损失项目	购置年月	单位	数量	价值(国币元)		证件
							购置时价值	损失时价值	
			钢笔板		块	3		6 000	
			油缸		只	3		3 000	
			菜碟		只	200		20 000	
			菜碗		只	100		10 000	
			玻璃瓶		只	10		2 000	
			合计					$ 490 770	

财产损失报告单

填送日期　　　　　　　　　　　中华民国　　34 年 12 月　　日

损失年月	事件	地点	损失项目	购置年月	单位	数量	价值(国币元)		证件
							购置时价值	损失时价值	
33 年 10 月	敌攻桂林	桂林穿山	衣服						
	敌攻桂林	桂林穿山	丝棉袍	25	件	1	20	4 000	
	敌攻桂林	桂林穿山	丝棉裤	25	条	1	15	3 000	
	敌攻桂林	桂林穿山	丝棉背心	25	件	1	8	1 500	
	敌攻桂林	桂林穿山	长衫	28	件	1	20	500	
	敌攻桂林	桂林穿山	制衣	33	套	2	4 800	20 000	
	敌攻桂林	桂林穿山	驼绒旗袍	30	件	1	600	3 500	
	敌攻桂林	桂林穿山	哔叽夹袍	26	件	1	15	2 000	
	敌攻桂林	桂林穿山	蚊帐	26	顶	2	20	6 000	
	敌攻桂林	桂林穿山	棉被	27	条	3	300	30 000	
	敌攻桂林	桂林穿山	器具						
	敌攻桂林	桂林穿山	衣橱	30	顶	1	100	1 000	
	敌攻桂林	桂林穿山	衣橱	30	顶	1	50	500	
	敌攻桂林	桂林穿山	箱子	30	只	2	200	2 000	
	敌攻桂林	桂林穿山	椅子	30	张	1	20	200	
	敌攻桂林	桂林穿山	猪栏	31	座	1	800	7 000	
	敌攻桂林	桂林穿山	方桌	30	张	1	30	600	
	敌攻桂林	桂林穿山	米桶	30	只	1	20	400	
	敌攻桂林	桂林穿山	铁锅	30	只	3	100	2 000	

续表

损失年月	事件	地点	损失项目	购置年月	单位	数量	价值(国币元)		证件
							购置时价值	损失时价值	
	敌攻桂林	桂林穿山	图书						
	敌攻桂林	桂林穿山	方舆纪要	26	部	1	10	2 000	
	敌攻桂林	桂林穿山	先正事略	26	部	1	5	1 000	
33 年 11 月	敌攻桂林	桂林穿山	续先正事略	26	部	1	5	1 000	
33 年 11 月	敌攻桂林	桂林穿山	十八家诗钞	30	部	1	20	300	
33 年 11 月	敌攻桂林	桂林穿山	经学史	30	部	1	10	600	
33 年 11 月	敌攻桂林	桂林穿山	左派王学	30	部	1	50	300	
33 年 11 月	敌攻桂林	桂林穿山	文学史	30	部	1	10	600	
33 年 11 月	敌攻桂林	桂林穿山	碑帖	30	册	25	1 000	40 000	
33 年 11 月	敌攻桂林	桂林穿山	共计				10 903	130 950	

私立无锡国学专修学校　　受损失者　　蒋庭曜

四、教　学

私立无锡国学专修学校增设文书专修科计划书及课程纲要

私立无锡国学专修学校增设文书专修科计划书

三十一年五月

甲　组织

一、本科设科主任一人,由校长遴选本校教授兼任,秉承校长之命办理本科一切事宜。

二、本科设教授、讲师二人,助教一人。

三、本科各项工作人员除必需设置者外,均由本校原有各部工作人员兼任。

乙　招生

一、投考资格凡在已立案之公、私立高级中学毕业,或具有同等学力,年龄在十八岁以上二十五岁以下,不论性别,均得报名投考。惟录取同等学力者不得超过取录总额百分之二十。

二、修业年限二年。

三、考试科目:公民,国文,数学,中外历史,中外地理,国学常识,口试,体格检查。

四、缴纳各费　每生每学期缴纳学米一百市斤、膳费约六百元(多还少补)、宿费二十元、杂费二十元、讲义费二十元(实用实支,多还少补)、图书费二十元。均于入学时一次缴足,书籍、制服皆归学生自理(以上皆国币计算)。

五、报名手续及日期　报名时须缴报名费五元,二寸半身相片一张,取录与否,概不发还。缴验证件,验后发还。报名日期在招生简章及广告公布。

六、考试时间:八月六、七两日　地点:桂林本校、容县都峤中学

七、其余各项学则均照本校原订学则规定施行

丙　课程(另表开列)

丁　经费

(一) 经常费

子　教职员薪津费

职　别	人数	每月薪津	全年薪津	备　注
兼主任	一	六〇〇	七二〇〇	
教　授	一	五六〇	六七二〇	
讲　师	二	八〇〇	九六〇〇	
助　教	一	二五〇	三〇〇〇	
职　员	一	二〇〇	二四〇〇	事务员一人
书　记	一	一八〇	二一六	
合　计	七	二五九〇	三一〇八〇	

丑　办公消耗费

名　称	每月支出	每年支出	备　注
文　具	一五〇	一八〇〇	
电　灯	二一〇	二五二〇	
邮　电	二〇	二四〇	
工　友	二六〇	三一二〇	工友二名分配于学生及教职员宿舍
杂　支	一〇〇	一二〇〇	
合　计	七四〇	八八八〇	

（二）临时费

寅　校舍建筑费

名　称	造法要点	面　积（单位方丈）	估　价	备　注
教　室	瓦面竹灰墙	八・〇	一二〇〇〇	本校原有教室、宿舍仅足供现有学生之用，拟增建教室、宿舍各一座
学生宿舍	左　右	八・〇	一二〇〇〇	
合　计		一六・〇	二四〇〇〇	

卯　校具购置费

名　称	数　量	估　价	备　考
架　床	五十副	三五〇〇	本校各种校具仅敷现有学生之用，拟照上列品名数量增置
课　桌	五十副	一七五〇	
坐　椅	五十副	一七五〇	
讲　座	一具	一五〇	
黑　板	二张	二〇〇	
讲　台	一张	七五	
电灯装置		一〇〇〇	
合　计		六六七五	

上计经常费职教员薪津项三一〇八〇元，办公消耗项八八八〇元，共三九九六〇元。临时费校舍建筑项二四〇〇〇元，校具购置费六六七五元，共三〇六五七元。合计全年支出七〇六三五元。除学费每年收入二〇〇〇〇元，（每生每期收学米一百市斤，以五十名计，每年收一〇〇〇〇市斤，每百斤按价二〇〇元，共收入如上数）宿费杂费年收一六〇〇元外，不足四九〇三五元。

私立无锡国学专修学校二年制文书专修科扩充计划书

一　招生

原有一年级一班下年度应升入二年级，拟于暑假续招一年级新生一班，招生简章另呈。

二　经费

甲　经常费

子　教职员薪津费

拟聘教职员				原有教职员			比较增加数			备注
识别	人数	每月薪津	全年薪津	人数	每月薪津	全年薪津	人数	每月薪津	全年薪津	
兼主任	1	1 200	14 400	1	600	7 200	0	600	7 200	
教授	2	2 240	26 880	1	560	6 720	1	1 680	20 160	
讲师	4	3 200	38 400	2	800	9 600	2	2 400	28 800	
助教	2	1 000	12 000	1	250	3 000	1	750	9 000	
职员	1	450	5 400	1	200	2 400	0	250	3 000	
书记	1	400	4 800	1	180	2 160	0	220	2 640	
合计	11	8 490	101 880	7	2 590	31 080	4	5 900	70 800	

丑　办公消耗费

下年度预算			原有预算		比较增加数		备　注
名　称	每月支出	全年支出	每月支出	全年支出	每月支出	全年支出	
文　具	400	4 800	150	1 800	250	3 000	
电　灯	550	6 600	210	2 520	340	4 080	
邮　电	100	1 200	20	240	80	960	
工　友	840	10 080	260	3 120	580	6 960	原有工友二名拟增加一名
杂　支	300	3 600	100	1 200	200	2 400	
合　计	2 190	26 280	740	8 880	1 850	17 400	

乙　临时费

寅　校舍增建费

增建校舍				原建校舍				比较增加数		备注
名称	造法要点	面积	估价	名称	造法要点	面积	估价	面积	估价	
教室	瓦面竹灰墙	8.0	35 000	教室	瓦面竹灰墙	8.0	12 000	0	17 000	
教职员宿舍	同右	同右	同右	学生宿舍	同右	同右	同右	0	同右	下年度学生宿舍勉强可以容纳,教职员须建宿舍方有住所
合计		16.0	70 000			16.0	24 000	0	46 000	

卯　校具添置费

拟添校具			原置校具		比较增加数		备注
名称	数量	估价	数量	估价	数量	估价	
架床	30	5 400	50	3 500		1 900	学生用
单人木床	11	2 200			11	2 200	教职员用
课桌	30	3 000	50	1 750		1 250	
坐椅	30		50				
桌	11	1 650			11	1 650	教职员用
椅	11				11		教职员用
讲座	1	300	1	150		150	
黑板	1	250	2	200		50	
讲台	1	150	1	75		75	
电灯装置		3 500		1 000		2 500	
合计		16 450		6 675		9 775	

上计经常费教职员薪津项 101 880 元,办公消耗费项 26 280 元,共 128 160 元。临时费校舍增建项 70 000 元,校具添置项 16 450 元,共 86 450 元。合计全年支出 214 610 元。每年收入学生宿杂费计 15 000 元(每生拟收宿舍费、杂费全年 200 元,以新旧生 75 名计,每年收 15 000 元),除钧部原已核定文一科一班之补助费 55 000 元外,不足 144 610 元。

文书专修科课程表

第一学年

课程	每周授课时数 上期	每周授课时数 下期	纲要	备注
三民主义	2	2	根据三民主义阐明总理遗教	第一学年注重普通散文韵文基础之培养与服务道德之养成
政治学概论	3		于国家之发生进化组织管理择要讲授	
中国政治思想	2	2	对本国历代各家政治思想作择要之讲授以期明了本国政治之特性	
法学通论		3	分法学原理与现行法规两部择要讲授	
散文选	5	5	分类选授各诗散文，析其体制、明其作用、并阐发其谋篇布局宅句安字之法，以厚培文书写作之根柢	
韵文选	2	2	选授各体韵文以培养学生应用韵文写作之技能	
实用文字学	2	2	择要讲授文字之构造，尤重在矫正讹误，切合实际应用	
历代书疏选	2	2	选授历代名人书札及奏议	
书法	2	2	讲明书法及之流变及用笔构造之法并严格实习以求应用	
作文训练	1	1	每两星期作文一次，由教员批改发还	
体育	2	2	徒手器械操及各种球类、田径	
军事训练	3	3	分学科、术科两部学科授以各种重要军事学识术科，授以各种军事演习	
合计	26	26		

第二学年

课程	每周授课时数 上期	每周授课时数 下期	纲要
散文选	5	5	见前
韵文选	2	2	见前
历代书疏选	2	2	见前
应用文	3	3	选授近代合同、契约、诉状、通电、宣言及一切文告
公文程式	2	2	包括现行公文程式及现代公文选读
机关之组织及管理	1		包括官制、官阶及缮校人员之管理支配
文书处理		1	由收文至归档
书法	1	1	见前
作文训练	1	1	见前
公文训练	1	1	每两星期练习一次，由教员批改发还
体育	2	2	见前
军事训练	3	3	见前
参观实习		2	由教授领导参观各机关并指导在校实习
合计	23	25	

私立无锡国学专修学校增设史地专修科计划书

(一) 宗旨

本科以造就史地专门人才,培养中等学校教员师资为宗旨。

(二) 组织

一、本科设科主任一人,由校长遴选本校教授兼任,秉承校长之命办理本科一切事宜。

二、本科设教授二人,讲师三人,助教一人。

三、本科各项工作人员除必需设置者外,均由本校原有各部工作人员兼任之。

(三) 招生

一、投考资格:凡在公立或已立案之高级中学及同等学校毕业,或具有同等学力者,其年龄在十八岁以上二十五岁以下,不论性别,均得报名投考。惟取录同等学力学生不得超过总额百分之二十。

二、修业年限: 三学年

三、考试科目:公民、国文、数学、中外历史、中外地理、国学常识、口试、体格检查。

四、缴纳各费:每学期学米一百市斤　膳费约千五百元(多还少补)

宿费　　　元,杂费　　　元,讲义费　　　元(实用实支多还少补),图书费　　　元,均于入学时缴足。

书籍、制服概归学生自理。

五、报名手续及日期　报名时须缴报名费　　元,二寸半身相片一张,取录与否概不发还,缴验证件验后发还。报名日期在招生简章及广告公布

六、考试时间及地点　八月六、七两日　地点　桂林本校

七、其他各项均照本校原订学则规办理施行

(三) 课程另表开列

(四) 经费

一、经常费

新旧图书统计表

书别	类别	册数
旧书	经部	4 581
	史部	6 470
	子部	3 675
	集部	4 178
	丛部	6 515
	善本	2 133
新书	总类	5 760
	宗教	385
	哲学	264
	社会科学	477
	自然科学	336
	应用技术	449
	语文学	328
	史地	707
	文学	1 591
	艺术	194

私立无锡国学专修学校军事训练队军事管理办法

甲 组织

本校全体学生共编为一大队，以每年级编为一中队，每中队平均分为三分队。中队长、分队长由学生充任，大队长由校长担任，大队附由校务主任、军事教官等担任。

定名为私立无锡国学专修学校军事训练队。

乙 服装

平时上课一律服黄呢制服或灰布制服，黑皮鞋或黑树胶鞋，黑袜，戴领章制帽。

出操时，除照上穿着外，并须扎帮腿及腰皮带。

丙 寝室

寝室须整齐清洁，简单朴素。凡规定安放之物品，不得随意更动。私人之零星物品，尤须妥为收存，不得随意乱放。其详细规则另订之。

丁 讲堂

学生闻上课号，须速至讲堂，按位次坐好。俟先生到堂时，由值日分队长呼立正口令，全体学生即速立正，值日分队长（三分队长按日轮值）向先生敬礼，俟先生还礼后，再由值日分队长呼坐下口令，全体学生即行坐下。

下课仍由值日分队长呼立正口令，全体学生即行立正，值日分队长向先生敬礼，先生还礼出堂后，再由值日分队长呼解散口令，学生方准按次出堂。

戊 食堂

照本校食堂规则

己 外出

凡请假外出学生，均须整齐服装，“穿黄呢制服或灰布制服，黑皮鞋或黑树胶鞋，黑袜、扎皮带、打帮腿、戴制帽领章”，端正仪容。途中行进，不许食物；遇见师长应行行进间敬礼；遇见同学均应行互相敬礼以示亲爱。如有二人以上行进，遇见师长时须由先见者呼敬礼口令。

庚 值日勤务

为养成学生服务精神起见，由各级干部及学生轮流值日，计分为大队值日官，由中队长四人轮流担任；中队值日官，由每中队分队长三人轮流担任；寝室值日，由每寝室学生人数轮流担任。大队值日官承大队长队附之命，管理全大队一切事务。中队值日官承大队值日官及本中队长之命，管理本中队一切事务。寝室值日承中队值日官之命，管理全室清洁整齐及一切事务。兹将值日人员之职责开后。

1. 凡集合操课，应清查人数，报告上级长官或先生。

2. 传达上级一切命令。

3. 转呈学生报告。

4. 本中队或分队单独行动,担任统率、指挥、监督之责。

5. 保管一切公用物品。

6. 注意寝室、讲堂、饭堂、厕所及其他地方之清洁卫生。

附注:值日中队长戴红色值日带,值日分队长戴红色臂章,但非集合时间不戴。

每日下午六时三十分交代值日。交代时,须将人数及物品交代清楚。

辛 集合

为养成学生行动迅速、精神振作起见,除升降国旗举行集合外,特为规定昼间紧急集合及夜间紧要集合两种。不拘何种集合,全体学生一闻号音,即应穿着制服跑步至集合场列队集合,不准喧扰。中队值日官即速清查本中队应到、不到之学生人数,报告大队值日官。大队值日官清查全大队应到、实到、不到之学生人数,报告大队长或大队附。凡无故迟到及不到之学生,按其情节轻重予以惩罚,先到学生予以嘉奖。

壬 赏罚

凡有忠勤职守、品行端正、热心学业、严守纪律,或具有特殊工作表现之学生,经各级长官考核清楚,具报本部,复核属实者,施行如左之奖励。

1. 传令嘉奖。

2. 记功(大功小功)。

3. 奖给文具或书籍。

4. 颁发奖章、奖状。

5. 呈训练总监部嘉奖。

凡有精神萎靡、怠荒职守、不守纪律、扰乱秩序之学生,经各级队长考核清楚,具报来部,复核属实者,施行如左之惩罚。

1. 申斥(口头警告或书面申斥)。

2. 禁假。

3. 扣分。

4. 记过(大过小过)。

5. 开除学籍。

6. 呈请训练总监部惩罚。

本办法有未尽善处,得随时由大队长修正,公布施行。

精神训练、体格训练、劳动服务三项实施步骤

关于精神训练、体格训练、劳动服务实施之呈教育部文

谨将本校关于精神训练、体格训练、劳动服务三项确定实施步骤与日期呈请

鉴核

第一章　精神训练

一　历行训教合一　(一) 本校原系注重训教合一,教职员均实行人格训练,敦崇品学交修。此外遵当本年六月设立训育委员会,由校长主席督促进步。(二) 本校导师制度已行数年,惟向以学科分任。兹奉前因,当自下学期起,均就各年级指定专任教员,分别体察学生个性,据以指导其课业与修养,期无扞格之虞。

二　施行军事管理　本校因整顿军训,已于上学期饬令学生一律穿着制服,无论上操及上他项功课,均不得参差,违者以缺席论。至于整洁、朴素、耐劳、苦守纪律等事点,均于上学期起,会同军事教官,随时申警,切实施行。

三　举行特别讲演　查本校对于国难真相,人格修养,常于周会时间,谆谆指导诸生,惟以校内教职员为限,此后当再随时敦请名人,到校切实演讲。

第二章　体格训练

(一) 军事训练

(甲) 本校于五月九日,由军训教官李雪谷率同一年级学生三十二人赴镇江集中训练,所有在校学生由本校校长督同本邑专员派来教官黄劲节并助教六人,一律严加训练,每周加课十四小时。

(乙) 本校已于本年三月间,函托军训委员会价购七九步枪五枝,不久当可运到。此外各项设备当遵照部令,就可能范围陆续添置。

(丙) 查锡邑当京沪孔道,布置较为周密,所有防空警卫救护等项除已于术科中教授外,已自本年三月起,由本校教官随时带同学生实地演习。

(丁) 查本校校医秦秉衡为本邑疗养医院主任,本校已与切实联络,自本学期起,已请秦医生教授女生救护一科,并令随时到院实习。

(戊) 查本校现无医药科学生,惟军医事宜,由校医演讲大概。

(二) 普通体育

(甲) 本校向有国术一科及球类运动,仅系选手。自下学期起,当设法推广,以期普及。

(乙) 自下学期起,当遵令列体育为必修科。惟田径赛因本校操场狭小,游泳池点尚无地可辟,只可向他校设法借用。

(丙) 查本校于早操向极注重,缺席在记过。兹奉部令,遵当自下学期起,严订成绩核算法实行。

（丁）查体育设备经费，本校已于四月间列入预算，呈部请款补助。

（三）健康检查与卫生设备

（甲）查本校于招收新生时，检查学生体格一次，其患有痼疾者业经呈部请洽，长期半休，自下学期始当再切实认真办理。

（乙）查本校卫生设备欠缺甚多，以后当就可能范围内，尽力设法陆续增置。

（丙）查卫生设施经费关系甚重，本校已于四月间列入预算，呈部请款补助。

第三章　特殊教学与研究

查本章遵令另拟详细计划呈部核定。

第四章　劳动服务

一　本年暑假后利用假期时间切实遵办。

二　查本校近年来对于服务怠惰之学生已分别予以警告记过，此后并当敦请年富力强之教职员参加此种服务，为学生倡导。

三　本校当遵令组织随时订定办法。

四　查此条属于外部服务者，本校虽经参加本邑新生活运动及防空警卫。此外遇有机会时，当自遵办其属于内部服务者，如校舍清洁，校园整理。本校于前年已督饬学生实行，勤奋者给予奖状，此后更当力求进步。

五　自本年暑假起，本校遵当随时钧定计划。

六　于每次劳动服务完毕后，遵当由训育委员会加以适当评语，于周会训话时发布。

经费实习已列入预算，兹呈部请款补助。国防常识与军训实习联合，由本校会同本地有关系各机关共同演习。

特种教育实施计划

本校拟自下学期起，设教训军合一委员会，以校长、教务主任、训育主任、总务主任、军事教官、国术教师及专任教授组织之，以校长为主席，除主持导师制度之推行及军事管理之实施外，并办理其他关于教导、训育、军训合一之一切事项。

本校于三年前即采用导师制度。每学期由学生就学业性质所近于教授中，选定导师为课业与修养之指导者。每导师以二十人为限，得导师之同意者，亦可通融增加。施行以来，颇著成绩，但以前乃由学生自由参加，自下学期起拟全体一律施行。

本校自本学期起即实施军事管理。全校学生共编为一大队，以每年级编为一中队，每中队分为三分队，中队长、分队长由学生充任。大队长由校长担任。大队附由主任、教授及军事教官担任。自下学期起，拟归并教、训、军合一委员会。

上课及外出一律穿着制服，大队、中队、分队及寝室均设值日。上下课均呼口令立正。每早晚行升旗、降旗礼。余详本校军事训练队军事管理办法。

三年以来本校纪念周除报告重要校务外，并由校长主任及专任教授轮流演讲。又约每两月请校外专家莅校演讲一次，多注重于人格修养、民族复兴方面。此后拟对于国防常识益加注重。

本校平时军训概依部定时间由军事教官切实训练。必要时并随时增加军训时间。现除第一年级学生已赴镇集中训练外，在校学生自五月十日起由本校校长督同本邑专员公署派来教官并助教，严加训练，每周约增学科、术科共十四小时。

本校除平时军训用木枪操演外，并经汇款定购七九步枪五枝，以为实弹射击之用。其他如军用图书、杂志、防毒面具、土工器具等亦均陆续添置。

本校军训，每星期六午后，非遇大雨必至野外演习。非子弹缺乏，每月必实弹射击一次。至防空警卫及交通运输等亦由本校会同本地有关系各机关共同演习。

看护为本校女生必修学程。除由校医授以看护知识外，每星期并至光复门内疗养医院实习一次。

本校军医与看护合而为一，授课及实习与看护同。

本校体育向来注重普及训练，虽各种球类运动亦有选手比赛，但平时练习则不专重选手。

本校向以早操为全体必修，国术为选修，缺席均以缺课论。其他运动则由学生自由选习。国术一科上课考试与各科同并给予学分。自下学期起，拟先将国术改为必修学程，其他运动以后酌量增改。

除国术已同各科考核成绩、早操已同各科缺课扣分外，其他运动当再订考核办法。

已列入预算并呈部请款补助。

新生投考时一律施以体格检验，在校学生必要时，由校医随时检验。其确有疾病不胜剧烈运动者，准予长期半休。

本校除已有校医室，延请校医随时消毒防疫外，其他卫生设备当次第增加。

已列入正式预算并呈部请款补助。

本校随时参加本地筑路及道路扫除各种劳动服务工作。

本校随时参加本地防空警卫各种演习工作。

本校劳作，分宿舍、教室、校园、操场各项扫除工作。每学期并举行清洁运动比赛一次。

设室长、舍长、级长及各室值日，各级值日主持各种劳作，由教训军合一委员会负责指导。

服务勤笃、成绩优良之团体或个人，于纪念周时予以言语奖励或给予奖状；服务怠惰、成绩劣下之团体或个人予以警告或扣分。

王荆公文　第二年级　原系选修学程故暂删除

尔雅　第三年级　原系选修学程故暂删除

诗品　第三年级　原系选修学程故暂删除

散文选　第一、二年级　增选历代与民族正气有关之散体文，俾于实用之外兼明正义。

韵文选　第一、二年级　增选历代与民族正气有关之诗歌词曲，俾于陶冶性灵之中兼收激励气节之效。

国术　第一年级　以前为选修自下学期起改为必修

舆地　第二、三年级　特别注重与国防有关之地域

国防常识　第二、三年级　以备非常时期之用　由军事教官兼任

孙吴兵法　第三年级　增加军谋知识　由原有教授兼任

近代经世文选　第三年级　以军事、外交、经济为主，无事则以储材，有事则以应用。由原有教授兼任

历代战争史料　第二、三年级　既增敌忾之情亦长御寇之识　由教授、学生共同编纂

近代外国战争史料　第二、三年级　以外人之事迹为吾国之借鉴　由教授、学生共同编纂

古兵法要略　第二、三年级　酌古并以知今变通以期无弊　由教授、学生共同编纂

已列入预算并呈部请款补助。

国防常识与军训实习联合，由本校会同本地有关系各机关共同演习。

军事训练队军事管理办法修改电文

教育部复文

该校军事训练队军事管理办法应行修改各点

一、组织　按高中以上学校军事管理办法规定，每中队由一百五十人编成。该校由每年级编为一中队，恐人数不敷，可按乙种编制，将大队改为一中队，中队以下为区队，区队以下为分队。组织内尚须加一项“校长为军事训练队队长，应组织队本部，主持军事训练及军事管理一切事宜”。

二、服装　第二项并须扎帮腿之“帮”字疑系“绑”字之误“及腰皮带”可改“系皮带”。

三、讲堂　学生闻上课号号字以下脱一“音”字。

四、食堂　该校食堂规则，亦应按照列出以凭核定。

五、外出　凡请假外出学生，均须整齐服装以下括弧内之“穿黄呢制服……戴制帽领章”等句应芟。

六、值日勤务　全校组织既改成一中队，此项内之“大队”字样，皆改“中队”，“中队”改“区队”（附注内亦照改）。

七、集合　“大队”字样改为“中队”，“中队”改为“区队”，末句“先到学生予以嘉奖”可芟。

八、赏罚　第一段 1. “传令嘉奖”改“传谕嘉奖”，4. “颁发奖章奖状”可取销，5. 呈训练总监部嘉奖，可改呈训练总监部教育部嘉奖。第二段 1. 申斥改为申诫，括弧内照改，6. 呈训练总监部惩罚，亦改呈训练总监部教育部惩罚。

九、最末行之“大队长”亦改“中队长”。

唐校长呈教育部文

（呈为遵令改正军事管理办法各点请赐鉴核备案由）

为呈复事

案奉钧部将陆/第九二一六号指令开：为遵填特种教育实施步骤及详细计划表格，并附现行军事管理办法，请鉴核令遵由。呈件均悉。除军事训练队、军事管理办法应照另单开列，修改各点再行呈核外，表填教授字样均应改为教员。国防常识已列入特别讲演范围，不应再作为特种教学科目。经费一项，据称请款补助，应另行核夺。其余大致无罣不合，仰即就。该款经费可能范围内尽量实施。件存。此令。等因。附钞单一份，补校章，此遵将军事训练队、军事管理办法应行修改各点，一律改正合行，缮呈鉴核，赐予备案。再表填教授二字，已均改为教员。特种教学科目内国防常识一项，遵即芟去，合并呈明。

谨呈

教育部部长王

附呈改正军事管理办法

校长唐印

中华民国　二十五年七月

无锡国学研究会成立

(1937年1月19日)《文报》1月26日

邑人陈其昌等鉴于当今国学之衰落,无锡文化团体之缺少,为了适应社会需要起见,创办无锡国学研究会,于1937年1月19日上午,假座国学专修馆大礼堂举行成立大会。在会上选出陈其昌为正会长,下设总务、出版、研究三部。积极进行聘请会董及征求会员,以求发展会务。

五、学生与师资

私立无锡国学专修学校历年学生人数比较

私立无锡国学专修学校历年学生人数比较表(1)

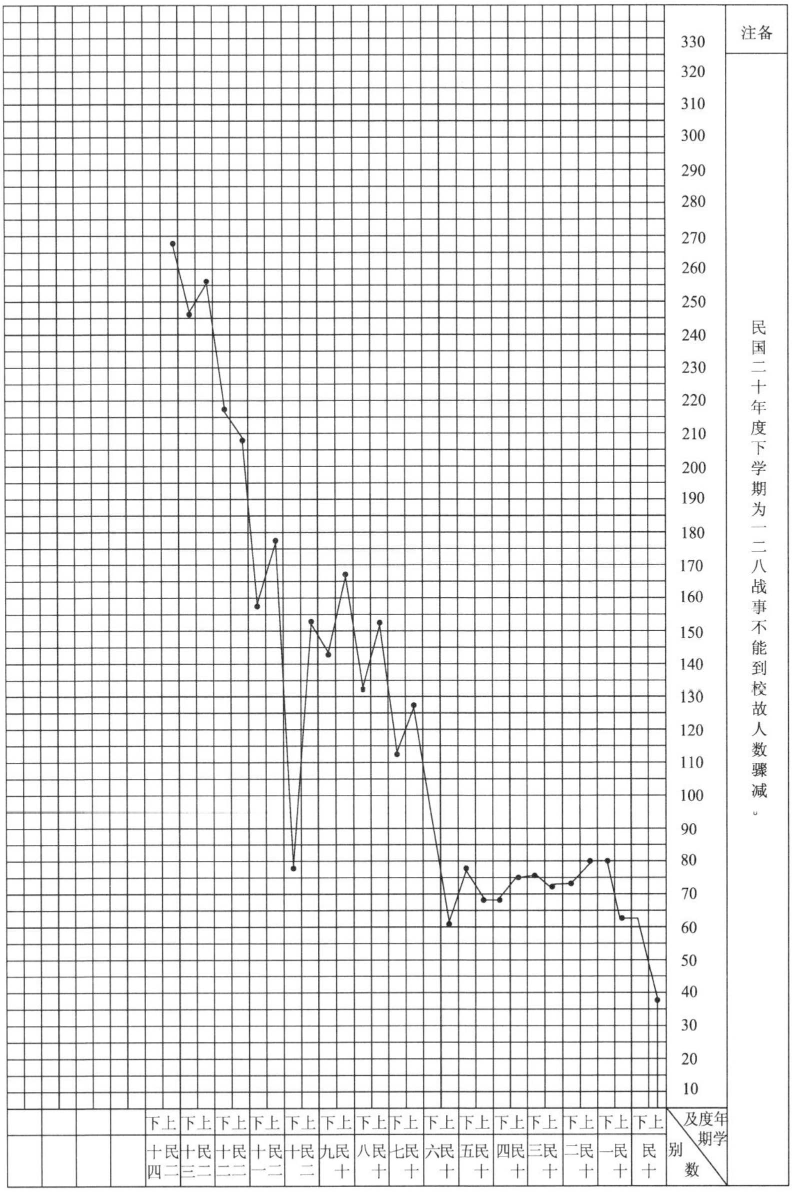

私立无锡国学专修学校历届毕业生人数比较表(2)

039

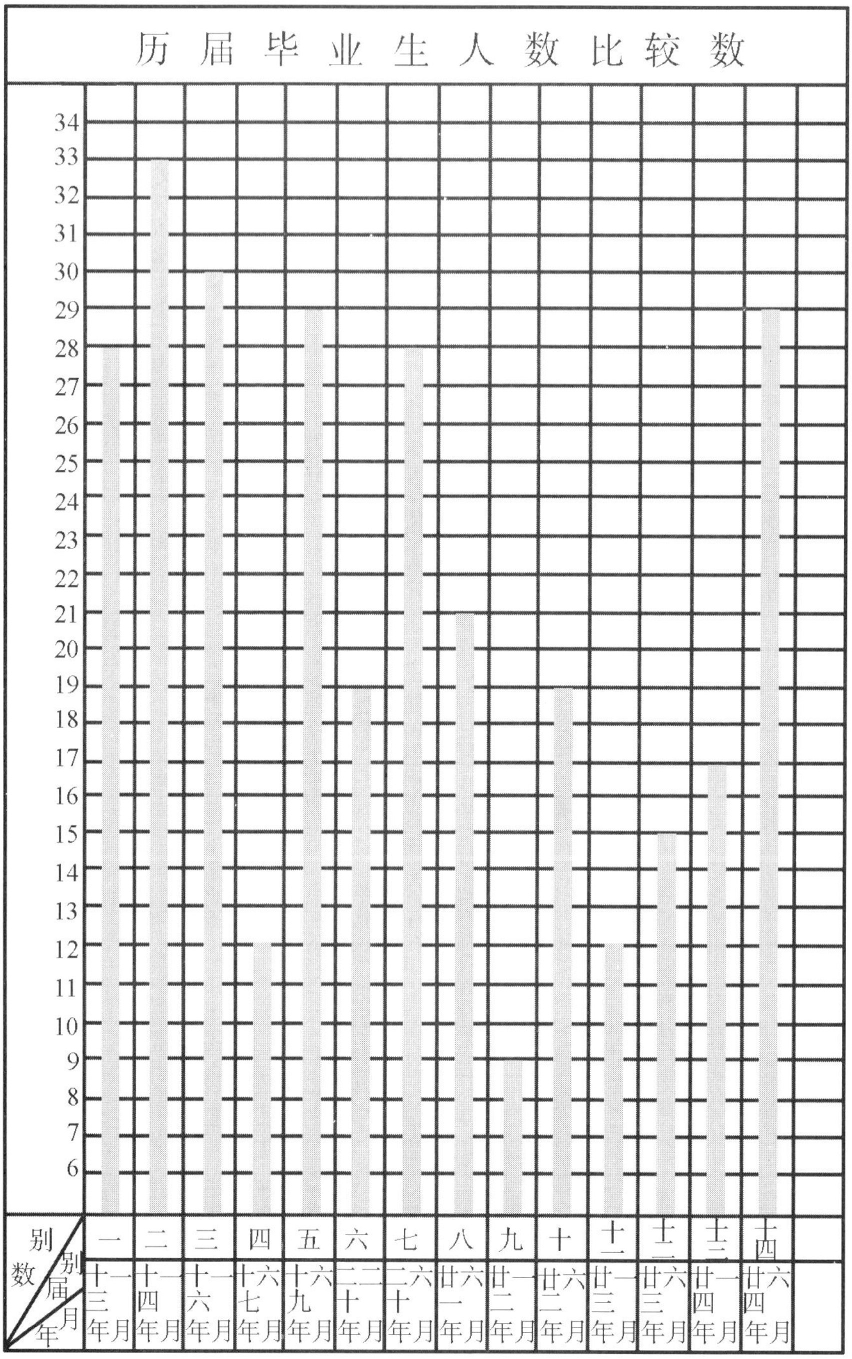

私立无锡国学专修学校在校学生籍贯统计

在校学生籍贯统计表

省别	县别	人数	省别	县别	人数	省别	县别	人数	省别	县别	人数
特别市	南京市	2	江苏	涟水	1	浙江	嵊县	1	陕西	西安	1
	上海市	4		盐城	2		孝丰	1	山东	昌邑	1
江苏	无锡	25		奉贤	1		萧山	1	广东	新会	1
	常熟	8		赣榆	1	安徽	桐城	4	四川	安岳	1
	江阴	12		松江	1		怀远	1	福建	寿宁	1
	武进	9		溧阳	2		滁县	1	贵州	贵阳	1
	海门	1		昆山	1		泾县	3	云南	石屏	1
	吴江	3		南汇	1		芜湖	3	广西	北流	5
	泰县	6		东台	5		寿县	1		邕宁	2
	阜宁	3		兴化	2		颍上	1		博白	3
	吴县	6		铜山	1		合肥	5		兴安	1
	如皋	5		金坛	3		无为	1		南宁	1
	句容	3	浙江	余杭	1		盱眙	1		宝阳	1
	泰兴	5		慈溪	1		婺源	1		郁林	2
	金山	3		奉化	1		歙县	1		容县	3
	崇明	1		龙游	1		灵璧	1		平南	1
	镇江	4		天台	1		南陵	1		桂平	1
	高淳	1		嘉兴	5		和县	1		恭城	1
	丹阳	1		东阳	1		怀宁	1	山西	岢岚	1
	南通	2		杭县	1	江西	南昌	1		陵川	1
	宝应	5		富阳	1		奉新	1	湖南	长沙	1
	溧水	4		瑞安	1		上饶	1		东安	1
	江浦	1		海宁	1		信丰	1		沅宁	1
	青浦	1		吴兴	1		赣县	2		蓝山	1
	靖江	1		江山	1		高安	2	河南	南阳	1
	六合	1		诸暨	2		丰城	1		固始	1
	江都	2		桐乡	1		九江	1			

私立无锡国学专修学校历届毕业生出路统计

历届毕业生出路统计表

项别	人数	百分比
党	6	1.97%
军	4	1.31%
普通行政	28	9.21%
专门行政	9	2.97%
大学教职员	22	7.23%
中学教职员	124	40.8%
小学教职员	17	5.6%
文化机关	8	2.63%
新闻界	19	6.25%
银行	6	1.97%
医	2	0.66%
国内升学	15	4.93%
国外留学	2	0.66%
已故	11	3.61%
其他	13	4.27%
未详	18	5.93%
共计	304	100%

私立无锡国学专修学校三十七年度毕业纪念册序

学生纪念册序

唐文治

今岁仲春之月，及门蒋君石渠以书来告，本届毕业诸同学将有纪念刊之举，愿得校长一言为训。余维八年抗战以来，吾校师生激励气节、百折不挠，始由冯君振心主持教务，辛劳倍著。嗣冯主任因病返桂，敦请蒋君石渠主其事，严君伯侨主校务，冯君勖纯主总务。余远隔沪滨，仅能遥制。所有锡校一切，胥赖三君暨诸同人协力维持，私衷实觉歉然。兹者诸同学毕业，他日腾跃天衢，均为国家栋梁之选。窃谓今日最要者，莫如君子教育。昔周文作《周易彖辞》曰："君子有攸往。利。"君子贞此为造成君子之权舆，至诸侯之适子相与齿让乡里均以为荣，此一解也。又以二字分读，皆为尊称，如汉郑康成称郑君，宋朱紫阳称朱子，推诸其他尊称皆称某君、某子。盖凡人尊卑之分等，在品行而不在名位，修养道德在我而已。夫今日而言，君子小人之辨群以为迂矣。不知叔季之世，或不免小人参杂其间，所以治日少而乱日多。盖君子正小人枉，君子廉小人贪。此史迁作《屈原传》引《周易》"井渫不食，为我心恻。"所以慨然叹曰："王之不明，岂足福哉。"抑更有进者，余从前有勉同学诗云："孟坚人表昭然揭，我辈相期第一流。"又当作楹联云："人生惟有廉节重，世界须凭气骨撑。"此数语不惮三复。孔门作《论语》，始大畅厥旨。考二十篇中言君子者，一百有四处。君子与小人对言者，四十有五处。揆厥宗旨，不过教导为人之方，而余所常诵法而兢惕者曰："君子喻于义，小人喻于利。"又曰："君子上达，小人下达。"唯其能喻义而后，上达为君子，进而为圣贤，喻利则下达为小人，甚至沦于禽兽。夫喻义之程度不一，人欲勉为君子，譬如自卑登高，攀跻不易，犹之升气球然，恐恐乎时虞失坠。而喻利之品类万殊，人欲甘为小人，犹之抛物线然，愈低愈速，因有地心吸力也，可不惧哉？若夫综合君子之名，义有二解。一为二字连读，《礼记》载大学卒业，恭敬温文，谓之君子与王世子言之切。望诸同学交相勉励，幸勿妄自菲薄，数年而后，社会中咸称我国学专修学校皆君子人也。文化日漓，俗尚卑，所以挽回之者，非吾党之责而谁归？余不禁馨香祝之，且舞蹈继之矣。校长唐文治

私立无锡国学专修学校学生情况介绍

严济宽学习总结

姓名	严济宽	字	伯侨	性别	男	年龄	五十一	籍贯	无锡
通讯处	无锡学前街中国文学院								
有何特长	对旧式诗文写作及国故的整理。								
有何著作	《中国民族女英雄传记》,民国二十八年在商务印书馆出版;《黄梨洲政治思想》尚在整理中。								
家庭职业及社会地位	家世业农,至父亲始稍稍读书,尚义好侠,以抑强扶弱,为乡中土豪劣绅所疾视,不幸早逝,遗我兄弟姊妹四人。余六岁妹在襁褓中,有田七卦,仅足抵债,窘迫情形可以想知。再加土豪劣绅的欺凌压迫,戚属又无能周恤者,哀哀寡孤,几无以自存,可谓一备受压迫之贫农。								
经济概况	先父在日,有田七卦,房屋八九间。父殁,经济益形艰窘。赖家母勤劳,勉强度日。后为清理债务,又卖去三卦,尚余四卦,房屋尚能保存。此日老母一,年已七十余。妻一,曾学助产,以前曾出服务。现以有子女四人,大者十一岁,小者二岁。家务牵身,不能出外工作。所以一家生活来源,靠我一人薪水收入维持。动产有妻子饰金九钱五分,及本人书籍五百余册。								
家庭给本人的影响如何	幼年受经济压迫,不能遂求学之志,造成我不满社会制度思想。又受土豪地痞的压迫剥削,激起我反抗恶势力之意念,并促成我顽强之性格。								

履历简表

时　间	地　点	服务机关	担任职务	调动原因
十四年—十六年上半年	无锡乡间	私塾	教书	辞聘
十六年下半年	上海	实学中学	教员	辞聘
十七年—十九年	广西南宁	省立第一中学	教员	辞聘
二十年	无锡	县立中学	教员	辞聘
二十一年—二十三年	南京	江苏省立南京中学	教员	辞聘
二十六年—二十四年上半年	镇江	江苏省政府视察	视察	辞职
二十四年—二十五年	南京	国民党中央党部监委会	干事	辞聘
二十六年下半年—二十七年上半年	赣榆	县政府	县长	调省
二十七年下半年	赋闲			
二十八年	四川重庆	国立编译馆	编译	辞职
二十九年—三十一年	云南昆明四川李庄	国立同济大学	教授	辞聘
三十二年—三十四年	四川山洞	国民党党史史料编委会	编辑处长	辞聘
三十五年—三十七年	四川重庆江苏南京	教育部	专门委员兼秘书	辞职
三十八年	江苏无锡	国学专修学校	教授兼校务主任	
什么学校毕业或肄业		无锡国学专修学校毕业　曾在国民党中央训练团二十九期受训		

严济宽自述

一个贫农出身的我，生在无锡西乡一个村庄上，六岁的时候我的父亲死了，种六七亩田，因为欠了人家的债，一到年终，还完债，往往弄到家里几斗米都没有存。我的弟弟哭着说："母亲老喜欢把米送给别人，叫吾们挨饿。"记得有一年冬底，把米还空了不算，一个心凶的地主强把我们一只猪也取去，这椿事，对我是一个大刺激，永远不能忘记的刺激。

照理饭都吃不成的人家，自然说不上把孩儿上学，可是我的母亲却说："无论如何穷，儿子书还是要读。"硬着头皮把我送进私塾，它(她)老人家一面料理种田、一面不问昼夜放(纺)纱织布，把女工收入，供我束修，不幸得很，所遇到私塾师是一小土豪，看见我读书比其它儿童聪明，而且认真，怕我将来对它(他)不利，所以妒忌压迫，无所不至，被它(他)耽误了五年，而我母亲为了我缴学费，把嫁时衣饰，典卖一空。那时有好多亲戚，含讥带笑地对我母亲说："农家子不教它(他)种田，没有饭吃，偏要跟着有钱人家的儿子上学，难道看得你的儿子会种(中)状元不成！"母亲含泪不说话，我听到这话，心如刀割。母亲对我说："你要争气，我决定借债或卖田供给你上学。"所以我便出去进了高等小学，当时我起了反抗命运、仇视地主的思想。

十八岁那年，我担任私塾教师，一年后又做小学教师，假期回家，便努力种田。后来考进了无锡国学专修学校，因为那个学校一切费用都不要，而且供给膳宿书籍，每月还发奖学金，所以读三年书，不感困难。听校长唐文治先生讲学，心里非常感动，一心想做希贤希圣功夫，并想建立功业，以报我母的劬劳，所以除读经史外，喜欢研究政治军事等学说。民国十六年，革命军北伐到达江苏，高呼打倒帝国主义、军阀、土豪、劣绅等口号，并满贴标语。我看了标语，听到口号，便欣然大快，热血沸腾，以为穷人翻身的日子已到，男儿吐气扬眉的机会来了，便毅然加入党部，参加民众运动，解除贫农高利贷债务，驱逐寺僧的作恶多端者，收其产办小学八个，数月之间，穷苦农民的子弟，也有免费入学的机会。不料那国民党不要民众，忽然清党，杀害青年，于是一般土豪劣绅又抬起头来，联合做报复工作，向县府及驻军呈控，指我为共产党首领，县府及驻军听到我是共党首领，便不问情由，下令捉拿，我被许多朋友催迫逃往上海，在一个中学教了半年书，又去广西南宁广西省立中学教书。当时有一个同事李文为，因共产嫌疑被捕下狱，经余多方营救，并以生命担保，幸得免于一死，后来才知李确是一个有资格的共产党。在广西时，因李宗仁、白崇禧、黄绍雄和蒋介石闹翻，连年用兵，教育经费发不出，教员无法生活。我在那里耽搁了两年多，便想法回锡，在无锡当了一年县立中学教员，又去江苏省立南京中学当教员。这个位置是乡前辈吴稚晖先生给我介绍的。教了三年书，因为校长一再更换，人事复杂，当时适有友人介绍我到国民党中央监察委员会当干事，说："只要办办公文，工作很简单。"于是，我便去吃了一年半以上的党饭。我的为人，无恒心而事业观念相当强，做一种工作，总感不觉兴趣，后来参加高考及格，分发到江苏省去当县长，在没有发表的时候，先在省府当几个月的视察，赣榆县长出缺，我便补上了。那时抗战已开始，赣榆地处海滨，敌人随时有登陆可能，所以人心极慌张。余一面训练保安队，维持地方治安，一面协助抗日工作，焦思苦心，好容易支撑了十一个月，幸得有人替代，到了武汉囊中空虚，一时找工作不到。正在忧虑，刚巧吴稚晖先生也到武汉，我便托他写了一封介绍书，到国立编译馆当编译，做了一年，便到昆明去当国立同济大学教授。当时学校迭经播迁，学生不甚安心学业，风气甚坏，感觉教书也没有味道。三十二年元旦，我在重庆被友人拉着去看张溥泉，一见他便要我去当党史史料编委会编辑处长，我说："我对党素未参加活动，对党史又毫无研究，恐怕不能胜任。"张说："不要紧，你可趁此机会，研究近代史。"我见他很诚恳，便答允了。那(哪)知党史会在深山穷谷里，一般工作人员也多是老丧其精的糊涂虫，大类与木石居、与鹿豕游的情形，同时感觉国民党自十六年以后的所为，与以前大相径庭，蒋介石投降帝国主义，勾结土豪劣绅，实行专制独裁，培养少数人的官僚资本，垄断一切，把孙中山的三民主义抛去层云外，一般党棍子，尖头锐面，都是些牛鬼蛇神，钩心斗角，贪污腐化，真不胜其怨愤。不过对共党亦了解不清，受了孙中山中国不适宜共产，及国民歪曲宣传，也不寄与任何希望，一方面料得国民党必走败亡的一路，一方又怕共产党，所以中心实为彷徨，颇想到峨眉山去做和尚。后来要我们到中央训练团受训，据说非去不可的，我当然不敢例外。参加了一套所谓军队化的生活，紧张高压，十足是法西斯的派头，真感受不了。不过以为时间只有三个星期，当它参加一次演剧而已。受训回去，对党越发厌恶，急急想脱离党的机关，便去请吴老先生另行介绍工作，说："党史会不能干下去了，干下去，令人理智模糊、灵魂削弱。"吴大笑。过十多天，吴先生果然来信，替我介绍到教育部去工作，名义是专门委员兼秘书。在教育部所做的事，是校阅文稿，成天没有休息，又是懊恼，同时感觉教育制度及一切教育设施都不合理。所谓教育，是成了少数人的专利品，尽管设了许多学校、图书馆、博物馆、出版机关，与大部分人民很少关系，同时摧残了广大青年，学风败坏到极点，知识与实际分裂，学术和生活脱节，处处呈露严重病态；而当局者还在醉生梦死，鼎鱼幕燕，不能觉悟。我人微言轻，自然说不到建议改革，同时也感觉似乎已到无法挽回的地部(步)。为了吃饭，又不能不延长下去，依违了两年多，终算得到摆脱机会。我的老师唐文治先生，叫我担任无锡国学专修学校教授兼校务主任。这是我五十年的真实历史。回想过去，大约可分三个阶段，第一是幼年孤苦养成我反抗命运、仇视恶势力的思想，第二是自毕业服务至抗战前，那时最富个人英雄主义，想学宋朝陈同甫所谓开拓万古心胸、推倒一时豪杰，第三是抗战到现在，从吃饭主义，演变到厌世观念，最近转到积极为人民大众服务上去。

私立无锡中国文学院毕业生历年成绩表

私立无锡中国文学院毕业生历年成绩表(1)

姓名　宋潜深　　　　本科文学系

第一学年 1947年2月至1948年1月 科目	上学期 学分	上学期 成绩	下学期 学分	下学期 成绩	第二学年 1948年2月至1949年1月 科目	上学期 学分	上学期 成绩	下学期 学分	下学期 成绩	第三学年 1949年2月至1950年1月 科目	上学期 学分	上学期 成绩	下学期 学分	下学期 成绩	第四学年 年 月至 年 月 科目	上学期 学分	上学期 成绩	下学期 学分	下学期 成绩	第五学年 年 月至 年 月 科目	上学期 学分	上学期 成绩	下学期 学分	下学期 成绩	总考成绩	毕业成绩	备考
古今文选	3	91	3	77	古今文选	3	72	3	93	文学批评	3	82															
各体文习作	2	83	2	73	各体文习作	2	76	2	93.5	西洋文学史	2	73.5															
文学专书选读	4	95.8	4	80	韵文选	2	83.2	2	83	中国文化史	3	72															
文学概论	3	81	3	88	目录学	2	74			哲学概论	3	78															
中国文学史	3	94.3	3	93	修辞学	2	60			新民主主义			3	83.5													
文字学	3	94.3	3	93	训诂学	2	60			历史唯物论			3	82													
韵文选	2	95.8	2	69.5	理则学	2	69	2	80	词曲研究			3	98													
史通	3	71			中国文学专书选	6	78.2	6	75.5	小说研究			3	77													
中国地理			2	80	中国文化史			2	81																		
					教育学			2	72																80	79.61	
					昭明文选			2	72	研究报告				80												79.33	
学业总平均		86.1		79.80			33.5		81.5			96.3		80													
习得学分	23		22			21		22			11		12														
学分累计			44			65		89			98		110														
	23		45			66		87			98																
								77			99		111														
附注					附注					附注					附注					附注							

注册组组员＿＿＿＿　　教务长＿＿＿＿　　院长＿＿＿＿

私立无锡中国文学院毕业生历年成绩表(2)

姓名 邓志恭　　　　本科文学系

第一学年					第二学年					第三学年					第四学年					第五学年					总考成绩	毕业成绩	备考
1947 年 2 月至 1948 年 1 月					年　月至　年　月					年　月至　年　月					年　月至　年　月					年　月至　年　月							
科目	上学期		下学期		科目	上学期		下学期		科目	上学期		下学期		科目	上学期		下学期		科目	上学期		下学期				
	学分	成绩	学分	成绩		学分	成绩	学分	成绩		学分	成绩	学分	成绩		学分	成绩	学分	成绩		学分	成绩	学分	成绩			
古今文选	3	78	3	73	古今文选	3	65	3	78.5																		
各体文习作	2	73	2	71	各体文习作	2	68	2	79	西洋文学史	2	77															
中国文学专书选	4	81.5	4	68	韵文选	2	83.2	2	78	文化史	3	60															
文学概论	3	75.5	3	72	目录学	2	76.5			中国文学专书选	3	80	2	78													
中国文学史	3	72	3	74.7	修辞学	2	80			哲学概论	3	77															
文字学	3	89	3	95.5	训诂学	2	79			新民主主义			3	76													
韵文选	2	91.8	2	64.5	理则学	2	67	2	84	历史唯物论			3	70													
史通	3	60			中国文学专书选	6	75.5	6	70	词曲研究			2	78													
中国地理			2	68	中国文化史			3	86	小说研究			3	72													
					教育学			2	63	戏剧研究			3	78													
					昭明文选			2	64	研究报告				80													
																										74.7	
																									80		
																										77.21	
学业总平均		36.53		33.3			74.23		25.3			73.5		75.3													
习得学分	23		22			21		22			11		16														
学分总计			44			65		87			98		114														
			45			66		85			99		115														
附注					附注					附注					附注					附注							

注册组组员________　　　　教务长________　　　　院长________

私立无锡中国文学院毕业生历年成绩表(3)

姓名 冯寿耆　　　　本科文学系

第一学年					第二学年					第三学年					第四学年					第五学年					总考成绩	毕业成绩	备考
1947年2月至1948年1月					年 月至 年 月					年 月至 年 月					年 月至 年 月					年 月至 年 月							
科目	上学期		下学期		科目	上学期		下学期		科目	上学期		下学期		科目	上学期		下学期		科目	上学期		下学期				
	学分	成绩	学分	成绩		学分	成绩	学分	成绩		学分	成绩	学分	成绩		学分	成绩	学分	成绩		学分	成绩	学分	成绩			
古今文选	3	80	3	72.3	古今文选	3	70	3	80	文学批评	3	68															
各体文习作	2	75	2	71.2	各体文习作	2	75	2	80	西洋文学史	2	66.5															
韵文选	2	78.8	2	70	韵文选	2	74.5	2	69	中国文化史	3	75															
中国文学专书选	4	84	4	60.5	目录学	2	64			哲学概论	3	68															
文学概论	3	76	3	60	修辞学	2	72			新民主主义			3	80													
中国文学史	3	61.5	3	72	训诂学	2	60			历史唯物论			3	85													
文字学	3	75.8	3	82.5	理则学	2	67	2	78	词曲研究			2	76													
中国史通	3	60			中国文学专书选	6	66.3	6	70	小说研究			3	78													
中国地理			2	75	中国文化史			3	78	戏剧研究			3	83													
					教育学			2	68	研究报告				75													
					昭明文选			2	70																		
																										74.5	
																									75		
																										75.09	
学业总平均		74		70.4			69.0		84			70		80													
实得学分	22		22			21		22			11		14														
学分总计			44			65		84			98		112														
	23		45			66		88			99		113														
附注					附注					附注					附注					附注							

注册组组员________　　　　教务长________　　　　院长________

私立无锡中国文学院毕业生历年成绩表(4)

姓名 谢乐文　　　　本科文学系

第一学年					第二学年					第三学年					第四学年					第五学年					总考成绩	毕业成绩	备考
1946年9月至1948年1月					1948年2月至1949年1月					1949年2月至1950年1月					年 月至 年 月					年 月至 年 月							
科目	上学期		下学期		科目	上学期		下学期		科目	上学期		下学期		科目	上学期		下学期		科目	上学期		下学期				
	学分	成绩	学分	成绩		学分	成绩	学分	成绩		学分	成绩	学分	成绩		学分	成绩	学分	成绩		学分	成绩	学分	成绩			
古今文选	3	72	3	77.5	古今文选	3	71.5	3	60	中国文化史	3	70															
各体文习作	2	68	2	66	各体文习作	2	73	2	60	西洋文学史	2	70															
韵文选	2	67.5	2	61.5	韵文选	2	71	2	78	哲学概论	3	74															
中国文学专书选	4	68.5	4	64	目录学	2	67			文学专书选修	4	68															
文学概论	3	61	3	70	修辞学	2	68			新民主主义			3	72.5													
中国文学史	3	60.5	3	60.5	训诂学	2	65			历史唯物论			3	75													
文字学	3	60	3	78.2	理则学	2	62.5	2	82	小说研究			3	78													
中国史通	3	60			中国文学专书选	6	61	6	80	戏剧研究			3	75													
中国地理			2	63	中国文化史			3	70	研究报告				70													
					教育学			2	65																		
					昭明文选			2	60																		
																										70	
																									70		
																										69.34	
学业总平均																											
习得学分	23		22			21		22			12		12														
学分总计			44			65		87			99		111														
			45			66		88			100		112														
附注　该生在1946年第一学期留级					附注					附注					附注					附注							

注册组组员________　　　　教务长________　　　　院长________

私立无锡中国文学院毕业生历年成绩表(5)

姓名 林群婵　　　　本科文学系

第一学年					第二学年					第三学年					第四学年					第五学年					总考成绩	毕业成绩	备考
年 月至 年 月					年 月至 年 月					年 月至 年 月					年 月至 年 月					年 月至 年 月							
科目	上学期		下学期		科目	上学期		下学期		科目	上学期		下学期		科目	上学期		下学期		科目	上学期		下学期				
	学分	成绩	学分	成绩		学分	成绩	学分	成绩		学分	成绩	学分	成绩		学分	成绩	学分	成绩		学分	成绩	学分	成绩			
古今文选	3	84	3	86	古今文选	3	82	3	83	文学批评	3	75															
各体文习作	2	84	2	86	各体文习作	2	82	2	83	中国文学史	3	82															
韵文选	2	84	2	84	世界通史	2	90	2	90	中国中古史	3	80															
中国文学专书	4	90.5	4	98	中国地域地理	3	91	2	82	自然地理	2	80															
文学概论	3	93	3	97	小说研究	3	90			中国史学专书选	3	92.5															
文字学	3	81	3	98	目录学	2	93			中国文学专书选	4	93															
中国通史	3	84	3	99	中国文化史			3	80	国文教学法	2	85															
中国地理	2	68	2	94	史学通论			3	80	英文			3	93													
					中国文学史			3	90	新民主主义			3	80													
					中国思想			3	91	俄文			3	88.8													
					明史	3	79	3	80	研究报告				80												86.1	
					中国史学选读	3	79																		80		
					诗经	4	84																			82.9	
学业总平均		84		90		22	80.3		89			81		82													
习得学分	22		22					24			20		9														
学分总计			42			60		84			104		113														
			44			66		90			110		119														
附注					附注					附注　该生在1949年第一学期由沪分校转入					附注					附注							

注册组组员________　　　　教务长________　　　　院长________

私立无锡中国文学院毕业生历年成绩表(6)

姓名 冯俊森　　　　　　科　　系

第一学年 1945年2月至1946年1月					第二学年 1946年2月至1947年1月					第三学年 1943年2月至1948年1月					第四学年 1948年2月至1949年1月					第五学年 1949年2月至1950年1月					总考成绩	毕业成绩	备考
科目	上学期 学分	上学期 成绩	下学期 学分	下学期 成绩	科目	上学期 学分	上学期 成绩	下学期 学分	下学期 成绩	科目	上学期 学分	上学期 成绩	下学期 学分	下学期 成绩	科目	上学期 学分	上学期 成绩	下学期 学分	下学期 成绩	科目	上学期 学分	上学期 成绩	下学期 学分	下学期 成绩			
古今文选	3	60	3	60	古今文选	3	80	3	91.2	古今文选	3	94.5	3	69	修辞学	2	75			中国文化史	3	78			70	71.86 70.96	该生系前五年制转入
各体文习作	2	70	2	65.3	各体文习作	2	80	2	84	各体文习作	2	60	2	69	文学专选读	6	63.8	6	60	西洋文学史	2	76					
国学常识	2	65	2	95	韵文选	2	92.3	2	80.2	自然科学	2	65	2	82	世界史	2	78			文学批评	3	78					
中国通史	3	73.5	3	60	文学概论	2	65	2	92.5	韵文选	2	60	2	73.5	中国文化史			3	75	文学专书选读	6	84	2	78			
本国地理	2	66	2	92.5	世界地理	2	72			目录学	2	75			昭明文选			2	72	墨子研究	3	69.5					
民族文学	2	67.5			中国文学史	3	63.5	3	95	伦理学	3	74	3	80	文学批评			2	60	新民主主义			3	97.5			
社会科学	3	75	2	90	文字学	3	77.3	3	70.5	世界史			2	84	教育学			2	68	历史唯物论			3	75			
应用文			2	60	文学专书选读	4	88.5	4	94.5	传叙文学			2	73	哲学概论	3	80			词曲研究			2	78			
					选择名著			2	62.5	词曲研究			2	66						小说研究			3	76			
																				戏剧研究			3	83			
																				研究报告			/	70			
学业总平均																											
习得学分	17		16			21		21			14		15			13		16			17		16				
学分累计			33			54		75			89		104			113		133			150		166				
附注					附注					附注					附注					附注							

注册组组员＿＿＿＿　　　　教务长＿＿＿＿　　　　院长＿＿＿＿

私立无锡中国文学院毕业生历年成绩表(7)

姓名 吴学舜　　　　　　　　科　　系

第一学年					第二学年					第三学年					第四学年					第五学年					总考成绩	毕业成绩	补考
年 月至 年 月					年 月至 年 月					年 月至 年 月					年 月至 年 月					年 月至 年 月							
科目	上学期		下学期		科目	上学期		下学期		科目	上学期		下学期		科目	上学期		下学期		科目	上学期		下学期				
	学分	成绩	学分	成绩		学分	成绩	学分	成绩		学分	成绩	学分	成绩		学分	成绩	学分	成绩		学分	成绩	学分	成绩			
古今文选	3	60	3	83.3	古今文选	3	72.5	3	66	古今文选	3	62.8	3	62	修辞学	2	61	/	/	中国文化史	3	64	/	/	75	70.19 71.9	该生系前中国制学院交崇系一九四九年第一学期毕业生
各体文习作	2	70	2	63.3	各体文习作	2	65	2	60.2	各体文习作	3	62	2	60	文学专书选读	6	63.5	/	/	西洋文学史	2	66.5	/	/			
国学常识	2	79	2	77.5	韵文选	2	64	2	71.3	自然科学	2	70	2	76	世界史	2	76	/	/	文学专书选读	6	74	2	74			
中国通史	3	70	3	60.3	文学概论	2	60	2	74	韵文选	2	88.9			中国文化史	/	/	3	78	墨子研究	3	70	/	/			
中国地理	2	76	2	90	世界地理	2	61	/	/	目录学	2	72.5	/	/	昭明文选	/	/	2	60	新民主主义	/	/	3	81.5			
民族文学	2	69	/	/	中国文学史	3	65.3	3	74.5	伦理学	3	62	3	75						历史唯物论	/	/	3	60			
社会科学	3	73	3	65	文字学	3	65	3	69	世界史			2	66	教育学	/	/	2	62.5	小说研究	/	/	3	76.5			
应用文			2	62	文学专书选读	4	79.8			传叙文学			2	69	哲学概论	3	73	/	/	戏剧研究	/	/	3	75			
					选译名著	/	/	2	68.5	词曲研究			2	70	音韵学	/	/	2	60	研究报告	/	/		35			
学业总平均																	68.4		65			68.6		73.4			
习得学分	17		16			21		21			14		18			13		9			14		14				
学分累计			33			54		75			89		107			120		129			143		153				
附注					附注					附注					附注					附注							

注册组组员＿＿＿＿＿　　教务长＿＿＿＿＿　　院长＿＿＿＿＿

私立无锡中国文学院毕业生历年成绩表(8)

姓名 吴家厚　　　　本科文学系

第一学年					第二学年					第三学年					第四学年					第五学年					总考成绩	毕业成绩	备考
年　月至　年　月					年　月至　年　月					年　月至　年　月					年　月至　年　月					年　月至　年　月							
科目	上学期		下学期		科目	上学期		下学期		科目	上学期		下学期		科目	上学期		下学期		科目	上学期		下学期				
	学分	成绩	学分	成绩		学分	成绩	学分	成绩		学分	成绩	学分	成绩		学分	成绩	学分	成绩		学分	成绩	学分	成绩			
古今文选	3	75	3	81	古今文选	3	70	3	89	古今文选	3	71.5	3	64.7	修辞学	2	62			中国文化史	3	75			80	72.45 75.95	该生系前五年制转入
各体文习作	2	70.2	2	69	各体文习作	2	74	2	67.9	各体文习作	2	70	2	80	文学专书选读	6	66	6	75	西洋文学史	2	71.5					
国学常识	2	68	2	60	文学概论	2	66	2	80	自然科学	2	65	2	82	应用文	2	74			文学批评	3	95					
中国通史	3	88	3	79	世界地理	2	65	2	65	韵文选	2	83.8	2	82	中国文化史			3	73	文学专书选读	6	84	2	86			
本国地理	2	90	2	69	中国文学史	3	68	3	62.3	目录学	2	67.5			昭明文选			2	65	墨子研究	3	65					
民族文学	2	65	2	80	韵文选	2	84	2	65	伦理学	3	63.5	3	69.5	文学批评			3	75	新民主主义			3	77.5			
社会科学	3	72	2	72	文字学	3	80			世界史			2	68	教育学			2	68.5	历史唯物论			3	80			
碑帖学	1	60			选译名著			2	62.5	传叙文学			2	91	音韵学			2	68	小说研究			3	79.5			
					文学专书选读	4	66.5	4	65	词曲研究			2	69	哲学概论	3	70			戏剧研究			3	87			
																				研究报告				80			
学业分总平均		71		71.4			71.7		70			70.9		74.8			68		70.9			74		82			
实得学分	18		16			21		20			14		18			15		18			17		14				
学分累计			34			55		75			89		107			122		140			166		171				
附注					附注					附注					附注					附注							

注册组组员________　　教务长________　　院长________

中国文学院私立无锡国学专修学校一九四九年度第一学期毕业生名册

姓名	性别	年龄	籍贯	院（或科）系	入学年月	入学资格核准年月及指令号数	毕业年月	毕业总成绩	毕业证书号数	备注
王翌群	男	22	江苏泰县	本科文学系	1947.2	同等学历	1950.1	87.89		该生系前三年制国学专修科转入
宋潜深	男	25	江苏武进	本科文学系	1947.2	无锡私立达德中学高二肄业（同等学历）	1950.1	79.61		同右（上）
邓志恭	男	24	江苏无锡	本科文学系	1947.2	无锡私立正风中学高中毕业	1950.1	74.7		同右（上）
冯寿耆	男	24	江苏武进	本科文学系	1947.2	四川涪陵中学高中毕业	1950.1	74.5		同右（上）
谢乐文	男	26	江苏无锡	本科文学系	1946.9	无锡县立中学高中毕业	1950.1	70		同右（上）
林群婵	女	23	广东新会	本科文学系	1947.2	上海私立斯盛中学毕业	1950.1	86.1		该生系上海分校前三年制国学专修科转入
冯俊森	男	21	江苏无锡	本科文学系	1946.2	无锡私立念劬中学高二肄业	1950.1	71.86		该生系前五年制国学专修科转入
吴学舜	女	24	江苏无锡	本科文学系	1946.2	无锡私立正风中学高二肄业	1950.1	70.19		同右（上）
吴家厚	男	25	广西北流	本科文学系	1945.4	北流县立中学毕业	1950.1	72.45		同右（上）

现任校董题名

姓别	别字	籍　贯	略
李济深	任潮	广西苍梧	现任国民政府军事参议院院长、“本校董事长”
刘侯武		广西潮阳	现任监察院广东广西监察区监察使
黄绍竑	季宽	广东容县	现任浙江省政府主席
黄钟岳	子敬	广西临桂	前广西省政府委员财政厅长，现任广西银行行长
盘珠祁	斗寅	广西容县	前广西省政府委员教育厅长、广西大学副校长，现任广西省政府高等顾问
李任仁	重毅	广西临桂	前广西政府委员教育厅长，现任广西省参议会议长
梁漱溟		广西桂林	前参政员
雷沛鸿	宾南	广西邕宁	前广西省政府委员教育厅长，现任广西教育研究所所长
徐启明	友村	广西榴江	前广西省绥靖主任公署参议长，现任第一战区第四军军长
黎民任		广西苍梧	前广西省政府社会处长
黄　维	星垣	广西北流	现任广西省合作金库总经理
蒋庭曜	石渠	江苏武进	现任本校教授兼总务主任
钱基博	子泉	江苏无锡	现任国立蓝田师范学院教授
傅焕光	志章	江苏太仓	现任国民政府农林部技正
冯　振	振心	广西北流	现任本校教务主任代理校长

现任教职员题名

姓　名	性别	年龄	籍贯	职别	学　历	经　历
唐文治	男	80	江苏太仓	校　长		前南洋大学校长
冯　振	男	48	广西北流	教务主任兼代理校长	上海南洋大学肄业	上海暨南、交通、大夏各大学讲师
向培良	男	40	湖南黔阳	教授兼训导主任	北京世界语专门学校毕业	私立大夏大学讲师、上海美专教授、国立戏剧专科学校研究实验部主任、教育部社会教育督导员
蒋庭曜	男	47	江苏武进	教练兼总务主任	本校第一届毕业	曾任国立交通大学讲师、教育部青年读物编辑
梁漱溟	男	52	桂林	特别讲座		
徐　焕	男	63	广东番禺	兼任教授	京师大学堂毕业	曾任大理院推事、国立中山大学法律系主任、国立广西大学法律系主任
卜绍周	勇	42	湖南益阳	兼任教授	前北京法政大学毕业、司法储才馆毕业	国立北平师范大学讲师、北平民国学院教授,《北京报》《华北日报》《武汉日报》《天津民国日报》主笔、总编辑等职
阎宗临	男	39	山西五台	兼任教授	瑞士伏利堡大学文学硕士与博士	广西大学及桂林师范学院教授
吕逸卿	男	39	广东	兼任教授	国立中山大学学士、菲律滨中央气象台研究员、越南东法远东学院研究员	国立中山大学教授、国立广西大学教授
陈竺同	男	49	浙江永嘉	兼任教授	南京支那内学院及日本东京帝大研究院研究员	曾任复旦大学、中国公学、中山大学、远东文理学院、广西经专、桂林师范学院、上海正风文学院文史教授及主任
吴世昌	男	37	浙江海宁	兼任教授	燕京大学文学士、文学硕士	国立北平研究院编辑、国立合联西北大学、西北师范学院讲师、国立中山大学、国立师范学院教授
黄景柏	男	39	江苏靖江	兼任教授	法官训练所毕业	曾任苏晋齐地方法院推检、广西省政府秘参议编译委员、师会当务委员译书室主任等职

续表

姓　名	性别	年龄	籍贯	职别	学　　历	经　　历
陈千钧	男	41	广西北流	副教授兼图书馆主任	本校第三届毕业	曾任桂沪公私高初中教员十年、广西省立交通专门学校教授、《上海学术世界》编辑、《南宁民国日报》总编辑、《南宁新闻报》社长
王　震	男	50	江苏武进	副教授	本校毕业	延陵中学校长
陈　实	男	49	广西北流	会　计	本校毕业	曾任郁林中学及容县中学校教员
蒋庭荣	男	35	江苏武进	讲师兼文书组主任	本校第五届毕业、广州学海医院研究生、湖南省地方行政干部学校县政府督导班毕业	常州正衡中学、徐州沂昕中学、广西集中军事训练总队、湖南宁高中国文教员
欧阳革辛	男	32	广西平南	讲　师	本校毕业	曾任平南县立中学教师导师、广西省政府科员等职
周名煇	男	31	湖南茶陵	讲　师	中和国学专科学校毕业	湖南省立第二中学高级师范国文教员
何　觉	男	35	广东顺德	兼任讲师	国立中山大学毕业●学士研究所研究生	国立中山大学讲师、广西省立医学院讲师、广西教育研究所编纂、《广东丛书》编委会顾问
黄照熹	男	36	广西桂林	兼任讲师	上海正风文学院学士	广西省立桂林中学高中教员
梁佩云	女	32	山西清源	专任讲师兼女生导	瑞士伏利堡省立保姆学院卒业	北平香山幼稚师范教师
黄廷柱	男	28	广东新会	讲师兼生活指导组主任	广东省立●勤大学教育学院毕业	大夏大学附中省立琼崖中学粤秀中学训导主任教官
饶宗颐	男	31	广东潮安	讲　师	中山大学研究员	曾任国立中山大学广东通志馆专任修纂、中央海外部海外教授、商务印书馆特约编辑、广东省立金山中学高中国文教员兼导师
卢绍储	男	31	广西邕宁	注册组主任	中央军校第六分校毕业、本校毕业	曾任陆军见习官排长、连长及无锡国专庶务主任等职
蔡德存	男	32	江西新建	庶务组主任	本校毕业	安徽歙县税务局税捐课长、广西省昭平县立国民中学教员
周　直	男	33	广西临桂	少校教官	中央军校第六分校六期步科毕业	曾充队长大队附教官等职
刘　励	男	36	湖南湘阴	军训助教	中央军校第六分校步科十二期毕业	曾充任排连长、督练官、营附、附员等职
罗建靖	男	26	江西大庾	军训助教	中央陆军军官学校第十五期步科毕业	曾任排长、连长、队附、队长等职

续表

姓　名	性别	年龄	籍贯	职别	学　　历	经　　历
陈典韶	男	46	广西北流	教务员	旧制北流中学毕业	北流县区教育委员、大夏大学附中教务员
陈奇翂	男	21	广西北流	出　纳	广西大学附设计政训练班桂林分班肄业	曾任北流县《建国日报》管理员
陈萃媛	女	29	广西容县	图书馆管理员	上海立信会计学校毕业	曾任容县杨梅中心校教员
黎　汝	男	33	广东顺德	书记	广州私立立德中学毕业	曾任陆军第十三军无线电第十三站电务员
许鼎三	男	30	广东儋县	庶务员	儋县师范学校毕业	曾任县立小学校长三年、中学教务员二年

本届毕业同学录（三年制第二十三届）

姓名	别号	性别	年龄	籍 贯	通 讯
李汉龙	智民	男	24	广西北流	北流清湾邮政转和介中和
徐占馨		男	27	江西丰城	江西丰城大街晋升恒号转
陈汝周	沧海	男	27	广西平南	广西大安登明墟恒泰号
秦重仁		男	22	广西永福	永福县堡里乡拉木村
梁庚影	德銮	男	27	广西兴业	广西兴业县街祥兴转泉村
张公衎		男	21	浙江慈溪	浙江慈溪洪塘宅前张
廖泽深		男	29	广西荔蒲	荔蒲山中街黄顺舆转
潘岳龄		男	28	广西荔蒲	荔蒲城内街崇福堂
卢烘兴		男	27	广西邕宁	邕宁那龙

无锡国专三三年毕业纪念册

五年制第一届

姓名	别号	性别	年龄	籍 贯	通 讯
何抱生		男	25	广西容县	容县大井巷何多福堂
吕汉翱	行一	男	25	广西陆川	陆川米场万兴转
林起文		男	26	广西陆川	陆川沙坡墟邮箱转
林清霜	柏荣	男	25	广东信宜	信宜旺榄根邮箱转
封尚礼	安治	男	23	广西容县	容县灵山邮局转封寿元堂
陈二百	百二	男	25	广西北流	北流民乐萝村陈尚德堂
陈起翔	子默	男	23	广西北流	北流民乐邮政代办所转
陈业芳		男	24	广西陆川	陆川大桥善济号转
唐典昭	思渊	男	27	广西郁林	郁林福绵邮局转
容懋深	朝烈	男	25	广东东莞	东莞城外旨亭街口精华印刷局转
黄林芳		女	25	广西容县	容县西街华盛转
冯集芙		女	25	广西北流	北流山围沙梨园
冯静娟		女	25	广西北流	北流山围邮局转止园
覃宝峰	葆丰	男	25	广西柳江	柳州兴仁路三十四号●顺转
蒙启信		男	25	广西宾阳	宾阳芦墟镇公所
叶正华		男	24	广西平乐	桂林市东巷十二号
叶肇芳		女	25	广西容县	容县西街华盛转
黎国基		男	24	广东信宜	信宜金桐墟邮代所转南屯
钟薇坤		女	25	广西扶南	扶南长沙村
罗豫燊		男	24	广西北流	北流隆盛德泰转坡积
欧阳天权		男	26	广西平南	平南大旺墟邮箱转

二年制文书专修科第一届

姓名	别号	性别	年龄	籍　贯	通　讯　处
卜贞元	笑风	男	22	湖南安乡	湖南安乡羌口邮交
江　滨	文武	男	24	广西藤县	广西藤县太平邮局转大黎乡中和堂
唐　皇	学文	男	28	湖南醴陵	粤汉铁路禄口征楚桥新屋里
高培柏	秀冬	男	31	广西岑溪	广西岑溪城内万兴隆村
唐智义	致一	男	26	湖南零陵	湖南零陵邮亭墟邮交
陈宪章	羡江	男	23	广西恭城	广西恭城栗木承合荣号内
梁支寰	荣龙	男	27	广西岑溪	广西岑溪水汶梁茂和转石塘
张启恭	伯亚	男	23	湖南慈利	湖南慈利象耳砑
劳功甫	原名振勋	男	26	广东灵山	广东灵山县茅针墟邮政代办所转
黄代成	国柱	男	30	广西郁林	广西郁林黄街文馆收转
黄汝纲	陆遥	男	24	广西岑溪	广西岑溪马岭山心联安号转
贾竹修	辅民	男	23	湖南益阳	湖南益阳十五里塘下田黄甲潭
廖世祥	健锋	男	30	广西北流	广西北流平政墟普安堂号转

在校同学录(三年制二年级)

姓名	性别	年龄	籍贯	通讯
丘大森	男	20	湖南江华	湖南江华吴家巷丘宅
吴椒树	男	24	广西宾阳	广西上林万嘉墟民生药房
周启光	男	22	广西兴安	广西兴安大榕江拱辰街七号转
周冰	男	20	广西柳江	柳江谷埠下街二十号
周昌仁	男	26	广西恭城	恭城栗木周盛丰
郭湘	男	21	湖南湘潭	湘潭古塘桥大中亭转菱角塘
张中文	男	24	湖南醴陵	醴陵南门德盛漂坊
曾长卿	男	24	湖南邵阳	邵阳青树坪双江桥
杨向实	男	27	广西资源	资源浔源乡
潘以义	男	26	广西平南	平南大安金堆街转社塘村
潘湛甜	男	26	广东南海	广州光复北路桃源上街三十一号转
邓式山	男	24	湖南湘潭	湘潭株州文章书局
刘经邦	男	26	安徽涡阳	涡阳曹市集邮局
储毅	男	27	湖南茶陵	茶陵似我轩照像馆转

三年制一年级

姓　名	性别	年龄	籍　贯	通　讯
甘京林	男	25	广西桂平	桂平大洋邮政转
吕杰仁	男	25	广西陆川	陆川南街德记转
李锦光	男	21	广西北流	北流四里新墟义兴
徐祖椿	男	22	广西容县	容县长河邮代所
韦绍仪	男	24	广东合浦	合浦乐民公所转或寨墟张裕珍转莫村
马焕章	男	21	广西隆安	隆安城外新街和丰祥转
陆金熙	男	26	广东信宜	信宜东镇建昌转
黄世信	男	29	广西郁林	郁林新桥墟邮政代办转金鸡乡
叶大勋	男	26	广东信宜	信宜东镇安莪墟邮代所转万料村
漆同汝	男	24	广西百寿	百寿漆泰丰惠记转石盆
谢　彰	男	25	广西陆川	陆川沙湖圩和生号
萧　珉	男	20	湖南祁阳	祁阳上黄甫

在校同学录(五年制四年级)

姓　名	性别	年龄	籍　贯	通　讯
伍纶瀚	男	25	广西北流	北流陆靖墟兴发祥转
吴　琼	男	25	广西北流	北流新丰墟济生堂转
李任瑞	男	23	广西北流	北流实墟华隆转
李伯龄	男	27	广西北流	北流实墟华隆转
李春树	男	24	广西北流	北流清湾墟邮箱转和界
李桂秋	女	25	广西苍梧	梧州博爱路三十五号
李应平	男	24	广西北流	北流陆靖墟第六甲五十三号
李应雷	男	24	广西北流	北流陆靖墟第六甲五十三号转汉田
吕阳材	男	23	广西陆川	陆川米场时兮转
林垂英	男	24	广西陆川	陆川沙坡墟邮箱转
邱家福	男	22	广西昭平	昭平镇南乡邱隆记
袁家华	男	24	广西北流	北流四里新墟泉泰转
陈孙兴	男	25	广西陆川	陆川大桥墟善济堂转
陈道尧	男	25	广西陆川	陆川沙坡墟邮箱转
梁书诒	男	25	广西北流	北流六麻墟邮箱转
区乃忠	男	24	广西平南	平南水晏邮箱转
黄柱谟	男	24	广西郁林	兴业山心墟广福堂转新村
黄海琨	男	24	广西北流	北流民乐裕源庄转
黄逊源	男	25	广西邕宁	
黄跃德	男	22	广西博白	陆川车田墟邮政代办所转众文地
覃恒福	男	24	广西陆川	陆川马墟源发
赵慎祥	男	24	广西郁林	郁林福绵祥记转
廖世祺	男	22	广西北流	北流平政普安堂转
刘久飞	男	23	广西北流	北流民乐隆寿栈转
刘开基	男	24	广西陆川	北流平乐万福堂转
邓上达	男	24	广西平南	平南丹竹华丰转全村
黎德雄	男	24	广西陆川	北流塘岸萃兴仓
黎耀光	男	23	广西北流	北流城大兴街万德转
谢祺椿	男	25	广西平南	平南大安富藏转
罗人琨	男	23	广西陆川	陆川乌石广济堂
庞先传	男	24	广西郁林	郁林樟木南濒转

五年制三年级

姓　名	性别	年龄	籍　贯	通　讯　处
王名孚	男	20	广西陆川	陆川马坡瑞昌转
王盛生	男	22	广西全州	全县石圩邮代转
王锦祥	男	22	广西郁林	贵县桥圩沙塘邮代转
江宗禄	男	22	广西陆川	陆川石角圩东记●天一庄转
伍晖祥	男	24	广西北流	北流陆靖圩鸿兴转那鞋
吕午炎	男	22	广西陆川	陆川大桥又昌转
宋记勋	男	20	广西临桂	临桂大圩镇三益堂药房
吴焕祥	男	20	广西藤县	藤县太平圩吴四兴堂
李家贵	男	22	广西北流	北流四里新圩灵之堂
何维敏	男	19	广西荔浦	荔浦花实圩复兴泰转
林欣平	男	22	广西北流	北流六麻圩茂生堂转
林显晃	男	23	广西陆川	陆川米场美彰转
马丕俊	男	20	广西平南	天安平山代办所转
唐皓选	男	21	广西全县	全县小南门颜至泰转
陈尚琰	男	22	广西平南	容县平山转
陈维康	女	20	广西北流	北流新圩广安转
陈创兹	男	23	广西郁林	郁林船埠邮政局转雷古村
陈学成	男	24	广西陆川	陆山大桥同益转
张连昌	男	21	广西蒙山	蒙山社莫黄森记转
黄夫盛	男	23	广东廉江	陆川石角目号转
黄永新	男	22	广西蒙山	蒙山中山街黄奇关号转
黄　俊	男	19	广西兴安	兴安高尚田广生泰号转
黄　伟	男	22	广西蒙山	蒙山县前街黎积德堂转
黄春雷	男	23	广西博白	陆川车田怡和堂转
黄焕宣	男	21	广西百色	田阳那坡下新街四四号韦福昌或田阳那坡黄利●转
黄福杏	男	19	广西陆川	陆川马坡福栈
覃业德	男	28	广西平南	大安宁山泗和转
黎月宾	男	25	广西桂平	桂平罗秀转新安
潘克昭	男	20	广西荔浦	荔浦南门街黄顺昌号转
潘汝滨	男	21	广西绥渌	绥渌东门邮所转那江街
郑维瀚	男	20	广西平南	平南三甲街东瑞昌转

续表

姓　名	性别	年龄	籍　贯	通　讯　处
刘斐然	男	23	广西灵川	灵川县灵田乡灵田街
刘继霭	男	20	广西容县	容县沙田邮局转
钟世权	男	19	广西荔浦	荔浦中山路健生西药房
钟盛童	男	20	广西北流	北流新丰合兴隆
谢松茂	男	20	广西崇善	崇善新庆街
谢福英	男	22	广西北流	北流白马墟协和转
谭可贵	男	22	广西蒙山	蒙山杜莫圩●时利号转
庞永祥	男	22	广西陆川	陆川马坡同渊
庞　斌	男	20	广西兴业	兴业联聚号
顾柏英	女	20	广西北流	平政圩鸿兴转
顾振渭	男	22	广西北流	北流陆靖圩寓福转
龚立言	男	19	广西兴安	兴安大溶江司门前邮局转六山同高田村 桂林市乐群路四合街三六号曼庐

五年制二年级

姓　名	性别	年龄	籍　贯	通　讯　处
石汝勋	男	20	广西融县	柳州大良袁生记号转
吕寿昌	男	23	广西陆川	陆川吕氏三族祠转
李隆枝	男	21	广西荔浦	修仁建中街李全兴转
韦日高	男	23	广西柳江	柳江成团邮局转
陈伟全	男	21	广西藤县	藤县赤水天泰栈转
陈国定	男	21	广西宾阳	宾阳黎塘恒记号交
陈霞德	男	19	广西宾阳	宾阳芦圩同德菸厂转
唐树人	男	20	广西宾阳	宾阳马王乡公所转
陆广田	男	20	广西贵县	贵县龙山顺兴昌内
张元行	男	21	广东信宜	信宜怀乡三如号转
张名威	男	20	广西平南	平南大安镇西街德记转
凌超荣	男	21	广西蒙山	蒙山向明街三合昌转
莫道隆	男	19	广西信都	信都铺门墟和昌店转
莫让富	男	20	广西荔蒲	荔浦中山湾保元堂转
曾宪柏	男	21	广西岑溪	岑溪水汶宜关号转
覃必达	男	21	广西容县	容县新北街万馨号转
覃汉雄	男	22	广西迁江	迁江三塞乡公所转
黄瑞熙	男	21	广西桂平	桂平江口成章号内
项锡福	男	21	广西博白	陆川良田转宁潭
黄梓魁	男	21	广西博白	博白车田邮局转
叶大笙	男	21	广东信宜	信宜怀乡永康号转
杨颐勤	男	20	广西岑溪	岑溪水汶三昌号转
杨挺昌	男	23	广西容县	容县油麻邮局转
杨振斌	男	21	广西临桂	桂林六塘李仁泰堂转
蒙国旺	男	18	广西岑溪	岑溪水汶蒙顺记号转
邓　汉	男	20	广西全县	全县东门街德●祥转
刘选怡	男	20	广东汕头	
刘善巡	男	20	广西桂林	桂林正阳路东辕巷二号
刘贝藩	男	21	广西北流	北流六靖伟安号转

续表

姓　名	性别	年龄	籍　贯	通　讯　处
卢铁山	男	20	广西容县	容县新北街汉源号
龙沛霖	男	19	广西融县	融县护城街莫宝兴转
谢公权	男	21	广西同正	同正康山乡中山乡二十四号
萧德浩	男	21	广西蒙山	蒙山长寿街启蒙书店转
庞祖宏	男	20	广西博白	博白水鸣信箱转

五年制一年级

姓　名	性别	年龄	籍　贯	通　讯　处
玉达世	男	21	广西邕宁	邕宁八尺区刘圩同春堂转养正村
伍锡钰	男	18	广西北流	北流六靖兴发祥转
伍启芝	男	18	广西北流	同　上
池纯才	男	22	广西北流	北流六端万福转
李立德	男	23	广西北流	北流西山墟邮柜转金水桥
李经晋	男	18	广东化县	良光乡乡公所或笪桥圩邮寄代办所转瑶埇村
李　汉	男	20	广西邕宁	邕宁谭洛区富庶乡公所转大村
李美材	男	27	广西贵县	贵县木格源珍宝号转黄官村
李绍莲	男	20	广西宾阳	宾阳号内太和街朱光鲁堂转
李树义	男	22	广东信宜	广东信宜安莪新中亚转
吴光国	男	19	广东信宜	信宜硃砂白石昌永栈转
吴朝学	男	19	广西扶南	扶南县渠黎邮所转
吴韶华	男	19	广西上林	上林白林邮柜转吴义隆本号收转新盛庄
何瑞礼	女	17	广西北流	北流陆靖圩怡源转
吕漪娜	女	17	广东鹤山	本　校
周纲复	男	18	湖南安仁	湖南安仁南正湾一二号
林传方	男	26	广东信宜	信宜池洞邮局转
凌　武	男	19	广西平南	平南大安富藏邮柜转
凌云吉	男	21	广西邕宁	邕宁三官区部陈墟李广珍宝号转那悌村
韦肇东	男	21	广西迁江	迁江县西门街长发祥号
韦子萌	男	18	广西宾阳	宾阳县黎塘墟迎记宝转
梁家光	男	24	广东信宜	信宜城内昌兴转
梁肇灵	男	21	广西隆安	隆安县宁墟邮政代办所转
梁泮祥	男	18	广西北流	北流六靖信孚转河浪广生
陈德文	男	17	广西平南	大安华盛号转马山村
陈宗实	男	20	湖南祁阳	湘桂路白地市转老白地团先院
陈德忠	男	22	广西博白	桂林西钱路四十八号
张家从	男	19	广西容县	容县松山邮局纯黎垌
张凌汉	男	20	湖宁祁阳	湖南祁阳把关口三沟交
张世禄	男	18	广西宾阳	宾阳大仙圩信发转龙村
莫显昌	男	20	广西博白	桂林芙蓉路三十一号

续表

姓　名	性别	年龄	籍　贯	通　讯　处
黄登明	男	19	广西横县	横县陶圩荣昌
黄锦秀	男	20	广西上林	上林大丰绸兄堂号
黄益隆	男	18	广西宾阳	宾阳大仙圩信发号轻夷黄村
黄褫武	男	19	广西宾阳	宾阳新桥黄滨寿号
覃朝文	男	21	广西平南	平南大安六陈邮转周隆村
覃建德	男	19	广西平南	大安六陈乡代邮转安乐村
黄维胜	男	19	广西博白	陆川车田崇兴庄转旺村坡
杨厚业	男	19	广西同正	同正县城外东阎街七十二号
邹子松	男	18	湖南祁阳	双江口转高车头周华堂家
廖祥麒	男	22	广西岑溪	岑溪归义斯墟进●祥
赵志伟	男	17	广西兴安	兴安畦善下街十三号
蔡安汉	男	20	江西新建	桂林市中南路裕珍宝号
剧仕俊	男	18	广西北流	北流陆靖墟恒安转北河村
潘崇杨	男	18	广西邕宁	广东钦县长滩墟潘裕定转六关村
邓基元	男	19	广西邕宁	邕宁潭洛邮政代办所
蒋盛峰	男	18	广西兴安	兴安高上田峰和祥转
卢国琳	男	23	广西邕宁	邕宁谭洛邮政代办所
卢以友	男	18	广西宾阳	宾阳黎塘墟俌发号转爱桥黄兴转
卢绵开	男	20	广西容县	容县灵山墟邮局转
卢玉玑	男	18	广西上林	上林县巷贤墟邮局转
谢肇文	男	18	广西宾阳	宾阳黎塘墟信发号转双桥乡黄兴村
蓝善瑚	男	19	广西博白	博白宁潭昌宝号转新河村
蓝国鹍	男	19	广西岑溪	岑溪南渡正才庆转
苏乃馨	男	20	广西容县	容县杨墟永生堂转

唐校长为国专学生自治会季刊题辞

唐文治

人生所以求学者,德行与事业而已。《易传》言进德而修业,而复扩充其辞曰:“富有之为大业,日新之谓盛德。”盖德行,体也;事业,用也。德行所以治己,事业所以济人,无德行则事业不免于粗,无事业则德行不免于陋,二者相需而不相离者也。周子通书曰:“学颜子之所学,德行也;志伊尹之所志,事业也。”自古以来,负救世爱民之责者,孰不有先知先觉之精神? 近世学术日漓,道德扫地,而人心之诪张为幻,狂妄恣睢,乃至不可究诘! 痛乎哉生民之憔悴也! 吾校自治会诸生,有季刊之举,来征题辞,窃愿兹刊不效世俗之趋向,惟相与考德问业,砥砺修名,如高景逸之东林会约,陆桴亭先生之志学录,庶几乎立德立功,基于此矣。诸生其免之哉! 校长唐文治题。

国专学生自治会季刊发刊词

皇皇典坟，斯文未泯，钯疏剔陋，职在后生。溯自欧风东征，新学日滋，好奇之士，自轻家丘，见异思迁，抛荒古训，昔圣哲彝伦，垂于今者，若存若亡，且将斩焉。于戏！学之不讲，先圣有忧，继绝振微，当仁不让！本会同人，微尚所存，独抱幽旨；虽学术谫薄，不免蠡测管窥，而夙承师教，敢云百无一得？爰出季刊，以求友声。岂是立异以鸣高，不敢随波而偶俗！国于天地，必有与立，国学深粹，浩若江河，识大识小，固在作者，或得或失，何敢自祕？箴废起疾，所望大雅！

乙亥毕业纪念册序

钱基博

仆频年病脑，又患胸痛，不能兼为国专服务，深用自疚。而今年国专同学毕业纪念册，必欲索余一言以为别。窃念国学者，中国人之所以为学。而中国人之为学所以异于欧美各国者，为学与为人打成一片。而学也者，所以学为人也。学为人如何？昔顾亭林先生尝与友人论学，揭两言以示学者之准的。曰“博学于文”，曰“行己有耻”。其语皆出《论语》。抑孔门自曾子而下，笃实无若子夏，而其论好学也，曰“日知其所亡，月无忘其所能”，此博学于文之津梁也。其言仁也，曰“博学而笃志，切问而近思”，此行己有耻之阶涂也。切问者，切于己也。近思者，思于己也。于戏。博学而不能反己，言之不怍，为之也难。吾见其人，吾闻其语，古者言之不出，耻躬之不逮也。中国人之所以为学者学此，唐先生之所以为教者教此，即仆之所以为赠者亦不外乎此。行矣，勖哉！时在中华人民造国之二十四年五月十日。

专家演讲记录

中国之隐语(十月二十五日在橐籥学术演讲会讲)

叶长青先生讲

魏守谟记录

“中国之隐语”一文,是兄弟旧作,当时作此文之动机,因为见《汉书·艺文志》著录隐书十八篇,附于诗赋之后,大概班固以为是诗教之遗。我想隐语必是本于古代行人之官,行人主专对,孔子所谓诵诗三百,使于四方,不能专对,虽多亦奚以为是也。到了战国,遂流为纵横家言,以及庄周寓言一派,其宗旨皆归于正;及其末流,竟以织巧廉薄相尚,失却诗之旨了!现在且把它分开来讲。

(1)隐语

隐语亦称廋辞,谜,谬语,谬言,谬辞。《文心雕龙·谐隐篇》曰:“谜者,隐也,逊辞以隐意,谲譬以指事也。”这就是隐语的宗旨。关于隐语的种类很多,现在因为时间关系,不能详细去讲,只得略举大概来说。

(A)属于文字的《丹铅杂录》里载:“后汉人好作隐语,于文字中,蔡中郎题曹娥碑云:六和塔上望钱塘,海燕迎帆万里航。一水中分天地判,千山环绕虎龙藏。声声长笛惊游子,隐隐孤云向故乡。两岸柳丝浑不系,无从绾得驻斜阳。”

私立无锡国学专修学校学生自治会大事记

十一月十五日，由邱有珍指导召开第一次会员大会。成立筹备委员会，选举陈震、赵大观、李怀清、郭则瀜、张联芬、李元娄、陈学东、汪社贵、陈廷宪九人为筹备委员。

十一月十七日，开筹备委员会。采圆桌会议制，拟定本会章程草案暨选举条例。

十一月二十二日，召集第二次会员大会。由邱有珍先生临场指导，通过本会章程。票选冯拔、陈震、李怀清、张联芬、郭则瀜、李元娄、赵大观、魏守谟、陈廷宪、陈学东、吴毓麟、薛宗元、汪社贵十三人为干事，姚榜元、郭则湘、郭则清为候补干事。

十一月二十三日，干事会开第一次临时会。互推张联芬、李怀清、薛宗元为常务干事，文书股赵大观，庶务股汪社贵，会计股吴毓麟，卫生股李元娄，研究股魏守谟，出版股陈学东，游艺股冯拔，体育股陈震，即日宣誓就职。

十二月五日，汪干事社贵病故于普仁医院。

十二月六日，干事会开第四次常会。庶务股汪社贵病故，该股由郭则瀜继任候补，姚榜元补任事务部干事。

十二月八日，呈报县政府备案。

十二月八日，呈请县党务整理委员会核准。

十二月十四日，开追悼汪君社贵大会。

十二月二十八日，学生自治会季刊出版。

私立无锡国学专修学校学生自治会章程

第一条　本会定名为“私立无锡国学专修学校学生自治会”。

第二条　本会宗旨在养成同学在校内之自治能力，并促进智育、德育、体育、群育、美育之发展。

第三条　凡在校同学，皆得为本会会员。

第四条　本会最高权力机关为会员大会，在会员大会闭幕期间为干事会。

第五条　会员大会每学期举行两次（学期开始后两星期、学期终了前两星期各一次）。遇必要时，得由三分之一会员提议或干事会议决，召集临时大会。

第六条　会员大会主席临时公推之，记录由主席指定。

第七条　干事会干事定为十三人。候补干事三人，由会员大会选举之，并由干事互选常务干事三人，任期为一学期，但连举得连任。

第八条　干事会每两周开会一次，遇必要时得由常务干事召集临时会议。

第九条　干事会设事务、学术二部。各部分设各股如下，概由干事互选分掌之（每股如事务繁剧，得由各该股聘请助理一人至四人）。

（一）事务部
- 文书股
- 庶务股
- 会计股
- 卫生股

（二）学术部
- 研究股
- 出版股
- 游艺股
- 体育股

第十条　干事会下如遇特殊事项，得组织特种委员会，其委员就会员中推任之。

第十一条　本会会员在会务范围以内，具有选举、罢免、创制、复决之权。

第十二条　干事会办事细则另定之。

第十三条　本会经费每学期每人征收大洋五角，遇必要时请求学校酌量补助。

第十四条　本章程由会员大会通过施行，有未尽善处，会员大会得随时修正之。

私立无锡国学专修学校学生自治会干事会干事选举条例

第一条　学生自治会干事会设干事十三人，候补干事三人，选举时以得票较多者当选为干事，次多者为候补干事。

第二条　凡本会会员皆有选举权及被选举权。

第三条　干事会干事由会员大会选举，以联举单记名投票行之，并由县党务整理委员会所派之指导员到会监选。

第四条　会员大会选举时，须有全体会员过半数之出席方得举行。

第五条　选举票如字迹模糊不能辨识者，及不依定式填写或夹写其他文字者一律作废。

第六条　开票时，须于场内举行，职员由主席指定之。

第七条　本条例由本校学生自治会筹备委员会议决施行。

学生自治会职员表

姓　名	籍贯	职　　务
张联芬	南通	常务干事
李怀清	泰兴	常务干事
薛宗元	盐城	常务干事
郭则瀜	闽侯	干事兼庶务股
赵大观	镇江	干事兼文书股
吴玉麟	南通	干事兼会计股
李元娄	盐城	干事兼卫生股
魏守谟	巢县	干事兼研究股
陈学东	盐城	干事兼出版股
冯　拔	北流	干事兼游艺股
陈　震	滁县	干事兼体育股
陈廷宪	盐城	学术部干事
姚榜元	武进	事务部干事

国专学生自治会季刊第一期总者言

本刊为本会定期刊物,每年出四期,此是第一次与读者相见。因时间关系,仅限十天征稿,所以不能尽量搜集诸同学之鸿篇巨制,藉光篇幅不胜抱歉!又因编者学识浅薄,编辑方面,讹谬孔多,尚希读者原宥!本刊因于最短期间内编辑完竣,端赖诸同学之踊跃投稿,足见诸君爱护本刊之热忱;本刊同人实深感激!但以限于篇幅,所有收到稿件,未能完全登载,俟下期当陆续发表,以报诸君爱护本刊之厚意;谨此申明并向未经录载投稿诸君表示歉意!

定价:大洋一角
编辑者:陈学东　魏守谟
出版者:国专学生自治会
印刷者:无锡协成公司
发行者:无锡国专学生自治会
民国十九年十二月三十日出版

六、管　理

私立无锡国学专修馆学规庚申

昔张子讲学,有《东西铭》,朱子有《白鹿洞学规》,高忠宪有《东林会约》,汤文正有《志学会约》,皆所以检束身心,砥砺品行。吾馆为振起国学、修道立教而设,缅怀往哲,能无奋兴。复圣有言:"有为者,亦若是。"谨订规章,愿与诸生共勉之。

一、躬行　人生世界之内,以礼义道德为根本,窃尝譬诸人之学问,犹墙屋也,礼义道德,犹基址也。若无礼无义,无道无德,而徒以学问为饰观之具,一旦品行隳坏,名誉扫地,是犹基址不固,墙屋坍塌,其危险何如矣。诸生既经有志来馆专修,务以砥砺品诣、躬行实践为宗旨。平日读书皆当体之于心,返之于身。傥被服儒素,不过雅步高论,如陆清献所谓读书自读书,做人自做人,每逢讲说,仅作一席空谈,而于礼义道德绝无躬行之实,自欺欺人,可鄙孰甚,非吾徒也。

二、孝弟　学者所以学为孝也,五常之本,万善之原,皆始于门内之行。《大戴礼记》载曾子之言曰:"人之生也,百年之中,有疾病焉,有老幼焉,君子思其不可复者而先施焉。父母既殁,虽欲孝,谁为孝乎?年既耆艾,虽欲弟,谁为弟乎?故孝有不及,弟有不时,此之谓与!"读此而不猛省者,非人也。中国古来孝行,曾子而上,首推虞舜与周文王。孟子言性善之学曰:"舜何人也。""文王我师也。"盖以舜与文王皆大孝之人也。诸生有能孝其亲者乎?是异日之圣贤豪杰也。

三、辨义　孔子言:"君子喻于义,小人喻于利。"曾子言:"平天下不以利为利,以义为利。"《孟子》七篇,首辨义利。又言:"鸡鸣而起,孳孳为善者,舜之徒;孳孳为利者,蹠之徒。"义利之辨,人心生死存亡之界也。末俗浇薄,好利无厌,专图一己之私利,不顾天下之公利,且藉口于天下之公利,以肥一己之私利,驯致灾害并至,生灵荼毒,可痛哉!而究其原由,贪而已矣。愈贫则愈贪,愈贪则愈贫,故贪与贫常相因,而利与害每相共。吾辈欲挽此颓风,惟有矫以清勤耐苦四字,淡而弥旨,俭而愈廉,懔四知之几微,严一介之取与,举卑鄙龌龊之念,扫荡无余,庶几异日能任治平之业。苏东坡云:"办天下之大事者,立天下之大节者也。"诸生其勉之,勉之。

四、经学　吾国《十三经》,如日月之丽天,江河之行地,万古不磨,所谓国宝是也。然要知吾馆所讲经学,不尚考据琐碎之末,惟在览其宏纲,抉其大义,以为修己治人之务。先儒说经,首重实事求是四字。实事者,屏绝空虚之论也;求是者,破除门户之见也。经师家法,守兹兢兢。汉末郑康成先生当黄巾扰乱之时,风雨飘摇,讲学不辍,后学所当奉为圭臬者也。顾治经之要,尤在学礼。管子言:"礼义廉耻,国之四维。"今人竞言法治,不知法施于已然之后,礼禁于未然之前,舍本务末,愈趋愈远。故今日发明礼学,维系人心之廉耻,实为莫大之急务。吾苏顾亭林、秦树沣诸先生遗风未坠,继起者傥有人乎?

五、理学　经师之所贵兼为人师,礼学之所推是为理学。孔子说《易》曰:"穷理尽性。"穷理者,人生莫大之学问,即莫大之事业也。孟子传孔子之绪曰:"理义悦我心。"曰"明善",

曰“集义”，皆理学也。宋周子得道统之传，作《太极图说》，发挥阴阳五行之奥曰：“圣人定之以中正仁义，而主静立人极焉。”主静者，穷理之根源，人极者，为人之极则也。二程张子，皆理学正宗，朱子集诸儒之大成，旁搜远绍，所谓为往圣继绝学，为万世开太平者也。陆象山先生直揭本心，别树一帜。王文成宏畅厥旨，学术功业，震耀当时。嗣后刘蕺山、陆桴亭、张杨园、陆清献、汤文正、张清恪诸先生，莫不行为世表，言为世法。综览历史，理学盛则世道昌，理学衰则世道晦，毫发不爽。吾辈今日惟有以提倡理学，尊崇人范，为救世之标准。然而有最宜致慎者，则诚与伪之辨而已。孔子曰：“君子进德修业，忠信所以进德也；修辞立其诚，所以居业也。”学者所当日三复也。

六、文学　《尚书》赞尧曰“文思”，《梅书》赞舜曰“文明”，赞禹曰“文命”。文之为用，焕乎、郁乎、广矣、大矣。是以孔子四教，其一曰文。文学之科，传自游夏，其后支与流裔，累世不绝。经学者，文字之根荄；理学者，文章之奥府。此外史与子集，则皆文苑之精华也。《汉书·艺文志》贯串六艺诸子百家九流，特示蹊径，最宜熟诵。唐韩子作《进学解》，自道所得曰“上规姚姒”云云。约其所言，共有九家：曰《书》，曰《易》，曰《诗》，曰《春秋左氏传》，曰《庄子》，曰《离骚》，曰《史记》，曰子云，曰相如，是九家者，韩子之师也。唐宋八大家储同人广之为十家，其文雄、奇、幽、秀，各极其至。朱子瓣香南丰，为文后海先河，曲年奥衍，实为千古巨观。元明以来，作者不逮于古，望溪崛兴海峰姬传踵之，是为桐城派。吾苏恽子居、张皋文亦自辟町畦，是为阳湖派。曾文正出，师承姚氏，发挥文家阴阳刚柔之旨，摘抉杳微，夐乎不可尚已。余子如梅伯言、吴南屏、张廉卿、吴挚甫，其书满家，允称雄杰。近今斯道衰落甚矣。《易传》曰：“观乎人文，以化成天下。”惟有人有文，而后能化成。班孟坚曰：“备哉灿烂，神明之式。”然则发扬吾国固有之文明，非吾馆人士，其谁与归？

七、政治学　《礼记》言：“广谷大川异制；民生其间者异俗。修其教，不易其俗，齐其政，不易其宜。”是为政治学精义。凡士人通经学、理学、而能达于政治者，谓之有用，谓之通人。不能达于政治者，谓之无用，谓之迂士。吾国政治学权舆于《尚书》，如《虞书》所谓“安汝止，惟几惟康”，“慎乃宪”，“屡省乃成”，实为万古政治不易之经。至箕子陈《洪范》立无偏无党之箴，周公作《无逸》示保惠教诲之准，治道纲维，孰能逾此？圣门政事科，冉有、子路外，尤推曾子。《大学》言，平天下在絜矩，顺事恕施，所以正其本者至矣。孟子《梁惠王》《离娄》二篇，皆政治学根本。厥后如汉之贾董，蜀之诸葛武侯，唐之魏郑公、陆宣公，及宋代诸大儒，均可师可法。近世若胡文忠、曾文正、左文襄，皆政治家巨擘。曾根于学术，故最为纯粹。胡、左长于天资，故能沉挚感人。此外讲外交学者，如郭筠仙、曾惠敏、薛叔耘、黎莼斋、许文肃诸家，均可采择。尝叹欧美各国，俱有政治学，吾国独无编辑专书。设有外人负笈来学政治，茫然无以应，可耻孰甚。诸生须知吾国之政教号令，风俗掌故，具详于经史之中，宜仿苏东坡读书之法，分类学之，则大纲既举，自得时措之宜矣。或疑奏议旧牍不适用于今世。要知学者贵能采其议论，探其精义，原非泥于程式也。

八、主静　今人热心爱国，而卒未得所以疗国之方。老子曰：“载魂魄抱一，能无离乎？”盖士落其魄，则国失其魂矣。故今日救国之策，莫若主静。《大学》言：“知止而后有定，定而后能静，静而后能安。”此言治心之法，而实即治人治天下之法。孔子之言心学曰：“洗心退藏于密。”曰：“操则存，舍则亡。”又曰：“天下之动，贞夫一者也。”孟子之言心学曰：“持其志，毋暴其气”，“心勿忘，勿助长”。又曰：“存其心，养其性，所以事天也。”周子之言心学曰：“诚精故明，神应故妙，几微故幽。”盖圣贤治心之学神矣微矣，而操持二字，实为入门之要。宋程子见人静坐，即叹其善学。李延平先生常教人静中观喜怒哀乐，未发气象。明王文成、高忠宪为一代大儒，其言静坐之法，详明简易，学者亟宜仿而行之。《易传》曰："复其见天地之心乎?"《礼记》言："人者，天地之心也，惟于静中随时体验，乃能见天地之心。"然则主静之功，实为参赞化育之本。夫天下未有不能治其心而能治事者也，亦未有不能治其心而能治国者也。圣门子路政事之才，孔子告之，不过曰"修己以敬"、"修己以安人"、"修己以安百姓"。曰敬、曰安，其本原尽可知矣。

九、维持人道　今人竞言维持人道，要知修道立教，方为尽人道之根源。《中庸》言天命之性，推极于致中和，致天下之达道，即维持天下之人道也。人道维何？保其本心而已。人能不失其本心，尽一己之人道，斯克全世界之人道。孟子生战国之季，一则曰"放其良心"，再则曰"失其本心"，痛人之沦为禽兽也。故曰："人皆有不忍人之心。"又曰："人皆有所不忍，人皆有所不为。"人字皆当重读，既欲成其为人，如何能保其心，则又明示之曰："无恻隐之心，非人也；无羞恶之心，非人也；无辞让之心，非人也，无是非之心，非人也。"恻隐之心，人心生生不已之机也。羞恶之良，世界所最重，凡无以对人者，即无以对己者也。辞让，礼也。人而无礼，何以为人？至于是非之界，尤为生死之关。国家之亡，先亡于无是非；人心之亡，先亡于无是非。春秋大义，不过明是非而已。有是四端，而后谓之人，而后谓之尽人道。是故正人心，乃所以维持人道也。孟子曰："有放心而不知求。"又曰："心之官则思思则得之，心官何在，人道何存，而乃茫焉、昧焉，营营扰扰以化于物。不亦重可惜哉！"

十、挽救世风　王子垫问孟子曰："士何事?"孟子答之以"尚志"。立志为学者第一关头。人能立志为圣贤，则为圣贤矣；立志为豪杰则为豪杰矣。然近世圣贤豪杰不数数观者，则由英俊之才，大都迷于歧途，而隳坏于习气也。曾子言："君子思不出其位。"而孟子则谓："自任以天下之重。"顾亭林先生则谓："天下存亡，匹夫有责。"何也？盖孟子与顾亭林先生之意，谓学者当自任天下之重，研究天下之务，非谓干涉天下之事。人人能各安其本分，各勤其职业，斯天下治。人人不安其本分，不勤其职业，法守乖而秩序淆，则天下乱矣。故吾辈务宜独立不挠，力挽颓习，秉壁立万仞之概，不为风气所转移，乃能转移风气，有以觉世而救民。至于无稽之谈，非礼之籍，自然不接于耳，不寓于目矣。《诗》有之："风雨如晦，鸡鸣不已。"今日吾国是何等景象？外人方讥我为无礼义、无教化之国，痛心曷已，剥极而复，当在此时。愿吾学者共雪此耻，更愿吾国民共雪此耻也。

私立无锡国学专修学校规程

沿 革

本校原名无锡国学专修馆，于民国九年冬由钱塘施省之（肇曾）先生捐资创办于无锡惠山之麓。敦请前南洋大学校长唐蔚芝（文治）先生任馆长，以整理固有学术、发扬民族文化为宗旨。次年锡绅孙鹤卿（鸣圻）先生捐建尊经阁于城内学前街学宫之旁，遂迁入焉。十六年，改名为无锡国学专门学院。十七年，大学院派员调查批准立案。十九年，教育部令改今名。二十四年，购地于太湖之滨宝界桥畔，拟建新校舍，以事扩充。未兴工而二十六年抗战事起，十一月唐校长率员生迁至长沙，又迁湘乡。二十七年二月，复迁桂林。七月，唐校长以年事已高、水土不服呈准教育部请假回沪，由教务主任冯振心（振）先生代理校长职务。十一月，桂林疏散，又迁北流之山围。二十八年春，唐校长因陷区旧有学生之请，呈准教部在沪设立补习部。是年八月，依照全国教育会议议决案呈准教部增设五年制，招收初中毕业生。九月，因学生增多、校舍不敷，由山围迁萝村。三十年秋以抗战稳定，来学者日众，遂相地于桂林之穿山，自建校舍，又由萝村重迁桂林。三十一年夏，奉部令拨款指办二年制文书专修科，为全国专科以上学校造就文书专门人才之始。三十二年秋，学生增至二百八十余人。经悉力经营，至三十三年夏，已粗具规模，有地三百余亩，校舍亦可容纳五百余人，而湘桂战起。是年九月，政府强迫疏散，因南迁蒙山。十月中旬，蒙山危急，遂西迁金秀瑶区。三十四年夏，因瑶区食粮困难；又经平南偷渡西江，重迁北流山围招生开学，新旧生来校者百数十人。入秋，续招新生，激增至二百余人。八月，日寇投降，而桂林校舍全部焚毁。因组织复员委员会，决定于三十五年春初复员回锡。途中因缺乏交通工具，留滞于广州者约三月。假旧中山大学败屋上课者，约二月。于六月初始由海道全部抵锡。冯振心先生即将代理职务交还唐校长。唐校长坚贞不拔、矍铄有加，阖校员生靡不欢忭。惟在沪补习部，因种种关系于三十六年春先将五年制合并至锡，三二年制仍留一部在沪。沪校因房屋之限制，难于扩充。锡校至去秋已有学生三百余人，校舍虽受敌伪摧残，而历年修补，已复旧观，爰有扩充为文学院之议。今春又因时局影响，远道学生辍学或借读者颇众，到校注册者仅一百四十余人而已。本校盖自二三十年来，迭经变乱，互为盛衰，但精神一贯，历久弥坚。《易》曰：“其亡其亡，系于苞桑。”本校同人其知所勉矣！

大事记

施省之先生捐拨经费，创办国学专修馆，延请唐蔚芝先生为馆长。民国九年十二月

议定馆章，呈报立案，定名为无锡国学专修馆。聘请朱叔子、陆景周两先生为教授，沈健生、王慧言两先生为职员。赁馆舍于惠山，招收第一班学生三十人。九年十二月

行开馆礼。十年一月

刊印《十三经》。十年二月

孙鹤卿先生重建尊经阁作为教室，施省之先生另建宿舍，由县公署函请本馆迁入。十年十月

聘请陈柱尊先生为教授。十年十月

招收第二班学生三十人。十年十二月

刊印《十三经》完竣。十一年十一月

刊印《高忠宪公别集》。十一年十二月

招收第二班插班生十四人。十二年三月

选印《学生成绩初编》。十二月六月

派遣高材生五人赴宝应钞《朱子全集校注》。十二年十月

举行第一班学生毕业礼，共二十八人，并印《讲演集初编》。十三年一月

招收第三班学生三十人。十三年一月

举行第二班学生毕业礼，共二十七人，并印《讲演集二编》。十四年一月

招收第四班学生三十人。十四年一月

补行第二班插班生毕业礼，共六人。十五年一月

选印《学生成绩二编》。十五年一月

举行第三班学生毕业礼，共三十四人。十五年十二月

招收第五班学生四十二人。十六年一月

改名为国文大学。十六年三月

以时局影响停课两月。十六年四五月

董事会成立，改名国学专门学院，呈请教厅备案。十六年七月

第五班学生因上学期停课两月，改为秋季始业，添招九人，共五十一人。十六年九月

聘请钱子泉先生为教授。陈柱尊先生辞职，聘请冯振心先生继任。十六年九月

聘请钱子泉先生兼主任。十六年十一月

招收第六班学生四十人。十七年二月

聘请钱子泉先生为教务主任，冯振心先生为院务主任，高涵叔先生为训育，并租校外宿舍。十七年二月

参照国立大学中国文学系各项必修、选修学程，务期本院毕业学生程度与国立各大学中国文学系毕业程度相当。实行学分制，规定三年毕业。必修、选修科至少读满百二十学分。十七年二月

中央大学特派汪东宝、王瀣两先生调查本院状况。回京复呈，极称办理完善。十七年四月

增设国技选科，聘请徐哲东先生教授，并举行全体早操，练习弹腿、八字弓两项。十七年五月

大学院特派俞仲还先生莅院监考三民主义，学生全体应试。十七年六月

馆主孙鹤卿先生病殁，特开追悼会。十七年六月

举行第四班学生毕业礼，共十二人。十七年七月

招收第七班学生五十人。十七年八月

大学院特派柳诒徵、薛光锜两先生来院切实调查报告，条例符合，成绩优良，即于九月二十日批准立案。十七年九月

教授徐哲东先生、职员沈健生先生辞职，聘请徐管略、孙飏香先生继任。十七年九月

聘请刘觉民先生任党义教授，侯敬舆先生任国技教授。十七年九月

董事会添聘经济董事十人。十七年十二月

董事唐保谦先生等提议在本院宿舍后空地建造鹤卿图书馆，请程炳若先生总理其事。遵照鹤卿先生遗嘱，补助本院三年经费共陆千五百元，移作建造图书馆经费。十八年一月

遵照教育部通令增加军事训练，聘请史渭清先生教授。十八年四月

举行图书馆奠基礼。十八年四月

招收第八班学生五十六人。十八年八月

聘请单束笙先生为教授。十八年八月

军事训练教授史渭清先生辞职，聘请蔡味畲先生继任。十八年九月

图书馆落成。十八年九月

由北平、太仓两处先后运来图书一万五千册，连同本院原有图书六千册移度新建图书馆，举行开幕典礼。十八年十月

奉教育部令改名私立无锡国学专修学校，参照大学规程第五章专修科办理。十九年一月

校董会章程

第一条　本校董会以维持私立无锡国学专修学校振兴学务、发扬文化为宗旨。

第二条　本校董会分经济及教育两股。经济股以经济董事十人，组织之负保管学校财产及支配学校经济之责任；教育股以教育董事十人，组织之负学校教育计划及指导实施之责任。

第三条　本校董会经济及教育两股第一任董事均由本校校长函请之。教育董事任期两年，每年改选半数，开常会选举之，连举得连任。经济董事任期四年，连举得连任。

第四条　经济股及教育股各推主席董事一人，各股董事各别推定之。

第五条　经济股董事每人每年担任学校经费五百元，每年学校会计年度开始时缴纳之。

第六条　本校董会每年开常会一次，于寒假前由校长商准经济及教育二股主席董事召集之。常会主席由出席董事临时推定，但出席常会董事不及十人时，不得正式开会。

第七条　除常会外，校长商准经济或教育股主席董事于适当时间得单独召集经济董事临时会或教育董事临时会。经济董事单独开会时，得由校长请教育董事两人列席，有表决权；教育董事单独开会时，亦得由校长函请经济董事两人列席，有表决权。

第八条　学校教育方案未经教育董事会议通过，不得实施年度预算及年度决算。未经经济董事会议通过，经济董事不负其责。

第九条　关于经济之议案，须得经济董事过半数之同意通过之。关于一般之议案须得常会出席董事过半数之同意通过之。

第十条　各股董事有缺额时，由常会函聘补充之。

第十一条　本章程有未尽事宜，经常会议决得增加或修改之。

现行组织大纲

一、名称　定名为无锡私立国学专修学校。

二、校址　本学校设于无锡学前街。

三、宗旨　本学校宗旨在研究本国历代文化，讨论其得失，期与世界文化有所贡献。

四、学制　本学校但设本科不设预科。

五、学年　本学校采取学分制。规定三年毕业，必修、选修两科至少须读满百二十学分，惟得由全体教授会议酌量增减之。

六、组织　本学校组织分左（下）列三项

甲　本学校设校长一人，秉承校董会议决事项，总管全校，聘免教职员。

乙　本学校设教务主任一人，处理一切教务事项。校务主任一人，处理一切校务事项。

丙　本学校教职员均为校务委员，凡遇校中较重要事务，由校长临时召集开会讨论之。开会时，以校长为主席。议决后，由校长执行之。

七、会议　本学校采会议制设左（下）列各会议

甲　校务会议　以校长暨各教职员全体组织之，其会议事如左（下）：

一　教育方针

二　全校风纪

三　课程事项

四　考查学生成绩事项

五　关于教授全体之重要事项

六　审定本学校毕业事项

乙　董事会议　以本学校教育股、经济股董事共同组织之。其会议事项如左（下）

一　提出本学校预算案

二　复核本学校决算案

三　建议本学校扩充事项

四　建议本学校设备事项

五　关于本学校招生事项

六　关于本学校教育计划

八　图书馆　本学校所设之图书馆隶于教务处。暂设管理员一人处理之。

入学规程

第一条　各级学生须按照规定日期报到缴费。

第二条　到校学生先至注册处领取到校证，至会计处将应缴各费一律缴清。

第三条　各学生应缴费项开列于左（下）：

一　学费　每学期三十元

二　讲义费　每学期二元

三　杂志费　每学期二元

四　运动费　每学期一元

五　仆役费　每学期一元

六　膳费　每学期三十元（或学生自理）

七　宿费　每学期六元（同上）

八　制服徽章费　每学期九元（同上）

九　书籍费　每学期十元（同上）

第四条　凭缴费收据领取课程表及上学期成绩单

第五条　各级学生按照规定日期正式上课

第六条　因不得已事故不能如期到校者须来函请假(来函须挂号邮寄)

第七条　寄宿生凭缴费收据至庶务处办理寄宿手续

附则

惟新生入学时应缴左(下)列各件并手续

一　入学志愿书

二　保证书(保证人须在无锡附近或通信便利之处)

三　至庶务处对验相片

四　校对笔迹

学课规程

本校课程分必修、选读两科。学生在三年内,至少修足必修科五十四学分,选修六十六学分,始得毕业。

甲	必修学程	学分	学期
1	中山学说	四	四
2	军事训练	四	四
3	国学概论	六	二
4	文学史纲要	六	二
5	文字学	六	二
6	修辞学	四	二
7	目录学	六	二
8	散文选	十六	四
9	韵文选	八	四
乙	选修学程		
甲	义理类		
子	经学		
1	论语	三	一
2	孟子	四	一
3	孝经	一	一
4	易经	三	一
5	春秋公羊传	三	一
丑	周秦诸子学		
1	老子	三	一
2	庄子	六	一
3	荀子	六	一
4	董子	三	一
5	墨子	六	一
6	管子	六	一

7	韩非子	四	一
8	公孙龙子	二	一
9	吕氏春秋	四	一
10	淮南子	六	一
11	论衡	四	一
寅	魏晋玄学	四	一
卯	隋唐佛学	四	一
辰	宋元明清理学	四	一
乙 辞章类			
子	文学批评类		
1	文心雕龙	三	一
2	诗品	一	一
3	史通	三	一
4	文史通义	三	一
丑	总集类		
1	诗经	四	一
2	楚辞	三	一
3	文选	六	一
4	古文辞类纂	四	一
5	花间集	三	一
6	张惠言词选	三	一
7	元曲选	六	一
寅	别集类		
一 诗词部			
1	曹子建诗	三	一
2	陶渊明诗	三	一
3	谢康乐诗	三	一
4	李太白诗	四	一
5	杜少陵诗	四	一
6	白香山诗	四	一
7	韩昌黎诗	四	一
8	李昌谷诗	三	一
9	李义山诗	三	一
10	苏东坡诗	四	一
11	黄山谷诗	四	一
12	陆剑南诗	四	一
13	元遗山诗	三	一
14	南唐二主词	一	一
15	柳耆卿词	一	一

16	苏东坡词	一	一
17	秦淮海词	一	一
18	周清真词	一	一
19	辛稼轩词	一	一
20	姜白石词	一	一
21	吴梦窗词	一	一
22	张玉田词	一	一
二	骈文部		
1	庾子山集	四	一
2	徐孝穆集	三	一
3	张燕公集	三	一
4	苏许公集	三	一
5	陆宣公集	三	一
6	洪北江集	四	一
三	散文部		
1	春秋左氏传(附国语)	六	一
2	史记	六	一
3	前汉书	六	一
4	后汉书	六	一
5	三国志	四	一
6	南北史	六	一
7	韩昌黎集	四	一
8	柳柳州文	四	一
9	欧阳文忠公文	四	一
10	曾子固文	四	一
11	王荆公文	四	一
12	归震川文	三	一
13	姚惜抱文	三	一
14	恽子居文	三	一
15	曾文正文	三	一
丙	考据类		
子	经类		
1	尚书	三	一
2	周礼	三	一
3	仪礼附礼记	六	一
4	尔雅	四	一
丑	述学类		
1	亭林遗书	六	一
2	黄梨洲集	六	一

3	全谢山集	六	一
4	戴东原集	三	一
5	段茂堂集	三	一
6	钱竹汀集	四	一
7	汪容甫述学	三	一
8	上礼居题跋	三	一
9	顾千里集	三	一
10	魏默深集	四	一
11	龚定庵集	四	一
寅	札记类		
1	困学纪闻	四	一
2	日知录	四	一
3	十驾斋养新录	四	一
4	东塾读书记	四	一

试验规程

第一章　试验种类

第一条　本校试验分左(下)列四种:

1. 入学试验
2. 临时试验
3. 学期试验
4. 毕业试验

第二条　入学试验由校务会议组织招生委员会于每学年开始以前举行之。

第三条　临时试验由各教授随时举行之。每学期举行次数视所授学程之学分多寡而定。如一学分者,每学期举行一次;两学分者,举行两次以上,类推。

第四条　学期试验由校长会同教务主任及各教授于每学期之末举行之。试验成绩须与平时成绩合并核计,作为学期成绩。

第五条　毕业试验由校长呈请教育部派校内教授及校外国学有精深之研究者组织委员会举行之。校长为委员长。毕业试验即为最后一学期之学期试验,但试验科目须在四种以上。

第二章　试场规约

第六条　上午考作文,自八时半起至十一时半止;下午考党义、国学常识,自一时起至三时止。交卷过时者不录取。

第七条　于考试时,由校长室逐次传唤投考诸生口试。

第八条　入场时,除笔墨外不得携带片纸只字。

第九条　投考诸生应认定编号入坐,不得乱次。

第十条　不得交头接耳,不得喧哗。

第十一条　投考诸生务宜于卷面照式填写姓名,并通信详细住址。

第十二条　投考诸生写卷务用毛笔端楷,不得潦草用铅笔及墨水笔。

第十三条　作论说以文言为限，文内应点句。

第十四条　录取新生于　　日　　时揭晓，除本校榜示外，通函告知。

第十五条　上午十一时半论说考试完毕后，齐集膳厅午餐。务各带投考凭单，以便核验。

考查学业规则

第一条　学生成绩以每学程平均六十分以上为及格。其不及格者，分补考（六十分以下四十分以上）及补读（四十分以下）二种。

第二条　凡一学期内所习学分满二分之一成绩不及格者，即令退学。

不满四十分之学程在二分之一以上者，即令退学。

不满六十分之学程在三分之二以上者，亦令退学。

第三条　凡一学期内所习学分满三分之一成绩不及四十分者，即令退学。

第四条　所习学分如在任何学期有三分之一成绩不及格者，即令退学。

第五条　不满四十分之学程在三分之一以下者，得补读。不满六十分之学程在二分之一以下者，得补读之。

第六条　补读学程以一次为限，否则即令退学。

第七条　学生上课时迟到及缺席，由授课教员担任记录，由训育处按月登记并发表宣示。

第八条　学生上课时，迟到三次者当一次缺席算。

第九条　学生因假缺席之数次满每学程一学期授课次数三分之一者，以休学论，不得与学期考试，并不得补考（关于请假办法另订之）。

第十条　学生因本身有病或因他种急务不能应学期考试者，可以请假补考。须于学期考试前具充分理由之凭证，至注册处，领取补考证自行填写。补考各学程请求担任教员签字许可，并经校长或教务主任复核交存注册处，方为有效。

第十一条　凡不经请假补考手续办理而不参与学期考试者，不给学分并不得补考。

第十二条　凡考试有夹带传递各种舞弊情形者，不给学分并不得补考。

第十三条　补考学程概在第二学期开学后一星期内由教务处排定考试时间，举行之。临补考未到者不论请假与否，一律不得再行补考。

第十四条　凡补考其考分须照八折计算。

第十五条　凡一年学程，上学期补考不及格者，若因不得已事故请求留班试读者，须：（一）考分在五十分以上，（二）得校务会议及担任教授之特许，（三）最后成绩须将两学期成绩平均计算，（四）试读时，期中每次考试所得分数必须过六十分，且超出之数至少等于上学期总分不足六十之数。

办理请假缺席规则

第一条　学生因病请假者，须至庶务处填写请假单书明起讫（如本人不能办理者可请人照此项手续代办）。

第二条　学生因事请假缺席在三小时以上，须具充分理由及证据至训育处核准，再行填写请假单。

第三条　因事请假继续在二星期以上,须具充分理由及证据呈请训育处核准照章办理外,一面并函告该生家属或监护人。

第四条　已经准假之缺席时数不得随意延长,而必须续假者须再办理请假手续,否则作旷课论。如未满缺席时数而即行上课者,须向注册处声明更正。

第五条　凡因请假而脱去小考者,不得补考。

第六条　不请假而任意缺席之学生达每学程每星期授课时数及自修时数三分之一者,一经查出即通报校长核办。

第七条　学生不请假而缺席之次数满每学程授课次数五分之一者,不得与学期考试,并不得补考。此项学分满各项学分三分之一者,即令退学。

操场规则

第一条　操练所以熟习武艺、强健身心。凡在操场一切动作必须精神活泼、纪律严肃,以期符于军事化。

第二条　凡演习到场之诸生一律须著规定之制服,受值日生之检查。

第三条　闻出操铃声须齐集操场,由值日生检查人数报告主教授。

第四条　凡有疾病者,除有医士证明注册免操外,如有临时患病不能出操者,务在出操前报告值日生。

第五条　凡在操练中,不得藉词请假退操。但因暴病遇及不得已时,可据实报告当场教授静候处理。

第六条　操练时不得任意言动,在解散休息时,亦不得过于自便,以肃纲纪。

第七条　诸生对于各种指挥及讲解得认真留意,如遇互相指挥时,务各尽其责,不得稍有苟且敷衍之举动。

第八条　在操场如遇本校校长时,应听在场教授之令,按军礼致相当之敬礼。

讲堂规则

第一条　每讲堂设值日生一名。按照以下各种规定切实履行之。

第二条　凡闻上讲堂铃声,由值日生率各生挨次入座,不得争先恐后。下讲堂亦然。

第三条　凡教授到讲堂时,诸生全体肃立致敬。下讲堂时亦然。

第四条　讲堂坐位须按照次第端坐,面向教授凝神静听,不得稍有倦容。

第五条　教授未到讲堂,各生应在自己坐位温习,不得擅自离开。

第六条　授课中除所授之课本外,不得披阅他项书籍。

第七条　在授课中各生如有疑难处,应俟教授讲毕,立正质问教授。如有询问,亦应立正致答。

第八条　各生不得擅自离位。如有不得已事故或临时发生疾病,须先报告得教授之许可始得他走。

第九条　自习时除定时刻外,不得高声朗诵及互相谈论,即彼此研究功课,亦须低声以免扰害他人。

第十条　凡讲堂需用品,由值日生暨级长负领发全责。

第十一条　讲堂内之清洁整理须由值日生负指挥校役之完全责任。

管理规则　请假

第一条　凡学生因病或重要事故不能上课者，非经训育处准假，不得擅自旷课或离校。

第二条　学生因家中要事或父母有病请假者，应将家信呈验，由训育处分别酌予假期，但回校不得逾规定时日。

第三条　学生有因患病须回家调治者，经医士证明后方准回家。如假满未愈，得由该生家长来函续假。

第四条　例假日星期日及星期六午下课毕出外者，但须于注册簿上签例假字样，当晚七时前必须回校住宿。若由家长预先函请准其留宿家中，不在此例。

第五条　请假外出逾期不归或例假外出于翌日未能赶到上课者，作旷课论。

第六条　无故旷课及不遵本章程上列各规则者，分别加以惩戒。

第七条　请假或旷课至二星期以上者，该学期责令休学。

第八条　凡有要事外出者，必须于请假单上填明事由及时间核准注册，于每周间请校长及主任查核时数，至多不得过三小时，每月内事假不得过四次。

第九条　请假时间过于规定时间或竟不及住校者，必须得到家属来函证明。

第十条　每日上课时间及下午六时半以后，除特别事故，不得请假。如有不请假外出，一经察觉，通报校长，严行惩戒。

第十一条　本学校宿舍每间规定住宿四人至八人，房间号数在入学时指定，以后非经许可不得擅自搬移。铺位、书架等物均有规定，亦不得调移至起争执。

第十二条　宿舍整洁法宜注意左(下)列各项：

甲　书籍文具宜整理清楚。

乙　字纸宜掷在纸簏。

丙　痰宜入痰盂。

丁　切勿购食零物。

第十三条　宿舍当清静，应注意左(下)列各项：

甲　不得叫嚣嚷扰妨害他人自由。

乙　不得在宿舍内会客，并不得留亲友住宿。

丙　规定自修时间内，不得任情往来妨碍他人自修。

丁　规定自修时间内，不得玩弄各种音乐，并不得阅看无益之书。

戊　非宿舍内当用之物不得任意携入。

第十四条　出入宜有定时

甲　每日下午逾七时回校者，须在门房内签名。如点名时仍不到校，作无故外宿论。

乙　规定上课及自修时刻不得随意请假外出。

第十五条　起居宜有定时

甲　每日规定六时起身，午后七时至九时为自修时间，十时熄灯安眠。宿舍起卧及自修上课下课俱振铃为号。

乙　每日晚间上自修课后，管理员可随时到各室点名，以尊重自修时间。

第十六条　宿舍内宜防火险

甲　室内电灯由校内启闭，熄灯后不得燃火。

乙　不得吸纸烟。

丙　不得烹煮食物或聚餐。

第十七条　宿舍内各室推定室长一人，负指挥保管之责，应注意保管事项如左(下)

甲　宿舍内公众器具宜共同保护(台、凳、桌、椅、门窗、板壁及一切用具)，倘有损坏应负责赔偿。

乙　新宿舍置舍长一人，由各舍互选之，辅佐管理员处理一切舍务。

丙　每室置室长一人，于开学后三日以内同室互选，报告管理员加委；率同值日生处理室内一切卫生事宜。任期限一月后，不得连举，以均劳逸。

丁　每室各置值日生一人，轮流协助室长处理室内一切事宜。

戊　每室门窗启闭由值日生负责履行。

膳堂

第十八条　本学校规定备膳，每日三餐，一粥两饭。

第十九条　膳食时间规定如左(下)：

早餐　七时半　　午餐　十二时　　晚餐　六时

第二十条　膳食规定每桌六人，须齐集方得举箸。

第二十一条　在规定时间外，除非特别情形，校内不备饭食。

第二十二条　膳堂清洁事宜由庶务员及学生自治会卫生委员会协同管理之。

第二十三条　遇有肴馔恶劣不合卫生者，由负责人员向厨房交涉。

会客

第二十四条　学生会客由本校规定会客室，来客不得径入寝室。

第二十五条　上课时间及下午七时以后不得会客。

第二十六条　会客室内不得聚餐。

惩戒

第二十七条　凡学生不敦品者，不论校章有无规定与否，一律分别轻重惩戒。

第二十八条　惩戒分训诫、记小过、大过、开除学籍四种。

第二十九条　训诫不悛作为一小过，满三小过作为一大过，记三大过者开除学籍。

第三十条　学生有轨外行动致害本校名誉者，立即开除学籍。

图书馆简章

第一条　本馆依本校组织大纲之规定，隶于本校教务处管理图书及馆中一切事务。

第二条　本馆暂设管理员一人，视职务之繁简，随时得由管理员商承教务处酌定人数。

第三条　本馆设藏书、参考阅览二部。

甲　书库部主收藏本校图书。

乙　参考阅览部陈列桌椅供校员参考阅览。校员指教职员及全体学生而言。

第四条　本馆所藏图书依四库书目分类，而新著译籍则参以杜威氏十进分类法。

第五条　本馆图书凡借出及收还手续另订条例规定。校员借阅图书须一律遵守。

第六条　本简章如有未尽事宜，由管理员随时提出，教务处修改后议决施行。

图书馆任务细则

第一条　本馆按照馆章第二条之规定设管理员一人，其他职员随时酌定。

第二条　本馆管理员统理各项事务。

第三条　本馆管理员所任各项事如左(下)：

甲　总务事项

一　每学期终按照校中情形开拟应备普通参考书、图书、杂志目录、价格、出版日期、发行地点交教务处酌核购办。但平时如有新出或仅见之图书、杂志，足备本校参考者，无论何人俱得随时报告管理员转请教务处酌核购置。

二　每学期开学后，调查下学期应添参考书籍列表，送教务处审核添购。

三　添购图书送达馆中时，检对价格及册数、页数无误后，即行办理编目手续。如发现缺误时，即通知书局追补。

四　参观人来馆参观时，引导参观。

五　参观人及外界有调查本馆办法时，酌量报告。

六　馆中有新定办法或新购图书须行布告公众者，拟稿送教务处酌核布告。

七　馆中应发之布告，除择要登载校刊外，有揭示于布告处者，经过一定时期应收拾保存。

八　与馆外各处以本馆名义通讯时，拟稿送教务处核阅后缮发，并录存底稿。

九　每日馆中经过事项关系较为重要者，酌量记录以备编制年度报告资料。

十　每学期终调制年度报告。

十一　管理其他一切杂务。

乙　编目事项

一　书籍登录。

二　分类及标题。

三　检对书架号数。

四　编目。

五　缮写目录片及图书盖章贴标签事项。

六　目录片排列。

七　编目统计。

八　新书报告。

九　每学年终将庋藏各图书按照目录逐一查点，如有缺失应即报告。

丙　出纳事项

一　每学期开始办理借书注册事项。

二　各项图书借出时，应将借书券核对。

三　每晨，检点前一日收还各书，如有未收还者，分别记出即行通知取还(并执行罚金事宜)。

四　收还各项图书时，宜细心检点有无缺失损污。

五　校员借阅图书有未明本馆定章发生各种疑问时，酌量说明答复。

六　每日借阅图书人数及借出图书册数，分别填入表中以为统计资料。

七　每月终调制借阅图书人数及及借出图书册数统计表。
八　书库整洁应随时注意。
九　本馆所藏书籍如有须行洁治曝晒补衬重装缮写者，应随时雇人办理。
丁　参考阅览事项
一　本部开放时管理出纳教员指定之参考书籍。
二　编本部所有书籍目录片。
三　整理普通参考书。
四　统计出纳教员指定之参考书。
戊　杂志管理事项
一　本部开放时管理出纳之。
二　整理已装订之杂志。
三　登录新到杂志。
四　调换新到杂志。
五　报告到期杂志。
六　统计出纳杂志。
七　预备装订杂志(每学年装订一次)。
第四条　本细则如有未尽事宜，由管理员提出，本校教务处修改后议决施行。

图书馆借阅条例

第一条　本条例依本校图书馆简章第五条之规定，由管理员执行。凡本校校员(指教职员、学生而言)向本馆借阅图书时须一律遵守。
第二条　本馆阅览及借出图书时间，现规定每日下午三时半至五时半，星期六下午一时半至五时半，星期日上午八时半至十一时半，其他休业日停止开放。
第三条　本校校员向本馆借阅书时，须留意分别遵守左(下)列各项规约。
甲　欲借本馆图书至书库阅看者应守规约如左(下)：
一　本校校员经本馆管理员引导，得进书库阅看。
二　对于重要图书欲抄写时，只得用铅笔录写。
三　阅看既毕，应将所取出之图书放置指定处以便管理员检收。
四　凡入库阅书者除笔记簿外不得携带他物。
乙　欲借本馆图书在阅览室看者应守规约如左(下)：
一　欲借阅何项图书，须先填明借书证，然后向出纳处借取。
阅书室内陈列之字典、辞典及杂志等，得随意取阅后仍还原处。至教授指定之参考书则宜向管理员签名取阅。
二　向出纳处借取之图书阅览既毕，宜即交管理员检收。
三　阅览室内禁止高声朗诵及剧谈。
四　务须保持秩序静寂整齐，禁止一切妨害公众举动。
丙　欲借本馆图书于馆外阅看者，应守规约如左(下)：
一　欲借何项图书者，须持借书证并填明索书单向出纳处领取。
二　借出时期以二星期为限。期满如欲续借，须向本馆管理员说明重填索书单。

三　在借出时期内每人借出图书总数以五本为限，第一次未经还，第二次不得再借。

四　借出馆外阅看之图书以寻常版本为限，其贵重图书及教员指定之参考书，及阅览室内陈列之字典、辞典暨杂志等，概不借出。

五　本馆借出图书如遇有特别需要时，虽未至应还时期得随时通知收回。

丁　凡借本馆图书阅看时，无论在馆内外，应守规约如左（下）：

一　留心爱护勿损勿污。

二　翻页时手指勿蘸唾。

三　勿圈勿批评。

四　阅止时勿折角，夹以签。

第四条　教职员有特别情形得本馆管理员特别允许时，对于第三条丙项第三、四、五之规定可酌量通融。

第五条　本馆所藏善本珍籍以不借出为原则，凡教授因教授所研究必须借用时，须签字负责。但寒暑假时，必须归还，由本馆珍藏。

第六条　凡依照本条例第三条丙项之规定，向本馆借阅图书逾期不还者，罚金（每逾期一日罚金三分逾期多者按日递加）。

第七条　校员借取图书，如有遗失或损污者，须照全部价值赔偿。

第八条　寒暑假终了时，借阅图书以备假期中阅览者，须缴与书价值相当之保证金。但有特别情形时得停止本条例效力。

第九条　本校教职员借阅图书除因特别关系由校长通知者外，借出书籍每人以五十本为限，限期两月。

第十条　每学年终了时，本馆例行清查图书一次。在清查期内概不得借出，已借出之图书无论教职员、学生均须一律交还。倘有特殊情形不能交还者，须至本馆申明转借并补行假期借书手续。

第十一条　本条例如有未尽事宜，由管理员提交教务处修改后，议决施行。

发给修业证书条例

一　凡请求修业证书者，必须经教职员会议认为合例一律通过，方可照准发给。

一　发给修业证书资格，至少须在一年以上，核其品行端正、成绩及格者，方准发给。

一　发给修业证书时期倘非有万不得已事故，必须俟该班毕业后方准发给（例如，甲年暑假时入校者必须俟丁年暑假该班毕业发给证书时附给）。

校董一览

现任校董

教育股

姓名	字	籍贯	备注
俞　复	仲还	江苏无锡	
孙家复	飏香	江苏无锡	
丁福保	梅轩	江苏无锡	
钱基博	子泉	江苏无锡	

钱基厚	孙卿		江苏无锡	董事主席
顾宝琛	彬生		江苏无锡	
顾　倬	述之		江苏无锡	
周家齐	晓三	二十六	江苏阜宁	阜宁北蔡家桥邮局转
宛志衵	蔚增	二十四	安徽庐江	安徽庐江裴镇
施　诚	天复	二十	江苏南通	南通新河镇
张花侬	独茧	二十四	江苏常熟	常熟东湖南横泾
顾光裕	止何	二十三	江苏常熟	常熟南门花园浜

修改考试章程

十九年三月四日

（一）本校诸生每科缺及三分之一，不准与该科学期试验并不得补考。

（二）学生每学期所得学分不满所修总学分三分之二，不得升级。

附原案（十六年二月九日）

（一）议决本院诸生每科缺课至二分之一，不准与该科学期考试。如有三科缺课至三分之一，无论如何不准与学期考试，不得升级。

（二）议决各科学程如有三科以上不及格者，不准补考，不得升级。倘两科不及格而补考仍不及格者，亦不得升级。倘有一科不及格者，暂准随原班听授，其补考不及格之科许自行补习，定期再考。

私立无锡中国文学院学习、生活公约草案

一、学习公约

1. 切实遵守学习时间，不迟到，不早退。

2. 听报告时要记笔记。

3. 每个学习阶段，要根据总的学习计划，订出个人及小组的学习计划并保证完成。

4. 认真研究课内外各项规定之学习资料。

5. 在讨论会前，要有充分的准备，尽可能做好发言提纲。

6. 在漫谈讨论时，要尽量发挥自由思想。

7. 提倡互学、互助，及时交流学习经验。

8. 执行汇报制度。

9. 积极为墙报写稿。

二、生活公约

1. 尊重团体利益，遵守团体纪律。

2. 尊重学校各项制度，爱护学校公物，不随便移动校具。

3. 遵守作息时间，按时学习，按时休息。

4. 不随便变更作息时间，动作力求迅速，提倡团结紧张，反对自由散漫。

5. 注意卫生，预防疾病。

6. 保持整洁，室内外每日打扫一次。

7. 吐痰入盂，大小便登厕，不在小便处大便。

8. 阅报室报纸，不自由携出。

三、图书馆阅览规约

1. 图书馆所有报章杂志不携出室外。

2. 图书馆开放时间为：

上午八时至十一时半，下午二时至五时半，晚间七时至九时半，晚上不借书。

3. 图书馆书籍除规定不得借出者外，其余借书手续由图书馆订定之。

4. 图书馆列架书籍杂志阅毕请放置原处，私人图书，请勿携入以免混乱。

5. 阅览时可自备纸笔摘录，请勿就图书涂改圈点，折叠损污以重公物。

6. 在阅览室内，请勿高声谈话，勿诵读，勿吸烟及吃零食。

四、请假制度

1. 学习期间内一般不应缺席，如有特殊事故，应履行请假手续。

2. 例假日可自由外出，在外留宿者事前须履行请假手续。

3. 平时有特殊事故必须请假者，应由生活小组长证明填具假条，经生活辅导委员会批准。

4. 假满回校,须执行销假制度。

五、会客制度

1. 不在学习时间内会客。

2. 外客来访时,先至传达室,填写登记簿,由传达员引入会客室等候。

3. 会客地点为会客室,不在学习室或宿舍接见,以免影响学习。

六、膳堂规则

1. 按时入膳堂进膳。

2. 按照分配席次就膳,不随便掉换座位。

3. 注意膳堂秩序,避免喧哗、拥挤等现象。

4. 集体吃饭,除病员外,不打饭回宿舍进膳。

5. 未经客饭登记手续之客人,不带进膳堂吃饭。

6. 注意节约,不浪费饭菜。

七、寝室规则

1. 按时就寝,按时起床。

2. 午睡及自修时间注意肃静,不妨碍他人。

3. 保持寝室内整齐清洁。

4. 不在拦杆及窗口晾晒衣服。

5. 不留客在寝室住宿。

生活公约各组意见总结

根据二原则:重复者归并予后者亦保留。

(1) 生活公约应增“每日参加升旗典礼,不迟到,不早退,并由生活组长统计出缺席(通学生例外)”一条。

(2) 1. 会客制度第一条应注明“特殊事故除外”。

2. 会客制度第二条“填写登记簿”,不必多此一举。

3. 会客制度第三条删去“或宿舍”三字。

4. 会客地点规定在会客室。

(3) 1. 膳堂规则增加“非本院在学同学不得在膳委会登记用膳”一条。

2. 膳堂规则增加“对膳食有意见时,应向膳委会建议,不得在膳堂内使出任何行动”一条。

(4) 1. 寝室规则应增“非本院在学同学不得住宿,如有特殊情形经生活组长同意得准留宿,最多以三天为限”一条。

2. 寝室规则第一条增“熄灯后不说话”。

(5) 请假制度第三条增“组长亦缺席时,可向生活辅导处直接请假”。

(6) 会客制度、请假制度、膳堂规则、寝室规则包括入生活公约内各组建议。

请求校方:1. 派校医个别检查,并另辟疗养室。

2. 备置会客登记簿(未定)。

3. 指定晒衣地点,并保证安全。

4. 寝室内规定每星期由校工拖地板一次。

5. 学校各项制度请经学生大会通过。

6. 宿舍内置痰盂。

7. 物件出校须具证明文件。

8. 时钟每天校准。

其他建议:

1. 关照厨房多备饭桶饭勺。

2. 不在宿舍内大声喊叫,敲锣打鼓。

3. 通学生无故不得进出宿舍。

4. 膳所上应放置坐凳。

5. 早晨应规定为学习时间,不得随意乱吵。

以上生活公约草案讨论初步总结,关于增删或修改处,请各组再行讨论,建议方面有否增加,亦请讨论,以便组长会议作最后总结制定实行。

教育部立案私立无锡国学专修学校简章(1931)

宗旨　本校宗旨在研究本国历代之文化,讨论其得失,期于世界文化有所贡献。

管教　本校管教之组织分左(下)列三项

(甲)本校设校长一人,总管全校,聘免教职员。

(乙)本校设教务主任一人,处理一切教务事项;校务主任一人,处理一切校务事项。

(丙)本校教职员均为校务委员。凡遇校中较重要事务,由校长临时召集开会,开会时以校长为主席议决后由校长执行之。

班级　本校学生现分甲乙丙三级,每级暂招一班,每班以五十人为额,以后再事扩充。

投考　本校考生资格分左(下)列二项

(甲)高中毕业或旧制中学毕业者。

(乙)国学具有根柢,将平日著述或笔记呈验,经本校认可者。

纳费　本校学生每学期开学时,应纳学费三十元,膳费三十元,宿费六元,迟到早去均不扣还。又讲义费二元,杂志费一元,图书费一元,运动费一元,仆役费一元,书籍自备。又初入校时,须缴存损失保证费五元,毕业时,查无损失退还。

毕业　本校学生在三年内修足本校规定学分。届时由校长召集校务委员会核其成绩,发给毕业文凭(学分详课程表)。

课程　本校课程分必修、选修两科。必修科规定六十学分,选修科规定至少须修满六十六学分,至多不得过八十六学分。

学程表

一必修课(共六十学分　第一年三十四学分　第二年二十六学分)					
程　名	每周授课时数	教学年数	学分	第几年必修	用　书
1 中山学说	·	二	四	、二	中山全集
2 军事训练	二	二	四	一、二	
3 国学概论	三	一	六	一	编辑讲义
4 文学史纲要	三	一	六	一	编辑讲义
5 文字学	三	一	六	一	段注说文
6 修辞学	二	一	四	二	编辑讲义
7 目录学	三	一	六	二	四库简明目录
8 散文选	四	二	一六	一、二	编辑讲义
9 韵文选	二	二	八	一、二	编辑讲义

续表

二选修科					
(甲)义理类					
(子)经学	每周授课时数	教学年数	学分	第几年可选修	
1 论语	二	一	四	一	
2 学庸	一	半	二	一或二	
3 孟子	四	半	四	一	
4 孝经	一	半	一	一	
5 易经	二	半	二	三	
6 春秋公羊传	二	半	二	二或三	
(丑)周秦汉诸子学	每周授课时数	教学年数	学分	第几年可选修	
1 老子	二	半	二	二或三	
2 庄子	四	半	四	二或三	
3 荀子	四	半	四	二或三	
4 董子	二	半	二	二或三	
5 墨子	四	半	四	二或三	
6 管子	四	半	四	二或三	
7 韩非子	三	半	三	二或三	
8 公孙龙子	一	半	一	二或三	
9 吕氏春秋	三	半	三	二或三	
10 淮南子	四	半	四	二或三	
11 论衡	三	半	三	二或三	
(寅)晋魏玄学	三	半	三	二或三	
(卯)隋唐佛学	三	半	三	二或三	
(辰)宋元明清理学	三	半	三	二或三	
(乙)辞章类					
(子)文学批评类	每周授课时数	教学年数	学分	第几年可选修	
1 文心雕龙	二	半	二	二或三	
2 诗品	一	半	一	二或三	
3 史通	二	半	二	二或三	
4 文史通义	二	半	二	一或二	
(丑)总集类	每周授课时数	教学年数	学分	第几年可选修	
1 诗经	三	半	三	一或二	
2 楚辞	二	半	二	二或三	

续表

3 文选	四	半	四	二或三	
4 古文辞类纂	三	半	三	一或二	
5 花间集	二	半	二	二或三	
6 张惠言词选	二	半	二	二或三	
7 元曲选	四	半	四	二或三	
（寅）别集类					
（一）诗词部	每周授课时数	教学年数	学分	第几年可选修	
1 曹子建诗	二	半	二	二或三	
2 陶渊明诗	二	半	二	二或三	
3 谢康乐诗	二	半	二	二或三	
4 李太白诗	三	半	三	二或三	
5 杜少陵诗	三	半	三	二或三	
6 白香山诗	三	半	三	二或三	
7 韩昌黎诗	三	半	三	二或三	
8 李昌谷诗	二	半	二	二或三	
9 李义山诗	二	半	二	二或三	
10 苏东坡诗	三	半	三	二或三	
11 黄山谷诗	三	半	三	二或三	
12 陆剑南诗	三	半	三	二或三	
13 元遗山诗	二	半	二	二或三	
14 南唐二主词	一	半	一	二或三	
15 柳耆卿词	一	半	一	二或三	
16 苏东坡词	一	半	一	二或三	
17 秦淮海词	一	半	一	二或三	
18 周清真词	一	半	一	二或三	
19 辛稼轩词	一	半	一	二或三	
20 姜白石词	一	半	一	二或三	
21 吴梦窗词	一	半	一	二或三	
22 张玉田词	一	半	一	二或三	
（二）骈文部	每周授课时数	教学年数	学分	第几年可选修	
1 庾子山集	三	半	三	二或三	
2 徐孝穆集	二	半	二	二或三	
3 张燕公集	二	半	二	二或三	

续表

4 苏许公集	二	半	二	二或三	
5 陆宣公集	二	半	二	二或三	
6 洪北江集	二	半	二	二或三	
（三）散文部	每周授课时数	教学年数	学分	第几年可选修	
1 春秋左氏传附国语	四	半	四	一或二	
2 史记	四	半	四	二或三	
3 汉书	四	半	四	二或三	
4 后汉书	四	半	四	二或三	
5 三国志	三	半	三	二或三	
6 南北史	四	半	四	二或三	
7 韩昌黎文	三	半	三	一或二	
8 柳柳州文	三	半	三	一或二	
9 欧阳文忠文	三	半	三	一或二	
10 曾子固文	三	半	三	一或二	
11 王荆公文	三	半	三	一或二	
12 归震川文	二	半	二	二或三	
13 姚惜抱文	二	半	二	一或二	
14 恽子居文	二	半	二	一或二	
15 曾文正文	二	半	二	一或二	
（丙）考据类					
（子）经类	每周授课时数	教学年数	学分	第几年可选修	
1 尚书	二	半	二	二或三	
2 周礼	二	半	二	二或三	
3 仪礼（附礼记）	四	半	四	二或三	
4 尔雅	三	半	三	二或三	
（丑）述学类	每周授课时数	教学年数	学分	第几年可选修	
1 亭林遗书	四	半	四	二或三	
2 黄梨洲集	四	半	四	二或三	
3 全谢山集	四	半	四	二或三	
4 戴东原集	二	半	二	二或三	
5 段懋堂集	二	半	二	二或三	
6 钱竹汀集	三	半	三	二或三	

续表

7 汪容甫述学	二	半	二	二或三	
8 黄荛圃集	二	半	二	二或三	
9 顾千里集	二	半	二	二或三	
10 魏默深集	三	半	三	二或三	
11 龚定庵集	三	半	三	二或三	
(寅)札记类	每周授课时数	教学年数	学分	第几年可选修	
1 困学纪闻	三	半	三	二或三	
2 日知录	三	半	三	二或三	
3 十驾斋养新录	三	半	三	二或三	
4 东塾读书记	三	半	三	二或三	

休假　本校休假日期除本校特别纪念外,悉依国民政府所颁定。

考试　本校分临时考、期考、毕业考三种。

大学中国文学系学生向私立无锡国学专修学校请求借读电文

教育部电文

（令知大学中国文学系学生向该校请求借读，应不予收受由）

教育部指令
二十六年发
高壹九第16983号

令私立无锡国学专修学校

二十六年九月十二日呈一件为请示本校可否收受中国文学系借读生由。

呈悉。查该校课程与大学中国文学系性质程度均不相同，中国文学系学生向该校请求借读，应不予收受。合令知照，此令。

部长王世杰
中华民国二十六年九月十八日

唐校长呈教育部电文

（呈请本校可否收受中国文学系借读生请，赐请遵由）

案奉钧部令颁借读办法内开：公立学校均应尽量收容，私立学校由主管教育行政机关考核其办理成绩及一切设备，经指定后，就可能范围收受之。等因。奉此。本校为钧部核准立案之专修学校，办理十余年，迭经钧部及江苏省教育厅派员视察，颇蒙嘉奖，先后拨款补助在案。现在遵令于九月二十日开学。淞沪各大学中国文（学）系学生有来请求借读者，本校是否在指定之列。虽本颁借读办法，未敢擅便，合行请示办理。再本校系国学专修学校，惟大学中国文学系学生有相当学程，可予借读。其他各系碍难收受。合并呈明。

谨呈

教育部部长王

校长唐文治印

中华民国二十六年九月

唐校长呈教育部文

（呈报本校准九月二十日开学并职教员人数请赐察由）

案奉钧部高壹2第一六八三二号训令开:该校现在战区以内,本学期能否开学及如何准备开学,迅即呈报来部并将留校及可以到校之职教员学生人数分别呈报。合行。令即遵照。此令。等因。奉此。现在本校遵令于九月二十日准期开学,业经通告各生家属在案。所有各职教员驻校外,余一小部分学生,各种职员人数,因籍居之地远近不一,究竟实到若干,返误上课后仅行呈报。合先呈复钧部,赐察,实为公便。

谨呈

教育部部长王

校长唐印

九月十七日

江苏省教育厅致函

径启者：

兹为明了本省受补助费各校开学状况起见，应请各校将本学期开学日期、实到学生百分数及其他情形分别函示。除分函外，相应函达。查照。即希于十一月五日前函复本科，以便汇办。如逾期不复，作为未开学论。

此致

无锡国学专修学校

江苏省教育厅第四科启

十月二十三日

唐校长呈教育部文

案查本校前径遵令于九月二十日开学，业经于九月十七日呈报钧部赐察在案。现值非常时期。所有布置避难设备，如防空壕建筑，及防毒急救药品等，已先后遵奉钧部筱灰二密代电实施。计造防空地屋三处，可容二百余十人，由无锡建筑公司计划，颇为巩固。一面维持课务，一面尽可能范围避免损害。冀副钧部保护学生之至意，查月前本校学生报到上课者，计七十一人，余因道路梗阻，兼涉危险，大半暂时请假。惟经本月六日，无锡车站马路一带突被敌机轰炸，加以迩来敌机在锡邑近城肆虐，无日无之。在稍有经验之学生，既得校中防空保障，固属安心上课。而年龄较稚之学生，不无胆怯。窃案查钧部八月三日江代电开：本有遇必要时允准学校迁移之规定。爰酌量情形，先期租定距城十余里之周新镇落乡王祥巷房屋两处，即于八日由文治率同教职员将一部分学生分移，暂作上课之地。近因城中趋势紧张，又有学生多名陆续来乡上课，至愿留城中之学生，间有参与后援会工作关系，仍照常在城上课。即嘱教务主任冯振，总务主任叶长青主持其事。城乡往来，随时商洽。俟时局稍定，即行迁回，合将本校维持上课状况呈报。仰据廑系，实为公便。再本校教职员，除教员陈鼎忠暂因事回长沙原籍外，早经予开学后陆续到齐，合并呈明。

谨呈

教育部部长王

校长唐印

十月

唐校长呈江苏省教育厅文

案查本校前经遵令于九月二十日开学，业经呈奉钧厅第二三六六号函开：核准备查在案。现值非常时期，所有布置避难设备，如防空壕建筑及防毒急救药品等已先后遵奉教育部筱灰二密代电实施，一面维持课务，一面尽可能范围避免损害。冀副钧厅保护学生之至意，查月前，本校学生报到上课者计七十一人，余因道路梗阻，且涉危险，暂时请假，惟经本月六日，无锡车站马路一带突被敌机轰炸，加以迩来敌机在锡邑近城肆虐，无日无之。在稍有经验之学生，既得校中防空保障，固属安心上课。而年龄较稚之学生，不无胆怯。窃案查钧部八月三日江代电开：本有遇必要时允准学校迁移之规定。爰酌量情形，先期租定距城十余里之周新镇落乡王祥巷房屋两处，即于八日由文治率同教职员将一部分学生分移，暂作上课之地。近因城中趋势紧张，又有学生多名陆续来乡上课，至愿留城中之学生，间有参与后援会工作关系，仍照常在城上课。即嘱教务主任冯振，总务主任叶长青主持其事。城乡往来，随时商洽。俟时局稍定，即行迁回，合将本校维持上课状况呈报。以据廑系，实为公便。

谨呈

江苏教育厅厅长周

私立无锡国学专修学校校长唐印

二十六年十月

唐校长呈复江苏省教育厅函文

敬复者:

接准台函嘱,将本学期开学日期、实到学生百分数及其他情形分别函示等因。查本校前经遵令于九月二十日开学,业经呈奉钧厅第二三六六号函开:核准备查在案。查月前,本校学生报到上课者计七十一人,余因远省学生道路梗阻,兼涉危险,大半暂时请假。至其他情形如本校布置避难设备,计造防空地屋三处,可容二百余人,由无锡建筑公司计划,颇为巩固;防毒急救药品等均经预备。惟经本月六日无锡车站一带被敌机轰炸,加以迩来敌机在锡邑近城肆虐,无日无之,在稍有经验之学生既得校中防空保障,固属安心上课,而年龄较稚之学生不无胆怯。案查钧厅第一八〇二号密函开:教育部八月三日代电开:本有遇必需时,先准学校迁移之规定,爰酌量情形按期租定。距城十余里之周新镇落乡王祥房屋两处,即于八日由本校长系同教职员将一部分学生分移,暂作上课之地。近因城中趋势紧张,又有学生多名来乡上课,至愿留城中之学生间有参加后援会工作,关系仍照常上课。即嘱教务主任冯振、总务主任叶长青代为主持城乡往来,随时商洽,合并奉开。

此致

江苏省教育厅第四科

校长唐文治

十月二十九日

私立无锡国学专修学校毕业试验委员会成立

唐校长呈江苏省教育厅函文

（毕业试验委员会成立）

为呈复事

案奉钧厅第一〇一八号函开：案奉教育部第一三三二八号训令开：查大学规程，第十七条规定毕业试验由教育部派校内教授、副教授及校外专门学者组织委员会举行之。校长为委员长，每种科目之试验，须于可能范围内有一校外委员参与。专科学校规程第十七条内有同样之规定。惟自颁行以来，各校办理情形不无参差之处。为特重行通饬，自本学年起各校毕业试验均应一律遵照上项规定办理。前先拟具名单呈候本部核定，以符法令，除分行外，合行，令仰该厅能饬省立及已立案之私立大学学院专科学校遵照。此令。等因。奉此。除分行外，相应函达，即希查照办理等因。奉此。查本校现拟于一月间举行第十一届毕业试验，先经呈奉教育部第一二八二八号指令开：准予届期举行毕业试验在案。兹奉前因，谨遵依专科学校规程第十七条之规定，组织委员会。遵令先期拟具名单呈送钧厅，赐予察核。转呈教育部饬遵，实为公便。

谨呈

江苏教育厅厅长周

附呈毕业试验委员会名单

私立无锡国学专修学校校长唐文治印

中华民国二十三年一月六日

附呈毕业试验委员会名单

谨将拟具毕业试验委员会名单开呈钧鉴

校外委员

陈　柱　上海交通大学文学系主任

高　阳　江苏省立教育学院院长

俞庆棠　江苏省立教育学院教授

校内委员

唐文治　校长

冯　振　教务主任兼教授

朱文熊　教授

陈天倪　教授

徐景铨　教授

叶长青　教授

李惕平　教授

陆修祜　教授

生活辅导委员会布告

本院各项学习活动,亟待展开;在同学尚未到齐之前,先成立临时级委员会及学习小组,并依照行署所颁办法,规定要点如左(下):

一、临时级委会每级产生委员二人,由各级现有同学推选之。临时级委会产生后,即召开临时级联会,推定正副主席展开工作。

二、临时级委会负责进行组织小组,每组以不超过十人为原则,由各组自行选举临时正副组长各一人。

三、级委会之产生盼于九月二十二日完成,小组于九月二十三日完成。人选推定后,即将名单送生活辅导委员会备案。

四、俟同学到齐后,再按民主选举方式产生各级正式组织。

九月二十二日

教育部立案私立无锡国学专修学校招考男女生简章

（一）投考须知

（甲）投考资格　凡在教育部立案公私立高级中学毕业，国学确有根柢而年龄在十八岁以上二十五岁以下者，不论性别（惟女生暂限通学，远道女生并须在锡有妥当监护人）均得投考一年级为正式生。其程度相当而无毕业证书者，得就其程度高下，投考一年级或补习班为试读生。其有教育部立案大学或专科以上学校一学期以上之转学证书及成绩单，经核与本校所定学程学分足以相抵者，得投考一二年级为插班生。

（乙）修业年限　三年毕业。补习班增加一年。

（丙）试验科目　论文　中国历史　中国地理　国学常识　口试　体格检查　插班生加试科目　文学史　国学概论　文字学

（丁）缴纳各费　每学期学费四十元，膳费三十元，宿费十元，讲义费二元，图书费二元，杂志费一元，运动费二元，医药费二元，建筑费五元，仆役费一元，书籍费约十元，制服徽章费约十二元（以上两项多还少补）。新生及插班生加缴损失保证费五元（毕业时查无损失退还），入学时须一律缴清，缴清后如有退学，所缴各费概不发还。

（戊）考试日期及地址　每年招生分春秋两季，春季招考插班生，考期定一月三十一日，秋季招考新生及插班生，考期定八月二日，均于是日上午八时在无锡学前街本校举行。

（己）报名手续及日期　报名时须缴报名费一元，四寸半身相片二张，取录与否概不发还。报名日期，春季自一月十五日起，秋季自七月二十日起，均至考前一日截止。通信报名须附寄回件挂号邮资。

（庚）揭晓　录取各生概于考试后三日在本校揭晓，再后二日在上海《申报》揭晓。

（二）入学

（甲）新生及插班生录取后，须依照规定期间缴留额金五元，否则取消入学资格。并须在规定入学有效期间，先将志愿书、保证书呈缴训育处审查合格，并核对相片、笔迹无误后，给予准学证，持赴本校会计课缴清各费，将收据及准学证至注册课呈验，方准注册。其未得准学证而先缴费者，如遇准学资格发生问题时，所缴各费以八折退还。

（乙）学生逾规定期间不注册者，每日罚款三元，以一星期为限。

（丙）学生录取后不得改名。

（丁）未经注册者不得上课。

（三）附则

（甲）本校宗旨在实事求是、敦品励学，若欲为虚荣计及与闻外事不受严格管理者，毋庸跋涉来试。

（乙）本校遵照教育部令，自二十五年度起增设免费学额，以奖助家境清贫、体格健全、资禀颖异、成绩优良之学生。其学额之给予，由本校免费学额委员会审定之。

（丙）本校十五周纪念册内，详载本校组织情形及详细章则，每册售国币三角。

（丁）凡索本章程者，须附邮票二分。

报名单

学生　　　今拟投考
无锡国学专修学校谨呈履历如下
籍贯　　　　省　　　　县
通讯处
年龄　　　岁性别　　　学历
投考　　　年级
附寄　证明文件　　件
　　　报名费一元
民国二十六年　　月　　日

七、人　物

金石学家鲍鼎

陈左高

当代兼擅金石学、古文字的要数鲍鼎（1892—1973）。先生字扶九，号默庵，别署云中君、蒜山耕者，镇江人。治甲骨文及钟鼎篆籀。藏书四万册，与陈庆年、丁传靖齐名。历任正风文学院、大夏大学、无锡国学专修学校教授。著作等身，刊行《默庵所著书》《默庵金石三书》《中国金石小史》《铁云藏龟释文》等。

先生学富多艺，王国维、罗振玉、章钰、丁福保、宣哲、柳诒徵等皆乐与之交。弱冠，为王国维《国朝金文著录表》作补遗。年二十六，任上海蟫隐庐及中国书店编辑。得识罗振玉，那时所著述，已出现古篆，难以发排，经店主罗振常支持，终于手写石印出版。他的每种著作，分别由徐乃昌、朱古微、郑孝胥、章钰、罗振玉、柳诒徵等题签，名家手笔，弥足珍贵。40年代，替丁福保《说文解字诂林》删繁就精，成《说文解字诂林简编》。

我于1941年肄业于无锡国专，选修先生所授甲金文研究凡一年。他开列必备书，首先是《殷墟文字类编》《金文编》，次之为朱芳圃《甲骨学商史编》。一堂课，讲了甲乙丙丁四字，比较甲金文字形，谓皆与植物有关。有时引用《说文》，旨在说明已非本义。

上海沦陷期间，教薪微薄，默庵与瑗师（王蘧常）身处“孤岛”，砥砺气节，相濡以沫。值汪伪政权在南京成立“中央大学”，拟聘两氏出任该校中文系主任及文学院院长，允出重金，屡电催促。先后皆始终坚拒，与梅兰芳蓄须明志，同为艺林佳话。

默庵工书法，兼擅古篆隶楷，又善诗文。年三十，日本学者已列其名，入《支那名人录》。柳诒徵更盛许推誉，有“石帆昔赠海门诗，三十声华四海知。五叶文孙今继武，百家学术更堪师”之句。

唐兰二三事

陈左高

当代以文字学、青铜器研究而名播海内外者唐兰(1901—1979),号立庵,浙江嘉兴秀水人。1920年考入无锡国学专修馆。三年中,成《说文注》四卷。经罗振玉之介,叩益于王国维,见许为弱冠治古文字者之一(见王著《商承祚殷墟书契类编序》)。曾任北京大学教授,故宫博物院研究员、副院长。撰述等身,有《殷墟文字记》《古文字学导论》《天壤阁甲骨文存》《中国青铜器的起源与发展》等。

其至友之一,推王瑗仲(蘧常)先生。距今70年前,唐蔚老兴办无锡国专,广收生徒。在南京、无锡、上海分设考点。两人相偕赴沪应试,考场借交通大学。第一道题《于缉熙敬止》,出于《诗经·文王》。第二道题是《为生民立命,为万世开太平论》。立庵披卷振笔,洋洋洒洒,下笔千余言。不久,报载录取名第,唐列第五名,王居第七名。是为国专第一届高材生之始。榜发后,冒着大风雪,先期偕往无锡,叩谒心仪已久之唐老师(文治)。至此交契益深,同乡同庚进而同窗、同志于学术研究矣。

30年代,唐氏治学日趋成熟,崭露头角。初应高亨之邀,讲《尚书》于东北大学,继而代顾颉刚授《尚书》于北大,又代董作宾开甲骨文字课。并受清华、辅仁、中国等多所大学之请,执教古文字及诗、书、三礼。还和郭沫若学术通信频繁,替郭老撰《两周金文辞大系序》。足征他在而立之年,学术造诣何等深厚。

立庵古文字学、青铜器、音韵学多方面研究,精义纷陈,论者已多,无庸喋喋。值得一提的,他为了研究需要,刻苦自学英、日、俄文及世界语,底于粗通。厥后出访芬兰、瑞典,赴香港大学作专题讲演时,有所体现。

立庵鉴于会集学者讨论专著,有助提高质量,因此逢邀与会必认真参加。如1955年11月5日,在考古所召开《金文编》之讨论,出席者容庚、陈梦家、张正烺、杨树达、唐兰,凡五人。唐氏对该书体例文字,畅抒己见,为在座所首肯。

此外,还关心历年来出土文物。1973年长沙马王堆汉帛出土,率先进行帛书竹简研究整理,发表多量论文,给人启迪,如《一号汉墓竹简考释》即是。

瑗师晚年常称唐氏勤劬,逝世前所赋病中五律,末有"华族终当迈前代,食芹常欲献区区"句,诗吐心声,道出献身学术之衷忱,也是自我一生的写照。

法制史家杨廷福

陈左高

当代致力学术，而工诗文富才气者，莫若杨廷福教授(1924—1984)。杨廷福，字士则，号蓼庵，浙江鄞县人。博览旁涉，擅诗善文，究研中国韵文史、交通史、佛学史，尤萃力中国法制史，所撰论文，蜚声海内外。造述梓行者《唐律初探》《玄奘论集》(1986年齐鲁书社版)、《清人室名别称字号索引》(265万字，与子同甫合作，1988年上海古籍出版社版)等。

我和士则同窗于无锡国专、复旦大学，订交逾40年，相知较深。他刻苦励学、不懈实干的精神，给人留下难以磨灭的印象。

按其得力于转益多师，早岁从夏敬观、唐文治、汪东、沈尹默、卢前、陈子展治词章之学；从吕思勉、顾颉刚习史学；从章士钊、江庸学法学。自谓起自寒微，嗜书成癖，弱冠之年，于四马路(今上海福州路)书铺，见梁玉绳《史记志疑》，索价3元。毅然将身上绒线背心，上当铺，得质金5元，急急购置。由于他奋进学坚，当就读复旦三年级时，已膺上海法政学院、同济大学法学院讲师之聘，走上了执教中国法制史讲台。同时，著《中国韵文学史》，由顾颉刚之荐，获部级乙等学术奖(甲等陈寅恪、冯友兰)。有志不在年少，一时传为佳话。嗣后读书锐力有增无减，泡在图书馆穷摘猛钞，还向陈垣借《释氏疑年表》、沈尹默借《碛砂藏经》珍本，逐一抄录，乃至手起重茧。

“四人帮”垮台后，他结束了坎坷生涯，除任上海教育学院、华东师大教授外，参加《大唐西域记》校释工作，任国务院古籍整理小组成员，中文版《不列颠简明百科全书》中国历史分卷编审、《中国大百科全书·历史分卷》副主编等大量职务。还不时应邀主持近10所大学唐史、佛学史硕士研究生答辩，这种献身文化教育的精神，弥足珍贵。

士则从事中国法制史研究，贡献卓著。其力作《〈唐律疏议〉制作年代考》和《唐律历史渊源略论稿》一经问世，引起日本学界的重视，即由明治大学冈野诚博士译成日文，作为日本法学部学生的读本。1981年春，美国监德彰教授在意大利米兰主持“中国法制史国际学术讨论会”，士则应约参加，畅抒己见，博得与会各国专家的好评。

他的另一成就，是诗文才思敏捷，尤被潘伯鹰所激赏。如冯其庸《曹雪芹家世新考》脱稿，士则为之作万言长序，畅论谱牒学之重要，兼及曹之上祖籍贯确是辽阳，冯氏许为定论。四凶荡涤，赋《丙辰咄咄吟》六首，有“万古星辰原不废，凭栏依旧见东山”句，寓拨雾见晴之欣喜感受。

追寻传统文化的当代意义
——姚奠中先生谈话录

刘毓庆

编者按 山西大学教授姚奠中先生，是现在唯一健在的章门弟子。1913年生于山西稷山，1935年考入无锡国学专修学校，后转入苏州章氏国学讲习会，并考取章太炎先生招收的唯一一届研究生。1936年起，先后任教于安徽政治学院、国立女子师范学院、国立贵阳师范学院、国立云南大学。解放后先后在贵州大学、山西大学从事古典文学的教学与研究。同时曾先后兼任全国政协委员、山西省政协副主席、山西省古典文学学会会长、九三学社中央委员、山西省书法协会名誉主席、山西省书画协会名誉会长等职。他兼学者、诗人、书法家于一身，其治学也不拘于一隅，优游于文、史、哲各领域，有太炎先生遗风。本刊(《文艺研究》)特委托山西大学文学院刘毓庆教授就其受业章门的经历以及中国传统文化方面的问题求教于姚奠中先生，遂整理成此访谈录，以飨读者(文中标●号者代表采访者刘毓庆先生，标■号者代表受访者姚奠中先生)。

●姚先生，据我所知，您是章太炎先生的关门弟子。据说您是从无锡国专转到章氏国学讲习会的。国学师专当时名家如云，有良好的社会声誉，您为什么还要转到国学会？您是在怎样的情况下转到国学会的？

■在入章门之前，我曾在无锡国专待过半年。国专确实不错。国专校长唐文治先生是一位理学家，曾任过前清工商部侍郎代尚书。无锡国专办学能兼容并包，有一批名家在那里执教。钱锺书先生的父亲钱基博先生曾做过那里的教务长，顾实先生长期在无锡国专授课，他学识渊博，有怪癖，曾治一方印："江南顾怪。"饶宗颐先生也在那里讲过课。闫宗临先生也曾在那里授课。钱仲联先生是当时国专最年轻的老师。当时有一批名人之后在那里就读。如马茂元，他是桐城派大师马其昶的孙子；吴常焘也是桐城派嫡传。他们二人常以桐城派自居，我那时常和他们开玩笑，说自己是先秦派。当时无锡国专每年有一次几个年级一起论文比赛，经、史、子、集四道题任挑一个，要求两个钟头作成。钱仲联先生知我治诸子，于是指定我作《拟庄子〈秋水〉篇》一题，当时由冯振心等先生组成评判组裁定，我得98分，名列第一，马茂元也是90多分，位居第二。唐文治先生给我评语有"专心努力，可以追蹑子云"的话，这对我鼓励很大。我在那里其实也很好，但是因为对章先生仰慕不已，早在中学时代，就有了倾慕之心。这时听说章先生在苏州讲学，我便在同乡郑云飞(他是山西万泉人，是留日归国的学生)的带领下去章先生处听过课。听了几次后，就决定放弃国专学籍，转往苏州。那时钱仲联先生在无锡国专教一年级国文，他比我略长几岁，才留校不久，对我很客气，知道我有意到苏州投师章先生十分赞成，于是介绍我认识章先生的朋友金松岑。金是《孽海花》前五回的作者，我去拜访他，他还把他的诗集、文集送给我。经过金先生给章先生写信介绍，我才正式由无锡国专转到章先生所办的国学讲习会。

●这样说来，您进国学讲习会是由人推荐的了？是否当时有人推荐就可进去？

■开始是这样。讲习会的学生只要有名人介绍即可，年龄差异很大，有七十多岁的，也有十几岁的，有的是从海外归来的留洋学生，有的是高中生，有的是大学毕业生，还有成名的教授。像马宗芗，当时已是大学教授，《章氏丛书续编》的组编者之一，又来听讲，当然受到了特殊待遇。

先生讲课是讲问题，许多人不懂，有的甚至根本摸不着边。因此开始来的人很多，后来只留下了60多人。鉴于这样的情况，先生决定招收研究生，亲自规定，凡学历高、有著作者即可批准作研究生。如果没有著作，则可报名考试。我就是报名考试的，最后录取了7人，我是第四名，年纪最小，第三名是汤炳正（北平中国大学毕业），第五名是李恭（北师大毕业，在甘肃做过兰州师范校长，解放后是兰州大学教授，是著名的文字学、声韵学家），第七名是柏耐冬（北平警官学校毕业）。当然，许多老资格的未经考试也可自行研究，但不在正式研究生之列。

●您是现在还健在的两名章门弟子之一，亲沐章先生教泽，一定有不少深刻的体会和感受吧。

■是的（微笑）。开始蒋介石曾派人致万金为先生疗养之费，但先生深恶蒋的为人，拒不接受。来人无法回去交差，只好求助于汪东、黄侃等章门弟子，最后折衷用这笔钱创办国学会，先生才应允。因此我们当时上学除伙食自理外，一切学杂费皆免。这在当时来说确实是有一种优越感的。并且，在章先生门下与国专是两种完全不同的感受。国专校长唐文治先生，为人极负责任，对学生也很关心，他眼睛看不见，常正襟危坐，不苟言笑。谁在他跟前都不敢大声说话。当时我去见他，用纸条写上名字，由秘书传入，报告姚豫泰（我的原名）求见，方可入内。章先生则不然，很随便，谈什么都可以，谈轶事，谈学问，谈革命历史，谈风俗民情。问什么谈什么。现在有些人被誉为国学大师，但事实上所熟悉的仅仅是某个方面，不广，不博，不深。而章先生则是将整个中国学术的主要方面贯穿在一起的。我们无论找先生随便谈什么问题，他都有问必答，有时谈得极深，那才堪称“国学大师”。

那时我们除听课外，一般每周拜谒先生一次。有时集体去，有时单独前往。先生是余杭人，说的方言不好懂。我们去向先生请教时都带着笔记本，听不清的就请先生写下来。先生讲授《尚书》之时，凡注疏已通者一概不讲，单就其中存在的问题加以考辩，旁征博引、如数家珍。我曾将听先生讲课的记录结合孙星衍的《尚书今古文注疏》、江声的《尚书集注音疏》编写成一本几十万字的《古文尚书讲疏》，可惜遗失于日寇战火中。当时除先生亲自授课外，汪东、朱希祖、马宗霍诸先生也代先生授课。

先生做什么事都很投入，往往半夜起来查书，有时连饭也顾不上吃，有一次因专注于思考问题，把墨汁当成了辣椒酱来蘸。也常常把回家的路走错。讲课也是这样，往往不知道休息，一讲就是好长时间。章师母担心先生的身体，要我们一听到打铃就下课，这样先生无奈就只好休息了。而在生活上，先生却不讲究，也很少考虑。如在苏州买房子时，先生不会讨价还价，反而连口称赞房子好，结果房主抓住了他的心理，把房价抬得奇高，惹得师母抱怨不已。对于国学会的事务，章先生不直接过问，一切事宜都是由章师母管理。师母深入学生，特别对研究生每个人都很熟悉，和大家感情很好。她也常给我们讲些先生的趣事，当时有个常在先生周围的沈延国，我们对他不甚恭敬。沈的父亲沈瓞民是先生的朋友，也在学会授课。师母向我们解释：陈其美派蒋介石刺杀了先生的革命好友陶成章，陶成章遇刺的那天正是沈延国出生，因此先生把沈延国看作是陶成章的后身，对他爱护有加。这虽是笑谈,却体现出先生对革命同志的感情。

1936年6月14日,章先生罹患鼻癌病逝,就在去世的头几天,先生还在坚持为我们上课,在先生弥留之际,学生们集中守在院子里,先生的好友李根源等和学生汤炳正、李恭等守护在先生病榻旁。

先生辞世后,在师母的带领下,我们继承先生遗志,将学会继续办了下去,师母因学会学生参差不齐,所以开设了预备班,招收高中毕业生,在研究生中选了三个为预备班带课。让我教《中国文学史》,这是我一生教学之始。

●照您这么说,章先生是非常有个性的了。据说黄兴遗嘱要章先生给他作墓志,谭延闿书写,章先生把墓志写好了,谭却不敢写,因为文中对当时徐世昌等北洋军阀无情指斥。有没有这么回事?

■确实有这回事(笑着说)。先生一生骨鲠,他对一切罪恶势力深恶痛绝,自然要借各种机会抨击他们。如南京召开纪念辛亥革命烈士的追悼会,先生却撰挽联说:"群盗鼠窃狗偷,死者不瞑目;此地龙盘虎踞,古人之虚言。"人听说是章先生送的挽联,马上就打开准备悬挂,但一看到是这个内容,顿时就傻了眼,赶快收起来。先生有个亲戚参与"中日塘沽协定"(谈判)后,来见先生,先生立刻拿起棍子将他赶了出去。可冯玉祥将军前来,先生则以礼相待,冯将军对先生十分景仰,过年节还要来给先生磕头拜年。因为先生对人不留情面,因而有人捏造了先生骂孙中山先生的挽联说:"举国尽苏俄,赤化不如陈独秀;满朝皆义子,碧云应继魏忠贤。"事实上,尽管章先生在革命行动上与孙先生有过矛盾,但二人友谊始终不渝,此显然为别有用心的人所伪造以贬低中山先生,应当澄清。先生确实有一副挽孙中山的挽联,内容是:"孙郎使天下三分,当魏德萌芽,江表何曾忘袭许;南国是吾家旧物,怨灵修浩荡,武关无故入盟秦。"痛惋之情,溢于言表,这才符合孙、章二先生的交谊,也符合章先生的身份。这段故事,我当年在安徽也曾给学生讲过,当时国民政府督学检查学生笔记发现这段内容,认为是对国父不敬,找到校长,校长打圆场说这是章疯子的学生,这才作罢。

●章先生对于军阀及罪恶势力的憎恶,对于孙中山的哀悼,这实际上是革命精神、革命情感的体现。

■是的。先生始终坚持民族、国家大义,对国家、民族前途有一种深切的使命感、责任感,正因如此,他才积极投身于革命事业,对于个人利害得失全不计较。像他开始对于维新变法也是支持的。康有为流亡南洋,他也曾写信表示安慰,康非常感动,还回以长信。但后来康有为由变法转向保皇,先生则撰名作《驳康有为论革命书》与其决裂。再如自立军,尽管先生并不认同,但当自立军被镇压,领导人之一沈禹希被害后,他仍写诗哀悼,说:"不见沈生久,江湖知隐沦。萧萧悲壮士,今在易京门。魑魅羞争焰,文章总断魂。中阴当待我,南北几新坟。"也正是由于这种使命感、责任感,在国家民族危亡之际,先生才创办国学讲习会,欲保国脉于一线。

●您认为章先生在文化、学术方面,最突出的特点是什么?

■在文化、学术方面,先生最大的特点,应该说是面对社会不断前进。这和他的革命精神是相一致的。对于传统文化,先生反对因循守旧,而是要发扬光大。对于传统学术的研究,先生力主和现实联系,有利于社会进步。在这方面,能够继承先生精神和作风的人不多。比如对小学的研究,他的学生就不及他进步,像黄侃,他的名气很大,有人把章、黄合在一起称"章黄学派",其实章和黄不是一回事。黄侃研究古韵有创见,被先生肯定,但没有进一步开拓，较窄，而章先生则向语言学发展，他以统一全国语言为目标，首创了拼音字母，后来叫作注音字母。这对汉语言学的发展贡献很大。再如对诸子，一般朴学家都是考证、注释，像他的学生刘文典研究《淮南鸿烈》，名气很大，可还是老一套。而他却搞哲学，且与印度、西方哲学相印证，可以说是朴学家中第一个对诸子进行哲学思想研究的。同样他的革命精神，能够继承的人也很少。辛亥革命后，先生从事民主革命任务画上了句号，后来军阀混战，他也无可奈何，留在人们心中的只有他的革命精神，而真正贯彻先生革命精神的只有鲁迅，不过先生是旧民主主义革命思想的代表，鲁迅则是新民主主义革命思想的代表。所处时代不同，精神却是一贯的。

先生有一种积极进取的精神，绝非后来人想象的老夫子。前几年有个笑话，有人写文章说，先生结婚是长袍马褂的旧式婚礼。这完全是瞎想，我曾撰文反驳，并附上照片，他穿的是西装，孙中山、黄兴都参加了，主婚人是蔡元培。有人想当然地认为研究国学者必然守旧，但实际上先生对于传统文化是要"恢宏而光大之"，为时代的需要服务。

●关于章先生您谈了这么多，请问章先生对您印象最深刻的是什么？

■想起来章先生对我印象深刻的，是他对国家、对民族、对民族文化的使命感、责任感。先生在同盟会初期就写有《革命道德论》，认为参加革命而无道德就是投机。他始终以国家民族利益为重，"自任以天下之重"。肩上担负着社会革命和文化传承两副担子，他在上海狱中写的"自记"中就明确提出来了，我曾把他的话写成篆字条幅悬于座右。

●章门弟子，以声韵、训诂出名的不少，您似乎对于这方面不太重视，而偏重诸子，是吧？

■不是不重视，而是不专研。谈国学而不懂声韵、训诂，是不行的。我重在用，即用专家的成果为研读古书服务。我在各校教书，只开过文字学课，没开过声韵学。对诸子，从初中时起，就买了《十子全书》，泛读后，最喜老、庄、墨三家，特别是庄。到章门后，发现章先生就是重视诸子，这坚定了我的信心，章先生文章中有两段话，现在抄给你们——

一段是先生在写给《国粹学报》主编邓实的信中提到的："学问以语言为本质，故音韵训诂，其管籥也；以真理为归宿，故周秦诸子，其堂奥也。"

另一段是先生在《菿汉微言》中提到的："自揣平生学术，始则转俗成真，终乃回真向俗，世固有见谛转胜者耶。后生可畏，安可质言？秦、汉以来，依违于彼是之间，局促于一曲之内，盖未尝睹是也。乃若昔人所诮，专志精微，反致陆沉，穷研训故，遂成无用者，余虽无腆，固足以雪斯耻。"

所以，我的研究方向，就定为诸子，而以庄子为重点。章先生也很赞称我治诸子。我的研究生论文是《魏晋玄学与老庄》。我研究庄子，主要是看重庄子对人生的作用，特别对精神修养的作用。使人思想开阔，毫不偏执，而意志坚定。有些人认为庄子是相对论，其实这种看法是肤浅的，没有真正理解庄子。庄子认识事物、事理都是相对的，但又提出"道通于一""莫若以明"，这就是说，从一般层次上看，事物是相对的，此亦一是非，彼亦一是非，但从更高的层次看，就可以看透事物，就"明"。庄子站得高，看得远，看得深。采取这样的态度来待人接物就不会偏执。我在思想上颇受其影响。

●我跟随您三十年，深深感到先生身上有太炎先生的遗风。最突出的表现是，在学术上非常重视"国学"，在行为上则对现实问题非常关怀。无论写文章，还是平时的言谈，都充满着对国家、对民族、对民族文化的使命感与责任感。先生之所以致力于诸子研究，也是因为看到了诸子思想与现实的更多联系。就书法而言,先生是国内大家,河南有人发表文章,说先生是三百年来碑帖的终结者。还有人称先生的诗、书、画、印是四绝。但据我对先生的了解,先生并不以书法家、诗人、画家、篆刻家自居,而是把诗、书、画、印作为国学的一部分来对待的,目的在于对中国传统文化的全面继承和发展,同样体现着一种使命感、责任感。在这方面,是否也受到了章先生的影响?

■影响是有的。我高中毕业时,有两位老师对我的前途发生了争论:一位说:"你应该走美术道路,一定能成为大家。"一位却说:"不,你读古书多,文字好,做学问才是正路。"我没有管这些,只是不由自主地二者并进,以学问为主,但并不妨碍在艺术方面的追求。在伯父的严格要求下,大小楷十年不间断。上中学起,每学期回去都要交作业;从小爱画,见甚画甚,常从旧小说插图中描人物,而初中时期有两位李老师、一位张老师,对我在书画上帮助很大。他们有不少从上海购置的名家复制品,开拓了我的眼界。同学有几位爱好书法的,大家常互相议论、批评,气氛很活泼、融洽。那时给人写字、画画不少,还应一个卖画老头的要求,作了些冒充名家的伪作。后来从北方到南方,见得多了,随时吸收各名家的优点。对坏作品,我也会揣摩它坏在哪里,如何去改。进章门后,得到了太炎先生的指点。章先生提出"汉碑头"《天发神谶碑》《三体石经》《石门颂》《郑文公碑》《张迁碑》《曹全碑》等碑刻,说要放得开,收得住。我从练习实践中体会其中的道理,结合我用过力的颜楷觉得大有益处。画喜欢米芾、石涛,不喜王石谷,印喜"汉铜",不喜纤巧一派。在无锡曾拿自己刻的图章,请一位老篆刻家看,他一看就说太火,要朴实,不能剑拔弩张。后来我买到一部《汉铜印丛》,专学汉铜。两年后,到杭州西泠印社参观,才又参考近代名家。那时苏州展览特别多,遇到好的,往往流连忘返,等到从教后,书、画、印都作的少了,只是遇到有同好的朋友,才相互切磋创作。诗,在初中时写七言歌行,订成一本。到高中,专写五古,发表过几篇,抗战初才写五、七律、绝和词,功夫不深,不过都属于感时抚事,很少风花雪月。喜欢旧小说中常说的"怎见得,有诗为证",就是作诗证事的。只偶尔作一两首,自己刻有一图章,文曰"未能高咏",不敢以诗人自居。

●但我觉得您的诗中,有一种激人奋发的精神,没有文士气,而是英雄气。比如前些年您写的:"清明才见草生芽,北国难开二月花。寄语东风须著力,但期新绿遍天涯。"表达了对山西教育现状的焦虑与热切关注,我就很受感动。我从您身上确实看到了太炎先生的影子。

■我认为诗、书、画、印作为中国传统文化的一部分,既能体现中国文化的博大精深的一面,同时也能表现中国文化以"中和"为美的基本思想,从中可以陶冶情操,使人格得到升华,丰富内在的精神世界。孔子说:"古之学者为己,今之学者为人。"所谓"为己",就是指"因心以会遂",完善自己的人格。这种东西西方没有,可以说是中国的"国粹",是人类非常宝贵的一份精神财富,无论如何都应该重视。这几年,各级电视台,包括外省的电视台,以及一些报刊,多次对我进行采访。《书法》和《中国书法》有多次专题刊出作品和评介。去年《书法》和《中国书画》又都连载了我的多幅作品,并进行文字评介。事后又都寄了稿费,赠了书,并退回了用过的资料。真感谢他们,这倒不只是为了我自己,而是感谢他们对文化事业的关心、支持,感谢他们为发扬中国传统文化作出的努力。如果没有这样一些热心于文化事业的人,而一味地追求经济利益,我真担心"此道绝矣"。到那时,那将会是全人类的遗憾!

●记得上大学时，每次拜访先生回来，我都要记一篇长长的日记，为先生的博学与先生对于社会人生的关注、对文化事业的关心，以及那种深切的使命感、责任感所感动。我常想，作为一个文化人，不能只在书斋中生活，而应该有一份社会关怀。今天听了，仍然有这种感觉。您对中国传统文化有一种特殊的感情，每次一提起这个话题来，您总是"一发难收"。那么，现在我想就文化方面的问题请教先生。"文化"可以说是时下最为时髦的一个词了。人们动不动就谈文化，如什么旅游文化、根祖文化、青铜文化之类，似乎什么都成了文化，您对此有何看法？

■时下"文化"一词确实用得有点滥。很多事物都莫名其妙的戴上了文化的帽子，这是很成问题的。如现在一般把出土文物叫做文化，像什么"青铜文化"、"彩陶文化"以及"仰韶文化遗址"、"龙山文化遗址"，等等。事实上，出土文物及人类活动遗址，只能代表文明，而不能叫做文化。"文化"重点是"化"字，是在文明基础上的升华，是属于精神的、观念形态的东西，有文治教化、精神财富等多重意义。而出土文物只是一种物质表现，是人类文明进步的产物，充其量只能称"文明"而不能称"文化"。因为"文明"重在物质表现与人类行为表现上。"文明"有个程度问题，文明程度高，就表示进步；低，就表示落后。而文化则不然，文化与文化之间，往往表现为质的不同，而不存在着程度高低的问题。因此，把代表人类不同历史时代的出土文物或遗址称作"文化"是不准确的。至于"旅游文化"、"根祖文化"之类，其内涵到底是什么，人也难以说清，就更是没有道理了。

●对中国传统文化，人们根据地域与文化性质的不同，习惯上有三晋文化、齐鲁文化、荆楚文化、河洛文化之分。您觉得这种划分能否成立呢？

■我觉得这样划分，从地域上考虑的因素多了些，而从文化性质上考虑的少了些。像"三晋文化"这种提法是可以成立的。"三晋文化"以法家思想为代表，三晋百年称霸，法家人物基本在三晋，法家主要目标是富国强兵，要达到这样的目标，这就要求"变"，不适应当代需要的就要"因时而变"；而要"变"就必须有"势"——有权势才能有力量"变"，因此只有依靠君主，集权于君主。而君主控制臣下，则依靠"术"，这却会产生很不好的影响，发展为绝对专制。像秦国依靠变法统一六国，但最后由于绝对专制而被葬送！赵高篡权，公子扶苏、大将蒙恬被杀，李斯最后也不免"黄犬之哀"。像"齐鲁文化"就有问题了。齐和鲁是不一样的。鲁是儒家的大本营，其思想是以伦理、道德、教育为核心的，是周文化的继承、发展，也是中国传统文化的中心。在这里形成的文化可以称作"周鲁文化"。而齐则是阴阳家思想的大本营，把齐、鲁归在一起，显然不合适。倒是燕和齐还有些相似。燕、齐临海，海上变化多，是阴阳家学说所由来，对于后世影响很大，可以称作"燕齐文化"。至于"荆楚文化"，从近年来的研究看，自然也有自己的特点、内涵，若从中国学术史的角度来谈，还得做新的考虑。因此一般我不谈"荆楚文化"。我的老学生许可曾给我提出意见，说为什么不谈楚文化？事实上，楚国文化以屈原为代表的还是儒家文化。从《离骚》中就可以看出来，屈原的伟大贡献是文学，他并未在思想上创造什么。有人把道家思想说成是楚文化的代表，这不合适。道家的代表人物老子和庄子原先都不能说是楚国人，不能代表楚文化。老子是厉乡人，原属于陈国，陈是郑、宋、楚之间的一个小国。后来楚灭了陈才归了楚，文化上与楚国是没有什么关系的。厉乡距楚的中心郢都有千里之遥，而距宋的中心商丘还不到百里，比离陈国的中心还近。庄子是宋国蒙人。如果从文化区域上考虑，应该有个"梁宋文化"。司马迁说过："夫自鸿沟以东，芒砀以北，此梁宋也。"老、庄便出于此处，他们应该是梁宋文化的代表。因为这里是“天下之中”，四通八达，因而汇聚各路思想才能产生老庄思想，而老子又做过周的史官，掌握历代“成败、存亡、祸福、古今之道”，故能“秉要执本”。道家的思想，不只是高，更重要的是深邃。

至于河洛文化，这是河南人提出来的，当然可以。不过从现在这种划分的根据看，主要是以河南境内关于上古时代的考古发掘为依据的。这对于认识河南的三代文化可能是有意义的，但从传统学术的角度看，河洛文化的代表应该是纵横家思想。纵横家的最大代表苏秦、张仪都是这里人。张仪是魏人，魏的中心在河南。苏秦出生在洛阳，洛阳也是“天下之中”，是政治中心，在这里可以揣摩各国军政，许多策士实际上都受苏秦的影响。这些思想，到汉代逐渐统一于以儒为主的统治思想之内。

●从80年代开始，就有一批人认为中国文化是落后的文化，传统文化使得中国落后了，所以应该予以淘汰，您怎么看这个问题？

■恰恰相反，现在是需要以中国文化来拯救世界。现在许多国外的学者都在研究中国文化，《老子》就有几百种译本，仅次于《圣经》。中国文化对于人类未来的意义其实要远远大于以物质为中心的西方文化。西方文化追求利益的最大化，强调竞争，对于互相冲突，习以为常。而中国文化则强调和谐，使不同文明相互尊重。像中国对待宗教、对待少数民族的态度就很能说明问题。西方一个宗教内不同派系间都会争斗，而中国各种宗教却在一千多年前就提倡“三教合一”。中国大力支持少数民族发展，追求共同富裕，这些都是儒家的“恕”的传统，从而使各种不同力量合在一起，互相尊重。党的十六届四中全会提出构建“和谐社会”，也是对传统文化的弘扬。许多外国学者像汤因比等，早就注意到了中国文化对于人类未来的意义。

●不管怎么说，在科技、经济方面，中国落后于西方，这是事实。我们常说中国民族是一个优秀的民族，是有着五千年优秀文化传统的民族。历史悠久，文化深厚，民族优秀，可是在科技、经济方面却落后于西方国家。既然优秀，为什么会落后？我感到这中间有个价值取向的问题，您觉得呢？

■是的。西方文化中高扬的是一个“利”字。追求利益的最大化，是这一文化价值取向确定的发展目标。利益最大化的追求，必然会驱动科技的发展，因而西方在物质的现代化方面，就显得格外突出。而中国传统文化中高扬的是一个“义”字。贵“义”贱“利”，是这一文化的价值取向。在社会生活中，中国人首选考虑的是“义”，“利”只有在服从于“义”的时候，才被接受。孔子主张“杀身成仁”，孟子主张“舍生取义”，都是把精神的追求放到了第一位。请想想，为了“仁”、“义”，连命都可以不要，还有什么物质利益不能舍弃呢？这样，中国古人自然在物质财富的创造上，不会做过多的考虑了，而在对于事物的处理上，必然要权衡“义”、“利”。

●说到这里我想起了一件事。汉宣帝时候，西羌造反，当时国库空虚，关于筹措军费的事，大臣们进行了讨论，提出了两个方案：一个是让囚犯掏钱赎罪，赎罪的钱用于军费。另一个方案是加大税收，让百姓负担。用现在人的观念看，第一个方案是很不错的，既解决了军费问题，也不会加大百姓的负担。但在当时被否决了，而选择了第二个方案。原因是，如果让犯人掏钱赎罪，尽管可以筹措到钱，但其后果会造成人对“利”的追求，钱既然可以买到一切，人们便会为钱奋斗，这样会把老百姓引到唯利是图的方面去。而加大赋税，是让老百姓懂得“义”，知道君民一体的道理。国家有了难，老百姓有责任、有义务帮助国家度过难关;如果百姓有了难,国家也会打开国库,救济百姓。这有关“教化”,利于长治久安。这可说是中国人在“义”、“利”取舍上的一个典型例子。

■是的。西方文化关注点主要在物质利益上。追求利益,自然首先考虑的是自己,这必然会产生相互竞争,出现不和谐。中国传统文化关注点主要在伦理道德方面,重在培养君子人格。《论语》中的孔子,便是中国人的人格楷模。孔子说:“君子喻于义。”“义”是什么?义就是正义,是一种伦理规范,在行为上就是人间一种正气的表现。心中有个“义”字,便会行得正,站得直,把自己的利益搁在一边。中国的君子考虑的不只是自己,而是自己周围的人,或者周围的环境,考虑如何营造一种心情舒畅的环境,让周围的人感到温暖,感到自己存在的意义。君子不是为自己活着,多半是为了自己所依附的群体,如家族、乡里、民族、国家等。所以古人又说:“利物为义。”从道德评价上说,中国文化肯定的是君子,君子的行为是高尚的;西方文化肯定的是利益争夺,按中国传统观念说,这是小人的行为。孔子说:“小人喻于利。”小人的行为是庸俗的。但科技与经济,偏偏是在庸俗中发展的,是在人的征服欲与占有欲极度膨胀的状态下发展的。君子的高尚带给社会的是快乐,是精神上的舒畅,而不是经济的发展。社会经济不能在“高尚”中发展,“现代科技”的飞船只能在庸俗、丑恶、贪婪的跑道上起飞。然而人类的和平、安宁、幸福与快乐,能在庸俗、丑恶、征服欲与占有欲的无限冲动之中找到吗?从表面上看,物质利益比伦理道德更实惠,因而人们就感到中国文化不如西方文化先进。但是请问,在日常生活中,谁愿意跟唯利是图的小人交往呢?与小人交,时时刻刻要提防被坑;与君子交,则大可放心。人们尽管可以让自己成为“小人”,但却非常愿意周围的人是君子。君子人格只有中国文化才能培养出来,以利益为目标的西方文化,与君子是无缘的。正是因为人们认为君子好,君子受人尊重、钦佩,所以才出现了“伪君子”。简单地说,西方文化重物质,中国文化重精神;西方文化认可竞争,中国文化注重和谐;西方文化注目于个人的小团体的眼前利益,中国文化则是要为人类开万世太平。

●说到这里,这又使我想起了几件事:汉元帝时,中国人就发明了温室技术,冬天可以吃到新鲜蔬菜。有个叫召信臣的人给皇帝上书,要求禁止。理由是,这是非时之物,违背自然规律,吃上未必对人有好处。皇帝听了他的话,便禁止了这项技术的发展。现在科学研究也证明,反季节蔬菜会导致癌症发病率的上升。西汉后期,人们为了发横财,大力开采矿产,铸铜钱。有个叫贡禹的大臣给皇帝上书,要求禁止开采。理由是:地藏空虚,山不能含气出云,会导致水旱之灾害的发生。明朝晚期,有人制造出了机关枪,一次可发射28个弹丸,但后来他毁掉了;因为他感到这是缺德的事,一旦生产出来,不知道要有多少人死于非命。这就证明,中国先贤考虑的不是眼前的利益,而是万世的太平。

■你说得很对。就从中国人的智商来说,并不是没有能力发展科技、经济,绝对不是!中国人对于科技,“不为也,非不能也”。如果中国古人不是用“义”节制对“利”的追求,五千年文明古国,说什么也不会在科技上落后于美国。假如中国人要像西方人那样,让征服欲与占有欲无限膨胀,明朝晚期发明的机关枪,就可能把世界全部纳入中国的版图了。但出于“为万世开太平”的理念,不能那样做。中国人追求的是科技与人文的协调发展,当科技、经济有碍于人类身心健康、威胁到人类未来的时候,他们会毫不犹豫地遏制它的发展。这是中国近代在科技上落后于西方国家的主要原因。但科技、经济上的落后,并不等于不优秀。西方文化支配世界,不过短短的一两个世纪,就把地球搞得乌烟瘴气,使人类感到了种种毁灭性危机。而中国文化,从孔子建立经典文化体系开始算起,至19世纪,少说也有两千几百年的历史。在这两千多年中,中国始终是东方的老大。但中国人从来没有因为自己是老大就去欺负小弟弟,去侵略周边小国。相反还要保护周边小国,使他们能够和平发展。中国圣人的教导是:"远民不服,修文德以来之。"而不是动用武力。在中国文化的支配下,东方社会平稳地发展了两千多年。维持两千多年社会和平发展的文化,与只有二三百年历史便造成人类危机的文化相比,难道还不够"优秀"吗?

●看来"为万世开太平",这是中国人一个非常重要的理念。为了万世太平,就必须搞和谐。我理解中国文化的基本精神就是"中庸",中庸基本的内容就是包容、和谐。就好像太极图,阴阳两部分你中有我,我中有你,相互包容,又能和谐地处于同一体中。中国文化能保证东方社会两千多年的平稳发展,最根本的恐怕就在于中国文化的这种精神。

■你的理解是有道理的。现在人类最缺少的看来就是中国的这种精神。从19世纪末以来,在西方文化的主导下,整个世界处在了一个用枪炮对话、用商品对话的时代。互不相容、极不和谐的人类现存状态,使人们感到了人类的生存危机。不少思想家、哲学家,焦急地寻找着摆脱死亡恐怖的解答,寻找着拯救人类灵魂的方案。于是一些学者把目光放在了中国传统文化上,认为只有中国文化的包容与和谐思想,才能唤醒为金钱、为利益争夺而失去本性的灵魂,才能化解世界的仇恨以及人类的贪婪性与侵略性,使世界各国平等地坐在一起,使人与自然友好相处,消除现代世界的种种纠纷,成为世界大团结的黏合剂。世界需要中国文化,中国的中庸思想也将会为世界上因生存竞争而弄得疲惫不堪的灵魂指明一条通向归宁之所的路。因此我认为,不少学者将人类未来的希望寄托在中国文化上,这是很有见地的。中国文化将会成为人类未来最明智的选择。我们作为中国的学人,应该自觉地承担起承传中国文化的使命,让世界了解中国文化,让中国文化走向世界。我们不仅要以中国文化为主导,在中国建立"和谐社会",同时要为建立世界性的"和谐大社会"做出努力。

●照此说来,中国文化存在一个复兴的问题。我考虑了两句话:"修复中国传统,重建礼乐文明。"不知这样提是否合适。传统是虚的,礼乐则是具体的、实在的,可以说是传统文化的一个载体。如能推行"礼乐文明",构建和谐社会就不会有什么问题了。

■这提法可以。"礼乐文明"好得很!可以说是人类最理想的一种文明制度。孔夫子一生奔波,所追求的目标就是"礼乐制度"的实现。"礼"包括人的行为准则、道德规范、尊卑秩序以及礼仪规矩,等等。人的嗜欲好恶,都由礼来节制。在古人看来,人与动物不同就是因为懂得礼。礼与法有点相似,但又不同,法是强硬的、缺少人情味的,而礼则是有温情的,是与道德、教养相联系的。在法的面前,人考虑的是敢不敢那样做;在礼的面前,人考虑的是应该不应该那样做。"乐"是指音乐。"礼"负责规范人的行为。"乐"则负责调和人的性情,人的喜怒哀乐之情,都可以通过乐来表达,同时也可以在乐声中化解。好的音乐,可以激发人向上,如一支"常回家看看",激发了多少人对父母的思念!所以古人说:"礼所以经国家,定社稷,利人民;乐所以移风易俗,荡人之邪,存人之正。""礼乐"的目的在于教化,诱导人向善,让社会处于平和的状态中。礼和乐结合,既有秩序,又愉快,所谓"立于礼成于乐",才是最高境界。"安上治民,莫善于礼;移风易俗,莫善于乐",这是有道理的。现在大的秩序没问题,具体生活方面却比较乱,"礼"很乱,"乐"也乱得很。当然现在没有必要像周朝礼乐制度那样严格,但是礼乐精神仍应当予以重视。孔子当年说:"名不正,则言不顺",这说的就是礼的规范问题。现在看来一些问题也需要"正名"。比如现在行政区规划命名,就比较混乱。同是“市”，却有直辖市、省辖市、地级市、县级市的不同。如果叫“王市长”，究竟是哪一级的市长呢？人很难辨清。同样是部长，却有宣传部长、组织部长等等部门之分，还有国家级、省级、地级、县级之分。有的城市办的“师范学院”，把原来的历史系、中文系也改成了“历史学院”、“文学院”之类，“学院”里边又有了“学院”，这就更混乱了。其实完全可以借鉴古代一些名称，予以划分。现在的“乐”存在的问题更大，乱得很，流行音乐有不少不健康的东西，对人心起破坏作用。国家现在应该是“制礼作乐”的时候了，应该把“礼乐”问题好好抓一下。

●孔子当时曾谈到过“正乐”的问题，您是否觉得现在也需要正乐？

■是“正乐”，也是“作乐”。在周朝，曾经有过采集民间歌谣的制度，后来结成集子，这就是《诗经》。汉武帝也曾征集过一次民歌，我看就有一些是收的山西的民歌。像《孤儿行》写“使我朝行汲，暮得水来归”，写的应该是山西晋南万荣一带的情况。《雁门太守行》本词佚失了，但原辞应该是与山西雁门地区有关的。《饮马长城窟》现在把本词颠倒了，把陈琳的当作本词了，把本词作为陈琳的了。其实“饮马长城窟，水寒伤马骨”才是本词，其中提到“慎莫稽留太原卒”，所以当是山西的。现在也应该做这样的工作，从民间采集音乐，把好的、思想健康的歌子，分类整理出来，在这个基础“作乐”，这样的乐才是具有民族特色的。而现在是“以夷变夏”，民族音乐被变得不像样子了。我并不反对西洋音乐，而是主张发展民族音乐。音乐它不只是一种供耳朵享受的乐曲，同时也是一种文化的载体。民族音乐与中国民族的传统文化内在精神是相一致的。它不像西方的音乐那样刺激，而是平和、舒缓，利于创造和谐的气氛，能化解人的戾气，引导人心向善。

我的读书

冯其庸

我出生在江苏无锡北乡前洲镇后面的一个农民家庭里，家境贫寒，我虚龄九岁上小学。记得第一天上小学是我的堂姐带我去的，堂姐叫冯韵华，在小学里当老师，校长是刘诗堂。大家习惯叫他诗堂先生。诗堂先生办事认真而又和蔼可亲，大家都很尊敬他，我至今还能清楚地记得他的面容。

后来，诗堂先生不知为什么走了，也许是年龄太大了吧？可学生还一直想念着他。后来来的一位校长叫俞月秋，一来就推行"新生活运动"，只记得一项内容是靠左走，其他都忘记了。有一次上国文课，这位俞老师出的作文题目是《上张学良、杨虎城将军书》。那时正是"西安事变"，张、杨扣押了蒋介石，迫蒋抗日。内容是让学生写信给张、杨两将军，劝他们释放蒋介石。其实那时我们年龄都很小，对于时局根本不懂，一个小学生，能懂什么呢？后来才明白，这个写在黑板上的大题目，实际上是写给上面看的。

还有隐约记得的一件事，是我们正在上"纪念周"的时候，突然传来消息，说日本人炮轰沈阳城，炮轰北大营。那时沈阳在哪里，我根本不知道，但对日本鬼子侵略中国则是清楚的，虽然还都是小学生，却群情激愤，以至于我现在还历历在目。

小学里的事，我搜尽枯肠，也只剩这两件事永远忘不了了。当然后一件事情时间比前一件更早一点。

我小学上到五年级，抗日战争就爆发了。有一天我背着书包上学，忽然日本飞机在头上转，撒下来大批传单，拣起一看，上面印着"暴蒋握政权，行将没落"。走到学校里，学校却早已关门了，老师一个也不见了，我只得转身回家。可我书包里还装着一本《三国演义》，是学校图书馆的，也无法还了，这就成了我失学后的一本最佳读物。从此这本书伴随了我好多年，我读了一遍又一遍，因为无书可读，只好反复读这本书，到后来有许多段落的文字，许多人物对答的精彩语言，许多回目，我都能背得出来。一部《三国演义》，培养了我阅读古典小说、古典文学的兴趣。

我失学后就在家种地，那时我虚岁十四岁，眼看着镇上有钱的人家都逃难了，但我们村子——冯巷，是有名的穷巷，没有一家能逃难的，我的亲友，也没有一家能逃难的。农家的孩子从小就与土地和庄稼打交道，我那时已经天天下地干活了。

我从《三国演义》开始，后来又借到了《水浒传》，看了真带劲。我看的是金圣叹的评本，仔细细读金圣叹的评，启发我边读边品味。我读的《三国》也是带评的，是毛宗冈的评。可开始我急于看故事情节，往往把评跳过去了，后来才知道看评更能让你领会书中的意思，特别是让你注意欣赏文章的佳处，细微到用字用词，有时也有醒人的批语，这样我读得更入神了。就这样，我除了农活以外便沉浸在读书里，千方百计到处借书看，后来我又借到了《西厢记》，也是金批本。我一读《西厢记》的文辞，真是满口生香，尽管还似懂非懂，但越读越爱读，以至于拿来熟读背诵，有不少精彩的段落和词句，我都能背诵，《西厢》这部书也一直不离手。后来我又借到了《古诗源》,这本书连封皮都没有了,可能前半部分已经丢失了,我特别爱读里面的《古诗十九首》,虽然仍是半懂不懂,但觉得意味醇厚缠绵,可以味之又味。还有《孔雀东南飞》,即《古诗为焦仲卿妻作》。读后使我十分震动,恰好我二舅父顾仲庆在芜湖工作,他到我家来,我问他芜湖离庐江有多远?他非常奇怪,问我为什么问这个问题。我告诉他我读了《孔雀东南飞》,上面写着是在庐江发生的事。他虽然没有读过这首诗,但觉得我小小年纪就这么喜欢读书,就这么喜欢追根究底,很是难得,因此就特别喜欢我,与我讲了庐江有周瑜墓、有小乔墓等,更加引起了我的兴趣,可惜我至今也没有到过庐江。

这段时间共约三年,我真读了不少书,连《论语》《孟子》《古文观止》《东莱博议》《聊斋志异》《西游记》《夜雨秋灯录》《浮生六记》等等都读了。有一次,我二哥到苏州去,给我带回来《西青散记》《西青笔记》,还有《陶庵梦忆》《西湖梦寻》《娜嬛文集》等等,还有叶天寥、沈宜修、叶小鸾的书,这一直是我想读而找不到的书,我开了一个书单给二哥,想不到竟能买回来。当时我如一朝暴富,天天夜以继日地沉浸在这些书里。尤其是张岱的《陶庵梦忆》等书,使我废寝忘食,有不少文章我都能背诵,连《自为墓志铭》这篇长文我也能背。我觉得《西青散记》文有仙气,而《陶庵梦忆》《西湖梦寻》则有逸气。我读《浮生六记》也是全神贯注的,因为我的家离书中所写到的东高山、江阴都很近,尤其是东高山,只有数里之遥。有一次我有便经过那里,还特意去东高山,但事隔二百多年,世事梦幻,到哪里去寻找呢?

我这一段时间,生活很艰苦,家里常断炊,祖母、母亲、大嫂常对着空锅哭泣,没有东西给我们吃。每到秋冬,经常吃南瓜度日。而日本鬼子又不断到乡间来扫荡、清乡、抢掠、杀人。我的亲姐姐素琴,从小就一直领着我、爱护我、教导我的,她有心脏病,可家中无钱可医,就是日本鬼子来扫荡时受了惊骇,心脏病发作而去世了。我的堂房姑妈因为日本鬼子强暴她的女儿,她拿起粪勺当头猛击日本鬼子,鬼子以为游击队来了,就逃跑了。她的女儿是一时得救了,她却被重来的大队鬼子开膛破肚,砍成四块,壮烈牺牲了!我的三舅父是小学老师,是当地有名的书法家,日本鬼子把他吊起来毒打,要他说出游击队的行踪,他就是不说,被活活地打死了。不久,我的老祖母得癌症去世了,我的亲伯母又得疯病去世了,我的家真正地破碎了,我天天面对着母亲的哭泣,自己无法安慰她,我们的生活真的在水深火热之中。

但是,不管怎么艰难,总得生活下去,我与两个哥哥一起,天天起早落黑在家种地,我还养了四五头羊,就这样苦挨着。我幸亏有这些书,其他脑子里都不去想,一有空就读书,最好的时间就是夜间,我往往点着油灯或蜡烛,天天夜读到深更半夜,而且早晨还早起早读。这样几年中间,我把借来的和买来的书都读完了,我感到真是开卷有益,读书是能开启人们的心灵的,虽然我对古书仍是半懂不懂,但我觉得比以前似乎多懂了一点了。不过,我当时的读书是杂乱无章的,只好拿到什么就读什么,既不懂得系统地读书,更没有老师指导,只是暗中摸索而已。所以我非常羡慕别人能读中学、大学。总算,我十七岁那年,镇上办了中学,我得到家里的支持,就去考了中学,入一年级。国文老师叫丁约斋,十分器重我,说我书比他们读得多,领悟得快。但丁老师当时究竟教我读了些什么,我真的一点也想不起来了。丁老师有四件事是永远不能让我忘记的:一是他坚持要去看看我的家,说我是书香门第。天晓得,我父亲仅能写信,究竟识多少字我也不知道。祖父是老早就去世了,我都没有见过,更没有听说他读书,连他的名字至今也不知道。曾祖父冯秬香,倒是读书的,可能中过举,只记得我住的老屋厅堂里的柱子上、屏门上贴满了报录,老人说这是考中后来报喜的,厅上的匾额叫“馨德堂”，是当时的知县老爷裴大中写的。过去还有一篇曾祖父的寿序，刻本，红字印刷，文章是四六骈文，写得极为精彩，琅琅上口，我以前也能背诵，本子也一直在身边，可后来一次次的运动，本子早丢了，连脑子里记得的也早已没有了。丁老师说我是书香门第，此话用来说我的曾祖父，大概还可以，用来说我当时的家，早已是稻香门第甚至是饥寒门第了，哪里还有一丝书香味道？可丁老师还是要去。结果到了我那虽大而破落不堪的家里，真是让他失望。但他从我的旧书架上找到了一部《安般簃诗钞》，一部《古诗笺》，清初刻本，可能还有其他几种书。他就大为高兴，说这种书，一般人家是不可能有的，好像证明了他的“书香门第”的说法。其实这几种书，都是我的一位朋友送给我的，他倒是真正的“书香门第”，几间屋子里堆满的都是古籍，零乱地堆放着，任凭鼠咬虫蚀。他说你喜欢古书，随意拿罢，不拿也就全毁了。我看着真心痛，又无法进去仔细挑，只好在门口拿了几种。想不到这几种书却证明了我这个早已不存在的“书香门第”。

二是丁老师对我说：“读书要早，著书要晚。”这句话深深地影响着我。“读书要早”，可是我已经晚了，而且是无师自读，暗中摸索，已经无法弥补了，再也早不了了！“著书要晚”，这句话倒是他说得过早了。一个初一的农村孩子，离开著书还远着呢！我心想我能著书吗？也许晚到最晚最晚也未必能著书。但丁老师的意思是早读书，可以多读书，早开启智力；晚著书是让自己的思想更成熟，见解更可靠，不致贻误后人。丁老师的话是非常宝贵的，所以至今我一直铭记在心。

三是我在旧书摊上买到一册《水云楼词》，曼陀罗华阁刊本，刻得很精，著者是蒋春霖，字鹿潭，是咸丰时期的大词人。这本书好用古体字，如“梦”字刻作“㝱”，“花”字刻作“䔢”，“散”字刻作“椒”，“西”字刻作“卤”，“瘦”字刻作“瘦”，等等，我开始不认识这些古字，但反复琢磨，也就慢慢地认识了。可是词是长短句，押韵的规律不像诗，所以一时无法准确断句，那时我还不知道有万红友《词律》，也不知道有简易的《白香词谱》，只是自己反复推敲，寻求韵脚，然后琢磨着断句，结果有不少算是蒙对了，有一些却搞错了。为了明白究竟，我又去请教丁老师。丁老师一读这本词集，就说好，是大家。那些难认的古字，我一一读给丁老师听，居然都读对了，他大为高兴，说识字是读书的第一步，一定先要学好“小学”。然后把我不会断句的一些句子教我断句，经过这一番教导，《水云楼词》都能依词律正确断句了。后来我又得知有万树的《词律》，又是请我二哥去苏州时买到了，我好不欢喜，随即将《水云楼词》逐阕与《词律》对照断句识韵，至此，一部《水云楼词》算全部读通。我非常喜欢《水云楼词》，所以差不多整本词我大部分能背诵。这是我喜欢读“词”的开始。至今我还保存着我启蒙时期读过的这本词集，不但如此，经过五十多年的搜求，我现在拥有的《水云楼词》的版本，可能是最多者，连蒋鹿潭自己的“水云楼”章的本子都被我搜集到了。解放前，我连《水云楼词》的原刻板的下落都弄清了，记得有一位姓周的老先生，是蒋氏的亲戚，刻板在他手里，他愿将全部词集的板子卖给我，我一个穷学生，如何有力买，只好望板兴叹！

因为《水云楼词》的古字，丁老师说“读书要先从识字始”，我就一直记着这句名言。所以我更加爱好和注意这类篆写的古字。又过了多年，我才读到《说文解字》这部书，读甲骨文和金文的书，那是更晚了。

四是我上初中一年级时，丁老师就教我们写文章。丁老师每次都嘱咐，写好的文章，自己必须读三遍到五遍，方可交卷，自己没有反复读过的文章，不准交卷。我对这一规定，特别赞成。因为我上初中前，一直自己学写文言文，我是喜欢边写边念的，每完成一篇文章，自己就背得出了。上初中后写的是白话文，但我的习惯不改，也照样反复读，甚至能背。我自己觉得文章多读几遍，有些不必要的字词，自己就会感觉出来，意思好不好，畅通不畅通，也可以通过自己的阅读有所发现。所以至今养成了我写文章的习惯，自己写的文章，总要反复读五遍到十遍，就是给人写信，我也总要重读一遍到两遍，看看有没有落字，有些话说得妥不妥。我自己觉得这是一个很好的习惯，是非常有益的习惯，其实这一点，过去鲁迅就早已说过。可见这确是一条宝贵的经验。

丁先生只教了我们一年就辞去了，后来再也没有能见面。

我初中毕业后，就考入无锡城里的省立无锡工业专科学校，录取的是染织科，功课以数理化为主。这可与我的爱好大大相反，所以我的数理化功课成绩很差，有时还不及格。可我的语文课的成绩总是最好的，作文尤其突出，常受老师表扬。还有我的图画成绩也是最好的，我也常常练习写字和作画。我的国文老师是张潮象老先生，他是无锡有名的词人，别号“雪巅词客”，书法也很好。有一次，他在课堂上讲《圆圆传》，讲到吴三桂开山海关迎清兵入关时，竟痛哭流涕，大骂吴三桂叛国投敌。学生听了，非常感动，大家心里明白他是在骂与日本人合作的汪伪汉奸。但大家都为他捏一把汗，因为我们的课堂上，经常有日本人穿便衣坐在后排“听课”的，老先生年龄已很大，根本不知道这些情况。幸好那一天没有日本人来“听课”，总算没有出事。当时学校有好多位著名的语文老师，还有一位叫顾钦伯，诗作得好，与张潮象老师也是好友。我是住宿的学生，顾老师也住在学校里，所以我常去请教他，听他讲诗。还有一位讲印染学的范光铸老师，写一手《麓山寺碑》，当时给我写了好多幅字，我一直珍藏着。是他告诉我，《红楼梦》里都是讲做诗的，劝我快读《红楼梦》，这是我第一次听到《红楼梦》的名字，也是第一次读它，但却没有能读完。那是 1942 年的下半年，我虚岁二十岁。我在无锡工专读了一年，就读不下去了，因为家里实在负担不起，加上我又不喜欢数理化。虽然我非常喜欢张老师、顾老师和范老师，但我无法继续下去，所以 1943 年的夏天，我又失学回到了家乡种地。不久，就被聘当小学老师，但仍没有脱离种地。所以我老家与我差不多年纪的农民，都是与我一起干过活的，家乡的农活，我也件件能拿得起来，包括挑担、插秧，等等。

不过，还有一件事我始终没有脱离，这就是读书。我一直记得丁老师说的话：“读书要早，著书要晚”，“读书要从识字开始”，“写好了文章自己要多看几遍”。

我现在快到八十岁了，回过头来想想，丁老师的这几句话，仍旧是对的，我现在无论是读书和写作，总是不敢忘记这几句话。而且总是觉得自己读书太少，自己的古文字学的功夫太差，自己写好的文章更要多读几遍，五遍到十遍才敢放手！

如果能加我一倍年寿的话，我一定从现在开始再从头学起，以前学的，实在太少太浅了！我感到中国的学问实在太深太广了，如果真的让我再从头学起的话，现在我可能知道该如何学习了！

忆无锡国专并范敬宜同学

钱树森

一提起无锡国专,自然会回忆起1943—1948年这一段难忘的岁月。当时在上海这座孤岛上,我们的老校长唐文治老夫子,不顾老病之躯,坚持办学课徒,兴灭继绝,为振兴和发展我国的传统文化,殚精竭虑,奔走呼号,不遗余力。借座上海爱文义路乐群中学部分教室,办起了无锡国专上海分校。简陋的校舍,陈旧的设备,却吸引了全国各地有志研究国学的青年学子,纷纷负笈来沪就读。好些同学在这样艰苦条件下,埋头经史,发扬国粹,成为卓有成就的一代通儒。有的蜚声华夏,有的驰誉全球。这些同学为母校争得了荣誉,自不必说。

我那时年方弱冠,经中学时代的语文老师卢心竹先生推荐,在教务长王蘧常先生亲自主考下,得以录取该校文哲系肄业。当时教授国文的有唐尧夫、金德建;教授文字学的有鲍鼎;教授诗词的有顾佛影;教授《昭明文选》的有高铦;教授书法的有朱大可;教授目录学的有王佩诤。以上各位老师,都是学界名流,学识渊博,人人敬佩。他们上课,大都不带书本,全凭平素的学养,根据记忆,板书抄录,由同学记成笔记,课后潜心体会,写出心得,就正于授课老师。每期作业都经老师审阅点评,然后发给同学,传观学习。至于作文,概由老师命题,各生自己写作。老师改笔有繁有简,因人因文而异。

当时唐文治老校长已届耄耋高龄,仍带病坚持每周一次的读经讲经。彼时他已因患糖尿病双目失明,每次来校讲课,都由专人搀扶。进入讲堂后,即正襟危坐,心不旁骛。所讲内容,多为《周易》《诗经》和《楚辞》中的某些章节。老夫子讲得深入浅出,对学生很有启发。特别是选讲古文名篇,先是结合教材,朗诵课文,然后逐章逐句,进行讲授。包括文章结构、词语运用,都讲得精到细致,令人叹服。唐老夫子修养有素,发音洪亮,宛如黄钟大吕之声。读《秋声赋》一文,于文中形容秋之为状,秋之为声,委婉细致,曲尽其妙。若非于文字章句,涵咏深透者,绝不能臻此妙境。如读至"其触于物也,𫔎𫔎铮铮,金铁皆鸣,又如赴敌之兵,衔枚疾走,不闻号令,但闻人马之行声",此段文字,读来一气呵成,略无停涩阻隔之感。又如选读李华之《吊古战场文》,对文中描写古战场阴森恐怖之情景,则以极其愁苦之声调,加以渲染,以情带声,倍觉凄苦,令人不堪卒读。对古代不义争战,自然产生了厌离情绪,而对和平生活,则产生了追求与向往。唐老夫子朗诵诗文有如此神奇妙用,诚非后辈所能轻易企及。

我还清楚地记得当时我们班上有一位范敬宜同学,他的确是个通才。他比我约小五六岁,头角岐嶷,目秀眉清,人品生得十分出众。并且精通国画,在全班堪称翘楚。由于他为人正直谦和,同学多乐意和他接近。

敬宜同学,确是一位绝顶聪明的人。他不但能熟记老师教给的课文,而且还善于模仿唐老夫子读书的腔调,抑扬顿挫,惟妙惟肖。令人听后,拍案叫绝。

敬宜学长,出身名门望族,是宋代名臣范文正公仲淹先生的后裔。他与侪辈接触中,始终给人以谦抑温和、如坐春风、如沐化雨之感。而同学与敬宜交游中，对文正公先忧后乐的遗训，也受到同样的教益。

我在国专文哲系读了两年预科，两年半本科，适逢家乡解放，大江封锁，只好辍学家居，后即参加工作，庸庸碌碌，一无建树。

解放后，我一直对当年国专的老同学眷恋不已，特别对范敬宜同学，思念尤深，可惜大江阻隔，不能相机晤谈。而参加工作后，本人遭际坎坷，乏善足陈，故亦未便登门拜访，看来了此夙愿，只有俟诸异日耳。

回首前尘，聊申渴念，范兄倘能看到我写的这些旧事旧闻，一定会以痴人说梦视之也。

（范敬宜，清华大学新闻与传播学院院长；曾任全国人大常委、人大教科文卫委员会副主任委员，《人民日报》总编辑。）

八、回　忆

回忆国专

李尧春

“国专”创立在民国九年(1920年)12月,初名“无锡国学专修馆”。在大革命时曾改为“国文大学”,后来改为“无锡国学专门学院”,又改为“无锡国学专修学校”,抗战胜利后,又改为“中国文学院”,1950年并入“苏南文教学院”。

它的校址:开办时第一学期暂借惠山“山货公所”开学,第二学期(民国十年十月)学前街文庙东首“尊经阁”房屋修建竣工,遂迁入为永久校舍。抗战时一部分迁到广西开课,校址在桂林瑶山一带,播迁无定,由校友蒋庭曜等负责维持;一部分在上海,由唐校长自行负责。1946年夏,迁回无锡原校。

国专初办时,经费来源,靠各方面捐助。其中主要拨款创办的,是浙江施省之。重建尊经阁作教育室的,是无锡孙鹤卿(称为馆主)。后来,无锡唐保谦为经济校董董事长。

1920年前后,我国正在北洋军阀统治时代,政府公开提倡读经。当时康有为在上海讲学,梁启超在北京清华大学国学研究院讲学,章太炎在苏州,钱名山在常州,还加上各方面旧学者的推波助澜,研究“国故”,成为一时风尚。而国专更有其政治背景,这时正是徐世昌做大总统,徐与唐文治为很好的“同僚”,他做了总统,很想培植一批统治爪牙,于是由当时驻美大使施肇基的兄弟施省之出钱创办“无锡国学专修馆”,由唐文治任馆长,来具体执行任务。当时简章第一条说明开办宗旨为:“本校旨在研究本国历代文化,明体达用,发扬光大,期于世界文化有所贡献。”这是表面文章。国专初办时,由于有上述有利的政治经济背景,第一、二届学生,不但不收学费,且每月作文二篇评定名次还酌给膏伙费,所以当时投考人数很多。

从国专开办到合并,校长一职,始终是唐文治担任。唐先生原籍太仓,后迁无锡。他是前清进士,任过清朝农工商部尚书,做过南洋大学(后改交通大学)校长。1920年任国专校长时,他已双目失明,全凭个人记忆力及秘书的帮助来讲学办事。由于他是封建科举出身,任过清政府重要官职,所以对帝王正统,有相当信仰心。据说后来袁世凯要恢复帝制时,他也在“劝进表”上列过名。

唐先生在校开讲课程,主要是四书五经(也囊括《十三经》),其次是古文,都是自编讲义。在经学中最看重孝经,他把孝经看作是“道德之渊源,治化之纲领”。他曾这样讲过:“不读孝经者,非吾子弟。”因此,“百行孝为先”的思想,对学生影响相当深。讲古文时,重点放在诵读上面,他的嗓音很强,朗读时的洪亮声音,不亚于金少山大面戏的唱腔,真有“声震屋瓦”、“余音绕梁”的气概。而且他读经、读诗、读骚、读词、读古文都有不同的文调。抗战胜利后,国专校友曾请唐先生读文录音,制了不少留声片,可惜这时他年龄已将八十,中气衰退,远不如当年了。

唐先生很崇拜曾国藩,他是以“中兴名将”来看曾国藩的。他以曾编的《古文四象》《十八家诗钞》作为教材；并吩咐大家多读读《曾文正全集》，尤其是《曾文正家书》。由于这影响，以致全校多数学生对太平天国的革命意义，在解放前，一直是模糊的。

唐先生颂古思想浓厚，对封建旧礼教很重视，曾专请苏州的曹叔彦老先生“来校讲授”“礼经大义”。因此，唐先生对师生长幼间的礼节，十分严格。有一次，打钟上课了，我们的教室在楼上，他老先生由人搀扶着走上楼梯，有位同学因小便迟了一步，在上楼时，轻轻抢了先；唐先生登上讲台，劈头就指示这位同学：“为什么到这里来读书，对徐行后长者这点礼貌都没有学好”，大大地训了一顿。还有一次，有位同学因事到校长室和唐先生谈话，这位同学在交谈时“你我”相称，马上被唐先生当面教训：“学生对老师是你呀我呀的平交吗？”这位同学顿时羞得满脸通红。

国专初期中主要的教授是陈柱。他是广西北流人，是唐先生早年的学生。他担任的课程相当多：诗经、说文、老子、墨子，等等，都是自编讲义，他的讲义，一发就是几十张，抄书抄得不少，主要是考证多，发挥独道（到）见解少，实际上他是在边教边学，无非是把清朝一批汉学家的意见编排一下。不像唐先生有他一套“微言大义”式的见解，更攀不上像梁启超那样自有一套高论。他很欢喜喝酒做诗，常把诗印出来给我们看，他的诗有一个主题——反对当时两广军阀混战，但他诗里没有劳动人民的地位。

他来国专教书时，带来不少广西学生，以后年年有学生来，所以国专对广西旧知识分子有相当影响。抗战时期，国专有一部分校友，能在广西把母校维持一个困难时期，这与上面的原因有联系的。然而就在这个困难时期，陈柱先生没有回到广西去关心国专，而是到南京去做了文化汉奸，他就此堕落了。

国专学生，来自全国各地。除了无锡及江苏各县，因地域近便，人数较多而外，其余如广西、安徽、浙江、江西、河南、陕西、福建、湖南、四川、云南各省都有。从 1920 年开创到 1950 年并校，前后达三十年，毕业数千人。毕业后所任社会工作，大多是中学文史教员（达 60% 以上），一部分任大学教授（7% 左右），一部分任国民党反动统治时期的党政工作，一部分在经济机构方面任文书工作。在抗日战争时期，有部分校友投入新四军工作，有的去延安抗大。抗战胜利后，国专校内有部分进步的学生和教授，加入党的地下组织进行革命工作，今天他们已成为党的忠实助手了。

记私立无锡国学专修学校

吴溉亭

与无锡师范学校隔河相对，为私立无锡国学专修学校，校董及校长为唐文治蔚芝。蔚老是前清少年进士，前清振贝子载振为贺英王加冕礼出使英国，得充文案随员之职，曾游历各大国而归，由升任左右侍郎而署理农工商尚书，数年后以目力不佳而退老，任上海南洋公学（即交通大学）校长。十余年后，其时有施肇基者，任北京铁道委员会委员，有一注款项，指定作为研究中国古学之用，施与唐原为同寅，有相知之雅，于是委托唐老开展研究国学之任，并汇下数万金。蔚老欣然，因为是投其所好，振兴国学，义不容辞，又以双目失明，久任校长，不免倦勤，因之退老无锡，寓居无锡西溪下住宅。

蔚老原籍太仓，何以归老无锡呢！有一故事，不可不叙述。那时某某四大银行发生四行有关的一大讼事，京外官吏因为其中有利可图拖延不予解决，反而形成复杂化，因之，四行集巨资进京上京控，走农工商尚书唐的门路。蔚老一秉至公，据理判断，迎刃而解。四行喜出望外，所集讼费迄未动用分文，即将此费奉献蔚老。蔚老大怒，认为有意诬辱，几经解释，收回讼费而罢。此款一直搁置不分割，及至蔚老将退校长之职，无锡人有说我有西溪下基地一块，可以让出，动用以前的讼费建筑一住宅，由无锡地方士绅公请蔚老归老无锡。众议既同，乃按照南洋公学校长住宅打样建筑，有亭院池沼，厅堂内室，树木花卉，是一座宽敞住宅。蔚老不知其详，正在彷徨将老之时，又筹备在无锡办国学之便，遂快乐地退老无锡。

唐蔚老欲觅校舍，无人可托，乃托四乡总董孙鹤卿的房侄名孙飏香，其人迂拙，觅得惠山祠堂，招些学生开课。蔚老每日乘二人肩舆至惠山上课，常常受阻于十里街，因此地是冬季出殡之处，道子很长，颇以为苦。事为鹤卿所闻，大骂飏香，偌大的无锡城觅校舍而远至惠山，未免说不过去，遂自任其事。适无锡县立实业学校登报出售织布机，鹤卿承受下来。实业学校校址，是从前儒学老师的官廨，东面是教谕的，西面是训导的，实业学校教室设在西面，织布厂设在东面，鹤卿既承买其织布机，连东面的房屋亦收回了。校长邹同一亦虎而冠者，但遇总董鹤卿既无力反抗，也无言可说。鹤卿遂将东面老师的官廨拨归国学专修馆为馆舍，随时拨款建图书馆五大间楼房半洋式，征求及购买古本书籍万余卷。楼下作讲堂，其明年又一并建五间楼房作教室。孙鹤卿物故后，蔚老取名为怀鹤楼，竖匾额，刻石，永垂纪念，又后一年建前面头一进五开间楼房一座。

我于一九三三年脱离中央大学回无锡师范。回想十年中无日不在想回无锡，今日到锡师，如久出嫁之女回了娘家，见一草一木，皆觉可爱。乃老友钱志潜约我应蔚老之聘，教诗歌，辅助蔚老整理国专（此时国学专修馆已改为国学专修学校），改变陈旧形式像家塾，为合乎学制的大学专科学校。于是只得向锡师校长辞职，校长沈佩弦是我锡师学生，当可商量，不成问题。哪知不答应，他说：老师你要帮帮学生的忙，何能舍此而他就。我回报志潜，他说，你不管，我去说。他去责佩弦，结果许我去兼职，不允我辞职，以一年为期。

我任国专训育主任，连一切事务都一人承当下来。首先改变校舍的平屋，又建两座五开间楼房，作为宿舍及自修室。因为两室不分，学生书连床，床连座，中间无路可走，杂乱不堪，空气不通，灰尘堆积，无法清除。于是办双层铁床，布置寝室，起身后须整理床铺，上铺白被单，自修室要整理书籍置于架上，不许乱放。

各楼房之间，都是土地，刮风时尘沙飞扬，掉上床上，灰尘随扫随积，很不卫生。我于是在一个春假之功夫，从事校景，布置校园，植树种花。教授和学生假满回校，只见绿荫满目，花香扑鼻，一尘不起，清洁明静，惊喜不置，叹未曾有。我一日数次，巡视各室，有不如法整理者，随时校正，一日三餐，必先至饭厅监视，又更换厨房，革前贪污之弊，改善膳食。学生满意，绝无吵闹之事，来参观饭堂者都赞不绝口，都说国专膳食甚佳，饭堂静穆，因之管理一切都无问题。来参观学校者都说：这样年老的盲校长治校有此成绩，真令人惊奇。

蔚老的文章清正雅驯，有北宋之风，偕一助教捧书本上讲堂，经史百家，滔滔滚滚，如背熟书，如数家珍，听其一席话，胜读十年书，使学生心悦诚服，五体投地。蔚老又延聘闻名全省的故学大家钱基博，及执全国诗坛牛耳的陈拾遗，及古文化史大家陈天霓及考古大家顾铁生等为教授。因之，国专的声名，无远勿届，好学之士负笈担簦，不远千里而来，当时统计有二十一省学生，有远至辽宁云桂，有广西之苗族及其他的少数民族，不可谓不广矣。

国专每学期招两班学生，一班预科，一班本科，名额五十人一班，至开学时由于情面的说进，每班补收备取生十名。国专的学生资格都有问题，大多数不是高中毕业生，每年毕业要预先派人至南京活动，只要有阔人写封信给教育部部长，就批准一榜皆及第，没有信就严格非凡，像煞有介事，这就是当时伪政府的丑态。

四方学子既蜂拥而来，但校中地狭房少，容纳不下，蔚老召开校董会，议决尽量设法扩大校址，添筑校舍。乃门前是河，后面是竞志女学，右面是县初中夫子庙，左面是富裕的邻居，借给学校的一块空地做操场，也年年要收回，实无法可想。因之，又开校董会，议决，迁地为良，指定至湖滨觅地，于是至青旗乡请乡长指地点，但几次下乡看地，都不合意，最后由我选择，我选定宝界桥右侧之地。乡长说，此地最好，欲得此地的人不知凡几，皆难如愿，因为此地不唯有建筑物，是最好的风景区，国专欲在此地建筑校舍，可以通融，现在的建设局局长是唐先生的学生，决不会反对。于是择定日子由我偕会计员，携一万数千元下乡购地，户头共数十家，尽一日之功而成。校董荣德生、唐星海听说非常高兴，都说，我们欲得此地，都难如愿，今国专轻易得之，殊出意外。荣德生愿担任平地筑驳岸，建桥梁，开门向，开沟。唐星海愿担任建筑校舍费，即日动工，不久桥梁等等都完工，校舍图样已绘好，先建筑图书馆，不幸于大雪纷纷中蔚老率全校师生下乡行填基礼并植树，蔚老口中尚念念有辞，但衣服已湿透了。

正在兴高采烈之时，日寇入侵，无锡快要沦陷了。先由校长率领学生至黄●授课，继由校长雇船率领学生往后方。我有锡师课，锡师坚持不到最后不停课，因之，我未能同往，沦陷期间，国专校舍借与卫季平办私立正风中学。校舍得以保全，惟图书少有损失，不若无锡师范校舍的全毁。

国专到后方三四年后，蔚老私人单独回上海，还想维持国专，但已有病，由几个早年毕业生维持，不用旧人，弄得一团糟。迨抗战胜利后，仍在无锡开学，弄得更糟。其时蔚老在沪寓逝世，年九十，国专已搅得不可收拾，不得不宣告关门了。

唐蔚老创始国专，中间曾轰轰烈烈，名闻全国，盛极一时，乃以蔚老的精神旺盛而兴盛，以蔚老的衰亡而灭亡，盛衰之理，可胜道哉。

无锡国学专修学校简史

陈其昌

无锡国学专修学校原名无锡国学专修馆。民国九年(一九二〇年)冬,由施省之、陆勤之等捐款创办。先租赁无锡惠山五里街原山货公所为馆址,聘请前南洋大学校长唐文治任馆长。同年十二月,在南京、上海、无锡三地招生,报考学生近一千人,择优录取二十四名,另附额(备取)六名,作为试读生。翌年十月,孙鹤卿捐资于学前街学宫之旁重建尊经阁,作为教室,并由陆勤之筹款建造宿舍楼房五幢。于是,无锡国学专修馆由惠山之麓迁入学前街新校舍。

民国十六年(一九二七年),无锡国学专修馆改名为无锡国学专门学院。翌年九月,大学院特派柳诒徵、薛光琦两人前来调查,认为办理完善,成绩优良,九月二十日批准立案。民国十八年(一九二九年),孙鹤卿遗嘱捐赠六千五百元建造图书馆。同年九月,图书馆大楼落成。

民国十九年(一九三〇年),奉教育部令,改名为私立无锡国学专修学校,参照国立大学中国文学系各项规章办理,实行学分制,规定三年毕业。以"研究本国历代文化,明体达用,发扬光大,期于世界文化有所贡献"为办学宗旨。翌年,校长唐文治亲撰校歌歌词,并以"作新民"三字为校训。国专原来只招收男生,民国二十年(一九三一年)夏,为扩大学生来源,开始招收女生。

同年十一月,国际联合会教育科(当时的国际教育组织)派唐克尔·培根来我国考察教育事业。他在考察了无锡国学专修学校后,发表感想说:"我们来中国看过很多学校,读的是洋装书,用的是洋笔,充满洋气。这里才看到纯粹中国文化的学校,才看到线装书和毛笔杆。"他并"希望这所继承中国文化的学校能够发扬光大"。他对校长唐文治的办学精神也赞佩不止。

民国二十一年(一九三二年),因新生的程度参差不齐,为应社会需要,并谋补救办法,特添设补习班,学习时间一年。

民国二十四年(一九三五年),因学生日众,原有校舍不敷应用,乃在太湖之滨宝界桥畔的琴山购地,筹建新校舍。二十六年(一九三七年)春,校长唐文治亲临奠基,准备破土动工,后因抗战军兴作罢。民国二十五年(一九三六年),全校有学生三百余人,七个班,正科三年,分甲、乙六班,另设一个补习班。入学考试成绩较差的,先读补习班,然后再升入正科。

民国二十六年(一九三七年)十一月无锡沦陷前夕,学校迁至湖南长沙。不久,又迁湘乡。翌年二月,再迁广西桂林。校长唐文治因年事已高,水土不服,呈准教育部请假回沪,由教务主任冯振代理校长职务。十一月,桂林疏散,又迁到北流之山围。民国二十八年(一九三九年)春,应留沪学生之请,呈准教育部,在上海租界设国专补习部,由唐文治主持沪校校务。同年八月，根据全国教育会议精神，呈准教育部，广西国专本部增设五年制，招收初中毕业生。九月，因学生增多，校舍不敷应用，由山围迁至萝村。民国三十年（一九四一年）秋，以抗战局势稳定，来学者日众，于是在桂林穿山自建校舍，由萝村迁回桂林。

民国三十一年（一九四二年）夏，由教育部拨款，添办二年制文书专修科，为全国专科以上学校培养文书专门人才之始。

民国三十二年（一九四三年）秋，有学生二百八十余人。经悉力经营，翌年夏，国专已粗具规模，有地三百余亩，校舍可容纳五百余人。九月，因日军逼近湘桂，国民党政府强令疏散，于是南迁蒙山。十月中旬，蒙山危急，又西迁金秀瑶区。民国三十四年（一九四五年），因瑶区粮食困难，经平南偷渡西江，重迁北流山围招生开学，新旧生来校者一百数十余人。入秋，续招新生，增至二百余人。

同年八月，日本军国主义投降，因桂林校舍已全部焚毁，于是决定翌年初春复员回锡，并先在无锡组织复校委员会，聘请在锡校友许岱云、李耀春、陈寄畅等为复校委员会委员，积极筹备复校工作。复员途中因缺乏交通工具，在广州停留了约三个月，假中山大学上课约二个月。六月初，始由海道全部到锡。唐文治重任校长，主持上海分校校务，无锡本部的具体工作，由教务长王蘧常负责。民国三十六年（一九四七年）春，在上海的国专补习部，先将五年制学生合并到无锡，二、三年制的学生仍留在上海。

一九四九年四月，无锡解放，经苏南人民行政公署批准，无锡国学专修学校改名为中国文学院，分文学、史学、哲学三系，由唐文治任院长，王蘧常为副院长。一九五〇年，全国院系调整，中国文学院并入苏南文教学院。

无锡国学专修学校对学生的要求很严格，招生采取“少而精”的原则。入学考试，特别注重口试，由校长唐文治亲自提问，这是决定录取与否的重要一关。教学则强调“由博返约”、“循序渐进”。国专有办学十六字诀：“熟练精审，循序渐进，虚心涵咏，切己体察。”

提倡厚植基础，博览专精，是无锡国学专修学校办学的一个特点。低年级学生注重基础课的学习；高年级学生则分科，学生根据自己的特长、爱好选择专业。培养文科学生，采取打好基础，然后因材施教的方法，这是当时文科大学的创举。此外，抗战前，国专的选修课，分义理、词章、考据三大类，读的都是专著，不采用通论式的概论。国专特别重视毕业班学生的毕业论文，以论文的优劣，评定毕业学生的名次。

每一个国专学生在校期间，至少要背诵长篇古文五六百篇，并由校长唐文治讲授“古文四象”（太阴、太阳、少阴、少阳）的传统朗读法。通过朗读，以提高沉浸词章的情趣，收到融会贯通、消化吸收的效果。此外，还要吟诵历代诗词名篇，辨清四声及阴阳清浊。

从创办到抗战时期迁到上海为止，无锡国学专修学校先后聘请了国内卓然成家的学者，如陈石遗、金松岑、钱基博、周予同、吕思勉、郭绍虞、周谷城、蔡尚思、朱东润、胡曲园、张世禄、顾实、冯振等任教，并举办学术讲座，请国学大师章太炎等来校讲学，学术空气极浓。国专的教师治学态度认真严肃，博采众长；并反对人云亦云，具有勇于探索的创新精神。这里，特别值得一提的是，由于校长唐文治办学比较开明，以学术为重，不抱门户之见，曾聘请了不同流派的专家、学者来校兼课。如吕思勉、周谷城、王蘧常三人，流派不同，风格亦异，同时在校讲授史学，颇受学生欢迎。

唐文治和无锡国学专修馆

李尧春

我在“无锡国学专修馆”(以下简称国专)开办的第二年进去读书,读到第三学年的第二学期,因病辍学。隔了一年,在第三届补读毕业。在国专前后有五个年头,和第一届到第四届都同学。抗战胜利后到苏南解放,我又在国专教了三年书。因此对国专的情况有些了解;最近我和部分同学联系了几次,于是写了这篇回忆录,其重点放在唐文治开办国专这一问题上。过去封建社会有一种教条:依照春秋公羊传有“为尊者讳,为亲者讳,为贤者讳”的所谓“春秋大义”,晚辈对于前辈,小辈对于长辈,只许赞扬,不准批评。当然,今天不但用不到这套封建礼节,并且还要进一步予以分析批判。所以我在本文对各位老师都是称名而不称号,对馆长唐文治的生平和他创立国专的目的,都秉笔直书,毫不隐讳,力求做到剥开封建文化的本质,反映出真实面目来。

(一)国专负责人——唐文治的生平

国专创设于1920年冬季,开始时由陇海铁路督办施肇曾出钱任馆主,唐文治为馆长。先租赁无锡惠山“山货公所”房屋上课,第二年由无锡绅商孙鹤卿、唐保谦、杨翰西等筹资修建了孔庙东面的旧屋,名曰“尊经阁”(匾额是当时大总统徐世昌写的),作为国专永久校舍。从开办到无锡解放后1950年调整归并为止,国专存在时间达三十年。

唐文治是国专的创办人,又始终是国专的校长,对学校的影响既长且深,因此在叙述国专本身之前,有必要先谈谈唐文治的生平。

唐文治,字蔚芝,号茹经,1865年(清同治四年)出生于江苏省太仓县,1954年在上海寓所去世,享年90岁。他是出身于旧社会所说的“书香之家”,父亲是秀才,以教书为业。唐文治十八岁就考中举人,二十一岁进江阴南菁书院学习,二十八岁(1892年,光绪十八年)去北京参加礼部考试,中第三十一名贡士,殿试二甲第一百零五名,朝考一等第六十五名,这在科举功名上叫做“赐进士出身”。

从中了进士起,唐文治就长期在北京清朝政府各部任事:先任户部主事,后改外务部主事,光绪二十九年升外务部员外郎、外务部郎中,又改官商部右丞,旋升左丞,光绪三十二年改商部为农工商部,唐文治升左侍郎署理尚书,共计做了十五年京官。这十五年,正是帝国主义勾结清朝腐朽反动的统治阶级,向我国人民猖狂侵略压迫的时期,也是清朝即将没落的时期。唐文治以清政府官员的身份,始终站在维护清朝封建统治的立场——而且是靠近最反动的慈禧太后一面。他亲身经历了甲午中日之战的惨败;戊戌维新的失败;庚子义和团反抗帝国主义,遭到八国联军的大屠杀;一直到辛亥革命前夕。在戊戌维新运动时,他是守旧派,不是维新派。在义和团反帝运动中,他极力反对义和团,称义和团为“拳匪”;他对孙中山先生领导的辛亥革命推翻几千年来的封建统治,并不赞成,他恋恋不舍于清王朝。从这一系列的政治斗争中,可以鲜明地看出唐文治的阶级立场、政治态度。在订立丧权辱国的辛丑条约之后，唐文治跟随户部侍郎那桐去日本道歉。第二年又跟庆亲王奕劻的长子载振去英国参贺英王加冕礼；同时去法、比、美、日等四国游历。回国后，载振做了商部尚书，唐文治被提升为商部侍郎。后来载振去东北查办事件，商部改为农工商部，由唐文治署理尚书。没有做满三个月，他的母亲死了，依封建旧礼，儿子必须丁忧离职，送丧回籍。不久回到北京，载振的农工商部尚书，已被人告掉了。唐文治只能另换工作，后来奉派为上海南洋公学监督（即校长）。从此，唐文治一直在上海。

唐文治在封建官场相当得意。他和皇室权贵——庸碌贪污的庆亲王奕劻、载振父子俩的关系很密切，他能够随从出国和提升为侍郎、尚书，都是庆亲王的荐引。当时最高掌权的慈禧太后，曾召见过好几次，称许他是“清廉之官”。慈禧七十庆寿时，赏给他一个大寿字，一个玉如意。他自己在年谱里说：“自署侍郎后，每遇令节，必蒙恩赏，如绸缎、普洱茶、春条等。”由于清朝当局对他这样恩遇，唐文治也确实做到五体投地、忠心耿耿、眷念皇室。1908年10月，光绪和慈禧去世时，他在年谱内慎重地写道：“十月中旬忽闻皇太后、皇上升遐之耗，感念恩遇，曷胜痛悼！……谨赴上海道署，哭临三日。”在孙中山领导的辛亥革命胜利之日，有人拿了电稿到上海，请唐文治添列名字，要求清朝皇帝退位。他名是签了，但在年谱内道出了他内心痛苦：“庄君思缄来沪，出示伍廷芳等电稿，请求皇上逊位，邀予列名。予叹曰，人才不用，国运尽矣！欲保全皇室，不得不出此，遂附名焉。”可见他的列名通电，要求清朝皇帝下台，并不是赞成革命，而是见到大势已去，希望保全清皇室的利益。由此可以得出结论：唐文治是清王朝的“忠臣孝子”、封建主义的“忠实信徒”。

（二）封建书院式的学校——无锡国学专修馆

唐文治长南洋公学凡十有四年。“五四”运动后，校内屡有学潮，看上去他已无法应付新的文化潮流了，才辞去南洋公学职务，到无锡办“无锡国学专修馆”。

说他适应不上新的文化潮流，不但可以从上面他的政治立场上看清楚，还可以从他的文章里得到反映。当时有位美国传士叫卫西琴，写了一篇《中国教育议》，讥笑我国学校不尊重孔子之道，舍己求人，这是悲惨的教育。唐文治看了，适中下怀，他就写了篇《学校论》。他的主要论点有：“往者予实为提倡学校之人，而时至今日，则有不忍言者……古之学校，教以道德，教以礼义，养以德行，培之以盛德，扩之以大业……今也弁髦礼法，灭绝纪纲，甚之为人利用，日益长其嚣陵不靖之气。呜呼！古之学校所以造人才，今之学校所以害子弟，岂不痛哉！窃尝谓欲救天下，先救学校；欲救学生，先救人心。是故吾于科学之宜重而专，程度之宜高而深，管理之宜简而严，皆一切不论。独探其本而言之，一曰明人伦，二曰读经书，三曰习礼乐，四曰定志趣，五曰重国文。以上数端，或以为迂而无当，或以为旧而不时，不知此乃鄙人数十年辛苦阅历而得之者，听用吾言，则学校治而国家亦治；不用吾言，则学校亡而国家亦亡，决无依违两可之理。”这番话是针对五四运动后的教育情况而发的。他的立论脱胎于张之洞《劝学篇》所主张的“中学为体，西学为用”，拥护封建统治的反动学说。他看待“五四”运动后反帝反封建的新气象的学校，认为是亡国教育，这充分暴露了封建官僚对五四新文化的刻骨仇恨。于是愤而走出十里洋场，退居惠山之麓，办他所认为“明人伦、读经书、习礼乐”的古式学校。显然，这是反时代的行动。

唐文治离开南洋公学时，已经五十六岁，双目失明，肾脏动过手术，形势上他已到年老退养境地了。刚巧这时徐世昌在北京做大总统。徐世昌是清朝末期的官僚，北洋军阀的元老，袁世凯的谋士。他是1918年9月由北洋军阀抬举为总统的。徐世昌一上台就主张优待前清皇室，赦免张勋复辟之罪。同时大力提倡尊孔读经，锐意复古。唐文治和徐世昌同是清朝旧官，在商部时，徐世昌任左侍郎，唐文治为右侍郎，两人私交很好，意气投合，是谱兄谱弟。徐世昌做总统后的一套复古主张，唐文治当然十分赞成。"读经救国"原是他理想的办学方针。这时陇海铁路督办施肇曾（当时交通部长施肇基的哥哥），手头有钱。他是同善社人，迷信扶乩。据说有一次乩仙告诉他要提倡读经复古。他虔诚奉命，认为这是符合徐大总统的主张的。于是由他的秘书陆勤之（也是同善社人，是唐文治同乡）和唐文治联系，决定开办国专，施任馆主，唐任馆长。起初所拟计划相当大，拟设总馆于北京，逐步在各省设立分馆。后因唐文治已在无锡安家，双目失明，行动不便，不愿去北京。于是先在无锡设馆（北京总馆内贮藏不少宋明版本书籍，后来有部分运到无锡）。1920 年冬招生时，曾在无锡、上海、南京各地报纸上大力宣传，说国专毕业后，可派到北京做部官或者分发各省当县官。因此报名投考的有千余人，轰动一时。无锡的孙鹤卿也是同善社人，极力帮助国专建立校舍，后来担任过馆主。当时国专的教职员中也有入同善社的；第一二届学员中由同善社介绍入学的有好几名。有一次，四川来了一位姓刘的，说是同善社的大头目，曾到馆作了讲演。从上面这些情况来看，可以了解到国专初办时的政治背景，与徐世昌及同善社不能没有联系，封建气味的浓厚，可想而知了。

1919 年的"五四"运动，是我国人民反对帝国主义强盗、反对封建军阀的空前的大运动。它揭开了中国历史新的一页——新民主主义革命。毛主席早在《新民主主义论》内指示过："'五四'"运动的文化革命则是彻底反对封建文化的运动，自有中国历史以来，还没有过这样伟大而彻底的文化革命。当时以反对旧道德提倡新道德，反对旧文学提倡新文学，为文化革命的两大旗帜，建立了伟大的功劳。"由于当时封建割据的军阀还未打倒，清朝的遗老遗少还有存在，他们不甘心于旧时代的没落，还在大谈其"尊孔读经，提倡旧礼教旧思想，反对新文化新思想"。那时仅仅沪宁一带，就有康有为在上海，章太炎在苏州，唐文治在无锡，钱名山在常州，姚明烨在南京，聚徒讲学（其中以无锡国专经历时间最长，学生最多，影响于社会较广）。这些封建遗老们慨叹于"世衰道微，人心不古"，好像只有他们才是"修道立教，力挽颓风"的"救世主"。尽管这些迂儒妄想用尽心力，抵挡历史车轮前进；然而新民主主义革命的时代主流，正在大踏步浩浩荡荡前进。"尊孔读经"的老先生们，毕竟是微细的时代逆流而已。

下面来谈谈唐文治设立国专的教育方针。

唐文治在自订年谱"庚申（1920 年）五十六岁"项下有这样的叙述：

"十二月，钱塘施省之名肇曾，托友人陆勤之介绍，属予在锡开办国学专修馆，定开办费八千元，常年经费每年一万元。予思讲学家居，平生之志，爰订定学规章程。托蔡生虎臣借租锡商山货公所楼房两幢为教室宿舍，地在锡山之麓。即于无锡、上海、南京三处招考，报名者近千人，取定师范生正额二十四名，附额六名。爰宣布讲学宗旨，略谓：吾国情势日益危殆，百姓困苦已极。此时为学，必当以正人心、救民命为唯一主旨。务望诸生勉为圣贤豪杰，其次亦当为乡党自好之士，预储地方自治之才，惟冀有如罗忠节、曾文正、胡文忠其人者出于其间，他日救吾国、救吾民，是区区平日之愿也。"

"讲学宗旨"就是唐文治的办学方针，也是他办国专的目的。他在这里很清楚地告诉大家，国专要培养的学生，是希望将来能成为像反对太平天国革命运动的刽子手罗泽南、曾国藩、胡林翼等这样的"人才"，要让这种"人才"出来负起"正人心、救民命"的重大责任。

上面讲过，唐文治是极力反对“五四”运动以后的学校的，因此，他办的国专不同于一般的学校。他在“国专学规”内一开头就这样说：“昔张子讲学有东西铭，朱子有白鹿洞学规，高忠宪有东林会约，汤文正有志学会约，皆所以检束身心、砥砺品行。吾馆为振起国学、修道立教而设，缅怀往哲，为无奋兴。”显然，这样的学校，是完全仿照封建时代——宋朝的张载、朱熹，明朝的高攀龙，清朝的汤斌所办的书院那样。当时不称“学校”而特致地叫“馆”，就是有古书院的含义在内。因此，当时馆内的课目，全都是古代的，书本都是线装的。现代思想潮流和科学知识的刊物，这里是不存在的。

唐文治在学规内订了十条纲领：一、躬行；二、孝弟；三、辨义；四、经学；五、理学；六、文学；七、政治学；八、静坐；九、维持人道；十、挽救世风。这十条纲领是国专的统治思想，也反映了唐文治的人生观。现在根据“学规”内容，扼要分析如下：

人生什么最重要？唐文治的回答是：“人生世界之内，以礼义道德为根本。”这里所说的“礼义道德”，当然是封建专制时代所制定的“礼义道德”。因此，他把封建道德中的“孝”字，放到学习的首要地位。入馆第一门功课就是读《孝经》。他说：“学者所以学为孝也，五常之本，万善之源，皆始于门内之行。……诸生有能孝其亲者乎？是异日之圣贤豪杰也。”这种“孝悌忠信”的封建道德，在课堂上讲得多，在作文内写得多，对青年学生的思想影响非常深刻。

他看到当时社会之所以“灾害并至，生灵荼毒”，不说是帝国主义的侵略，不说是封建军阀的横行，不说是地主资本家的剥削压迫，而说是：“究其原由，贫而已矣！愈贫则愈贪，愈贪则愈贫。”那末，怎样挽救贫和贪呢？“吾辈欲挽此颓风，惟有矫以清勤耐苦四字。”怎样才能清勤耐苦呢？最根本的办法是提倡读经。他把十三经的价值抬到最高度，颂为“国宝”。他说：“吾国十三经，如日月之丽天，江河之行地，万古不磨，所谓国宝是也。”读经的重点要读礼，“顾治经之要，尤在学礼。管子言，礼义廉耻，国之四维。今人竞言法治，不知法施于已然之后，礼禁于未然之前，舍本务末，愈趋愈远。故今日发明礼学，维系人心之廉耻，实为莫大之急务”。于是他要学生们好好学习宋、明、清以来的封建道学家如周敦颐、程颢、程颐、朱熹、王阳明等人物，“经师之所贵，兼为人师，礼学之所推，是为理学……综览历史，理学盛则世道昌，理学衰则世道晦，毫发不爽。吾辈今日惟有以提倡理学、尊崇人范为救世之标准”。因为崇尚理学，还要提倡静坐。

学习十三经，学习宋、明理学，要从中吸取治国平天下的政治学。“凡士人通经学理学而能达于政治者谓之有用，谓之通人；不通达于政治者，谓之无用，谓之迂士。”什么叫政治学呢？“礼记言：广谷大川异制，民生其间者异俗，修其教，不易其俗，齐其政，不易其宜，是为政治学精义。”接着他在学规里号召学生向古代的周公、孔子、曾子、孟子、贾谊、董仲舒、诸葛亮、魏徵、陆贽、程颢、程颐、朱熹等以及近代的胡林翼、曾国藩、左宗棠等人物学政治。当然，他所谓学政治、学历史上的政治人物，就是无批判地学他们一套封建专制统治的办法。

除了上述读经明理，通于政治而外，唐文治还在学规里订着一项：重视文学。他所谓文学，就是古文。和当时“五四”运动大力提倡的白话文相对立。文学从何学起呢？还是要从经学理学中去学习：“经者文学之根荄，理学者文章之奥府，此外史与子集，则皆文苑之菁华也。”此外，唐宋八大家，清朝的桐城派、阳湖派以及曾国藩等的文章，都是学习的唯一课本。

经学、理学通了，能用之于政治，笔之于文章，然后可以负起“维持人道，挽救世风”的责任了。他在学规最后写出了宏大的愿望:“今日吾国是何等景气,外人方讥我为无礼义无教化之国,痛心曷已。剥极而复,当在此时。愿吾学者共雪此耻,更愿吾国民共雪此耻也。”

这套学规,就是唐文治的为人、治世、治学的大道理。他认为只有这样做了,才是救国救民的根本办法。其实这套学规,彻头彻尾是封建时代书院讲学的一套规约。时代已发展到20世纪的20年代,怎么能够适应得上呢!

根据学规的精神,唐文治又制订了二十余条章程。从章程里也反映出他的办学方针。现在把其中较为突出的几条,摘录于后:

第一条　本馆宗旨在培成国学专门人才,以期继往开来,明体达用。凡来馆肄业者均宜砥砺品行,束身自爱,不得与闻政治党派之事。

第二条　本馆设馆长一员,兼任总教。此外教职员临时聘订。

第十三条　师范生在馆内务须恪守规则,听教职员命令,毋得阅看无益之书及为无意识举动。

第十九条　师范生在馆以进德修业为主,务须有善相劝,有过相规,并不得干涉馆中办事权限;倘有沾染习气者,应由馆长分别记过,重则退学。

以上几条归纳它的精神,约有三点:(一)馆长独裁;(二)不问世事;(三)不许学生有民主自由。分明是封建专制式的办学。当时国内自“五四”运动以后,青年人进步很快,各校学生有要求进步的组织;要求学校民主;要求关心国家大事;要求阅读进步刊物。唐文治办的国专则一概拒绝。他这一套办学方式,在当时社会有一部分人是拥护的,那就是地方上的豪绅地主、保守的资本家以及当时的反动政府。这样的学校只能培养出“一心只读圣贤书,两耳不闻窗外事”、“四体不勤,五谷不分”的白面书生。事实也确是这样,当时国专师生是关起大门读书,开口圣贤,闭口先王;不是圣经,就是理学。从来不问馆外世事,更谈不上参与各种学生运动了,是无锡一只很特殊的学校。直到1927年大革命风暴席卷无锡时,对国专有一个猛烈的撞击。由于唐文治平时强调尊孔读经,有人检举他是保皇党、复辟派,国专曾被当时教育局勒令解散。不久,蒋介石叛变革命,无锡在反革命势力统治下,国专才又复校,唐文治再任校长(那时改名为“无锡国学专门学院”)。

(三)唐文治讲学

上面已经把唐文治的生平和他亲自撰制的学规和章程叙述清楚了。现在再谈谈他的讲学情况。

唐文治以馆长而兼总教,掌握教学重心,是上面一套学规、章程的具体执行者。我在馆学习时,记得他所担任的学课相当多。教材都是自编讲义,排印出版。

一年级开始,他首先和我们讲“孝经大义”和“人格”。这两本书当然是重点提倡封建道德:孝悌忠信,礼义廉耻。接下去在三年中间共讲了:论语大义、孟子大义、大学中庸大义、十三经提纲、周易大义、洪范大义、性理学大义、朱子全集、政治学大义,等等。他教这许多书,归纳起来,不外经学理学。上面说过,唐文治是十分信仰十三经的。他的科举功名,靠十三经;他的讲学论道,也靠十三经;他写的文章也十足经学道学气味。在讲堂上,他言必称尧、舜、周公、孔子、曾子、孟子,对近代人则极力赞扬曾国藩。所编讲义,都称为“大义”,他是专门拿宋、元、明、清各代理学家所言来阐述十三经的“微言大义”。正如他在学规里说的:“吾馆所讲经学,不尚考据琐碎之末,惟在览其宏纲,撰其大义,以为修己治人之务。”

现在举出一个讲经学——《论语》的例子,其余的就不一一详谈了。

唐文治讲《论语》时，和其它经书一样，首先摇头慨叹一番“世风不古，人心日下”。然后讲出读经如何如何重要。在读讲经文时，把经文看成篇篇好文章，既讲圈点，又讲文法。他在“论语新读本序”内，开口就说：“世界何为而险巇否塞至于此极乎？人心何为而欺诈迷缪至于此极乎？四书五经束之高阁而不屑读，旧道德扫除殆尽，而于新道德亦茫乎无所知，为人之道当如何，鲜有能道之者，此淘汰道德之过也。”这样慨乎言之以后，就讲《论语》的重要意义：“《论语》一书，道德之渊薮，政治之纲领，与夫修身处世，观人之道，悉备于此。”接着再讲读法：“文治尝谓读十三经之法，当以论语、孝经、左传、孟子为先。而四者尤以论语、孟子为要。顾论语体例，与孟子不同，孟子系编年例，文义错杂，不相连属；论语则论学处事，分别部居，其中皆有线索可寻。”另外一个重点，就是讲文法：“论语文法，较为深奥。初学读法，尤以圈点为最要。此书系用吴挚甫先生圈点本，又复参以鄙意，于文法特为显明。至每篇大义，仿史记各序体例。鄙人平日稍有心得，具录其中，贯串全书，纵横无不如志。”其实《论语》一书是孔子的学生和后人凭记忆录下来的片段语录，前后左右毫无系统组织。《汉书·艺文志》早就说过：“论语者，孔子应答弟子、时人及弟子相与言，而接闻于夫子之语也。当时弟子各有所记，夫子既卒，门人相与辑而论纂，故谓之论语。”16 世纪明朝的李贽更讲得透彻：“夫六经语孟，非其史官过为褒崇之词，则其臣子极为赞美之语。又不然，则其迂阔之徒、懵懂弟子，记忆师说，有头无尾，得后遗前，随其所见笔之于书。后学不察，便以为出自圣人之口也，决定目之为‘经’矣。孰知其大半非圣人之言乎？纵出自圣人，要亦有为而发，不过因病发药，随时处方，以救此一等懵懂弟子、迂阔门徒之疾耳。药医假病，方难定执，是岂可遽以为万世之至论乎？然则六经语孟，乃道学之口实，假人之渊薮也，断断乎其不可以语于‘童心’之言明矣。”(《童心说》,《焚书》卷三》,)你看，李贽已在明朝时候说穿“六经语孟是有头无尾，得后遗前；是道学之口实，假人之渊薮”的旧书；乃唐文治在 20 世纪 20 年代还要把《论语》看做“道德之渊薮，政治之纲领”；“论学处事，分别部居，其中皆有线索可寻”；还要说它“文法深奥”。那时我们听他所讲，真有点莫名其妙。

唐文治除了花大部分时间讲经学理学外，还给我们讲古文。他亲自编了四部书：国文大义、古人论文大义、国文经纬贯通大义、国文阴阳刚柔大义。他说：“国文关系国粹，而人品学问皆括其中。……诸生学作文，先从立品始，立品先从忠孝二字始。能忠孝则人有爱情，有爱情则文之至情涵结于中而流露于外矣。”又说：“自西学东渐，怐愗之士，颖异标新，以为从事科学，我国文字即可置之无足重轻之数，用是十余年来各处学校于国文一科，大都捡拾陈腐，日就肤浅；苟长此因循，我国固有之国粹，行将荡焉无存；再历十余年，将求一能文者而不可得……深可痛也。”综合他在这套国文讲义内所谈许多意见，概括起来，主要有二点：一、要重视古文，保存国粹，鄙弃白话文；二、要把古文写好，首先要有好的忠孝品德。然而时代的发展和他的主张恰恰相反，人民需要言文一致的白话文，几千年来一直远离人民的古文本身，只能逐步逐步走向历史博物馆。

唐文治根据曾国藩编的《古文四象》，把他所选古文分为阳刚、阴柔，太阳、少阳，太阴、少阴来读。他说：“读文有抗、坠、抑、扬、曲、直、敛、侈之妙。质而言之，读法有五：曰急读、缓读、极急读、极缓读、平读。其音亦分五：曰长音、短音、高音、轻音，平音。其气为二：曰疾曰徐。大抵阳刚之文宜急读、极急读、高音、短音，而其气疾。阴柔之文宜缓读、极缓读、长音、轻音，而其气徐。少阳少阴之文宜平读、平音，而其气在不疾不徐之间。”他嗓音洪亮，文调动听。读诗经、左传、离骚、汉赋，有各种不同的声调；对唐宋诗词，也另有一套读法。老先生对国专历届毕业生的影响最深的，我看不是经学理学，倒是读文的“唐调”。由于“唐调”动听，学生们都争着学，就易于接受古文，文言文的写作动力，也就逐步提高。抗战胜利后，我们毕业同学特地集资请老先生在上海灌制了十张留声片。可惜这时，他已年老力衰，嗓音大不如前了。

唐文治对诵读古文非常重视。我记得当时第一届班里有位同学，原是从南洋公学转到国专来的。在南洋时，国文成绩自以为不差，到国专后，由于班内佼佼者多，他的成绩显得中平。他在求进心迫切的情绪下，有一次主动向唐老先生请教，要求指点他迅速提高写作能力的秘诀。唐先生嘉奖他的求进精神，考虑了一下后对他说：“读书无秘诀，如果有的话，那只有一个‘读’字，认真读，读得多而熟了，自能心领神会，下笔如有神了。”从此，这位同学朝夕朗诵，读得活像“唐调”，然而作文并没有显著提高。唐文治在课堂上也一再叮嘱我们要多读。他屡次说，每个人的肚子里，至少要有熟文章五百篇，写作就有根柢了。因此，国专的读书声是很突出的，正可说是书声琅琅，昼夜不辍。不过，国专的一套教学和学习方法，全是陈旧的注入式，谈不上启发、诱导和独立发挥，而且和社会实际完全脱离。尽管专门读上三年老古文，毕业后，还是不容易发扬我国文学遗产的优秀传统。其根本原因，就是上面谈到的，他把国专和社会隔离得太远了，大家只是抱着封建旧书，呼吸不到外面的新鲜空气，怎么能开出鲜艳的花朵呢！

唐文治很重视礼教，在讲学中对师生间的长幼礼貌，要求极其严格。有一次，上课铃响了，大家都已进入教室。我们班级设在楼上，唐老先生由侍者扶着走上楼梯，陆秘书随在后面。这时有位同学因小便迟了一步，赶快在楼梯上轻轻抢了他的前，被他发觉了。一走上讲台，他就指名公开训斥了一顿。他认为这是违反了圣经：“徐行后长者谓之弟，疾行先长者谓之不弟。”

又有一次，一位同学在和唐先生谈话中自称“我的意见怎样怎样”。他听了马上板着脸训斥他：“在老师面前讲话是你的我的长幼不分的吗?”这位同学立时面红耳赤，默然不言。

国专章程内规定：“学生不得干涉馆中办事权限。”有一时期，国专的伙食办得太差。不少同学要求改善伙食，唐文治听了，不但没有允许，且在讲堂上大谈其“孔子曰，士志于道而耻恶衣恶食者，未足与议也”的圣贤之道，大家只好哑口无言。

几千年来，我国封建王朝总是利用孔子儒教，作为维护封建统治的工具，在全国各地设立孔庙，严格规定对孔庙极端尊敬。在孔子庙前的东西两面树立辕门，题为“圣域”、“贤关”。在这东西辕门之间跑过，不论文武官员，一律下轿下马，如有违犯，处分不轻。唐文治是尊孔的力行者，他在国专讲学时，因双目失明，出门坐轿。国专校舍就在孔庙东首，他从西溪坐轿来馆，如走前门，当然不能坐着轿子过孔庙。为此，国专特在北禅寺巷开一后门，他每天坐轿从后门进来。那时虽然封建王朝已被推翻十多年了，唐文治还是用封建礼节对待孔庙。

他不但形式上对孔庙如此尊敬，并且思想深处的尊孔意识，更是牢不可破。1931 年九月十八日，日本军阀突然侵夺我国东北土地，准备全面奴役我国，中华民族已到生死存亡关头。这时，唐文治不是教育青年提高民族意识，奋起救国；而是喟然叹曰：“九月东北难作……丧师失地，全国震骇。盖近年以来，人心日坏，罔利营私，无恶不作，侮慢圣贤，荒道败德，以致灾害并至，虽有善者，亦无如之何矣。予特作‘废孔为亡国之兆论’一篇。”那时国民党的帮闲文人，正在大力提倡尊孔读经，企图拿封建文化来麻醉人民，准备投降，为侵略者铺平道路。唐文治的论调，和他们如出一辙。当时国民党反动派非常欢迎这种论调，以至于通过电台广播“经训”。鲁迅先生看到这种情况，极其愤慨，曾撰文揭穿问题的本质：“易习之伎，莫如读书，但知读论语诗经，则虽被俘虏，犹能为人师，居一切别的俘虏之上。这种教训，是从当时的事实推断出来的，但施之于金、元而准，按之于明、清之际而准。现在忽由播音以‘训’听众，莫非选讲者已大有感于方来，遂绸缪于未雨么？”

（四）国专初期的教师

我在国专读书时，除了唐文治主讲各课外，还有二位教师：一位是朱文熊；一位是陈柱。

朱文熊，字叔子，太仓人，前清举人，在南洋公学教过书，是唐文治的多年好友。他教的课程有：庄子、史记、汉书、文选、通鉴纪事本末、历代史论、顾亭林文集、正续古文辞类纂等。他不编讲义，在课堂上大多照本宣读，少有发挥。由于他一口太仓话，很多外省同学听不懂，大家又不敢向馆长反映，结果，他讲他的，我看我的，反正，国专没有课程考试，只有每月两次作文，所以朱文熊讲的书，有些同学曾否去理会它，很成问题。不过朱文熊为人诚恳，平时很少和学生接触，在课堂上很少发表他的学术见解，更不谈论政治主张。他只是准时上课下课，对批改作文既认真又迅速，不论批卷多少，到第三天或第四天总可以发下来了。大家认为他批改得比其他老师为优。他在国专一直教到 1934 年夏中风去世，享年六十有七。

陈柱，字柱尊，广西北流人，是唐文治的学生。他年龄较轻，诗酒都来，好高骛远，落拓不羁。他讲课有：诗经、说文、老子、墨子、周礼等。他教的各门课都自编讲义，编法和唐文治不同，他不是讲“微言大义”，而是旁考博征，广罗百家。他每次跑上讲台，总有一大堆油印讲义，同学们暗暗叫他“抄书先生”。他编的讲义，后来大多出版了。他和几位广西同学住在一起，喜欢自烧广西菜吃。常常饮酒，酒后高谈阔论，走笔写诗。他做了不少旧体诗，大多描写广西军阀混战的祸害情况，喜欢印发给我们看。唐文治曾写过一篇“赠言”给他，道出了陈柱的特点：“生为诗激昂慷慨，多悲怨之音，予戒之。……生读书好博而心不专一，一书未竟，又攻他书。予戒之曰：‘生毋然，为学惟专乃精。’”

陈柱后来去上海大夏大学教书，在汪伪时期，他做了文化汉奸，当了伪中央大学的大亨，不久去世了。

后来国专学生人数增多，添设班级，教师也增多了。我因毕业离校，不了解情况，不叙述了。

（五）国专初期的学生

上面已经谈到国专初办时，原有相当大的计划。施肇曾的出钱，固然存有些迷信思想，但主要的是有意为徐世昌培养新派系。所以在第一届招生时，极力吹嘘宣传，应考者千余人，大家抢着做官的向往而来。不料北洋军阀内部矛盾重重，不久，徐世昌的大权被段祺瑞夺去；施的陇海铁路督办之职，被吴佩孚赶走。国专的经费来源受到很大影响，仅靠无锡几个绅商孙鹤卿、唐保谦、杨翰西等勉强维持。从此，唐文治只能变更计划，缩小范围，学生纯粹为学国学而来了。第一届学生在读满三年毕业时，施肇曾把名单带到北京政府列入阁议，要求分发任用或应文官考试，未能通过。于是毕业生只好自谋出路了。

现在把我在校时期（1921—1926 年）所了解的同学情况，大略回忆如下：

第一届同学来自全国各省，考选较严，学力较优。他们是全部免费读书，并发给书籍，每月还有膏火费津贴，视每月作文所评等级，分为超等十元、优等八元、中等五元。第二届开始收费,每月还有膏火费二至五元。第三届起则全部收费,学校开支靠自给自足了。膏火津贴也没有了。

国专初期的学生来自全国各省。江苏因为地区近,人数最多;其次为浙江、安徽、广西。其他各省或多或少。广西因为前有教师陈柱,后有教师冯振,而且抗日战争时期国专迁到广西,因此学生较多。

当时学生大多出身于官绅、工商、地主、富农家庭,思想较为守旧。学生程度,有的大学肄业,有的中学或师范毕业,有的私塾出身。有的年龄较大,结过婚,已在社会做过工作,有的还是青少年。由于家庭、学力、地区、年龄有这样差别,所以思想、生活、学习各方面参差不一。同学们平日在校,都是各自读书,并无课外活动,联系较少。国专所学科目内容,已是专钻古书堆,够脱离实际了;而有些私塾出身的同学,更限于见闻,缺少科学知识;有个别的简直有些冬烘、学究气。记得第二届有位方恺同学(安徽籍),不但衣冠穿得道学气,而且还存有封建王朝科举功名的思想。另外还有位第一届班内的方和靖(安徽籍),自高自大,平日昂首阔步,独往独来,他不但瞧不起同学,有时还瞧不起教师和馆长。他是一心想做官而来的,自以为将来是伊、吕大才。其余以诸葛亮、范仲淹出将入相自命的同学也有不少。这都是受开办时报上的宣传和唐文治订立的学规的影响。唐文治对这各种类型的学生一律高谈其"修道立教,挽救世风"、"风雨如晦,鸡鸣不已",要大家负起"继往开来,明体达用"的责任。

从徐世昌失权、施肇曾下台后,国专已缺少政治背景。当三年读完毕业后,理应自谋出路。其中有些同学凭自己不断努力和社会煅炼,在学术上取得了一定的成就,目前还在各高等学校或研究机构工作,如唐兰、吴其昌(已去世)、王蘧常、蒋庭曜、蒋天枢、钱仲联等。还有些同学在国事极端困难时期,参加了共产党,献身于革命事业。如第二届的萧雪亮、冯励青,第四届的路式遵等(后来各届都有)。也有部分同学毕业后走向反动统治的,如张寿贤、张敦品(已去世)等;而多数同学则担任教师工作(根据国专十五周年纪念册内统计:任大学教职员工作的有 22 人;任中学教职员的有 124 人;任小学教职员的有 17 人。共计占 53.63%,就是说国专毕业同学多数做了教师工作)。此外也有任企业机关的秘书、文牍工作的;也有继续升学改习其它学科的,从事工商业的。这都看自己的主观认识和社会关系的助力了。

"无锡国学专修馆",到 1927 年改名"无锡国学专门学院",1930 年又改名"无锡国学专修学校",编制和当时一般专科学校相仿,办学宗旨稍改以前书院气息为"本校宗旨,在研究本国历代文化,明体达用,发扬光大,期于世界文化有所贡献"。抗战开始,唐文治率领师生迁到湖南长沙,后又迁到广西桂林。不及一年唐文治因身体关系返回上海,将广西国专校务交由教务主任冯振代理。唐文治回上海后,又在上海办国专补习班。广西部分在抗战胜利后迁回无锡。上海部分到解放后才解散。1949 年春,无锡国专又改名"中国文学院"。1950 年合并到苏南文教学院,国专到此结束。这都是后期的事情,这里顺便说明一下,不详谈了。

校长唐文治先生

教务主任冯振先生

训育主任吴良树先生

总务主任叶长青先生

校门

教室之一

宿舍一部

图书馆全景

关于国专的一些回忆

钱永之

一、招收女生

国专以前只有男生,到1932年秋季,开始招收女生。但女生人数较少,只占班级中十之一二而已。

二、国专学生之籍贯

这里所谈的学生籍贯,是指1933年到1935年一段期间而言(是我在国专读书时期)。学生中江苏人较多,约占班级中50%左右(其中苏北的约占一半,其余则多自苏南各县来的。无锡人只占十之一二)。其余50%则多自外省来的。其中尤以广西、安徽两省来者为多。间或也有云南、四川来求学的学生。

三、一九三三年冬天反动派逮捕进步学生事件

1933年冬天(时间可能有错误)在某一天傍晚时分,无锡市的反动军警到国专来抓人。当时在二年级的宿舍中抓去两个学生,一个叫许实,一个叫凌匡。据说因为他们是赤化分子才被捕的。抓去之后就一直没有再回到过学校来。听说这一天省锡师也同时被抓去几个学生。

四、一九三三年秋季学生膳堂里一张大字报的风潮

在"九一八"事变以后、"七七"卢沟桥抗战尚未发生的一段期间,国专的情况是闭门办学,学校以孔孟之道教人,学生也只知埋头读书,外面的事情是不问不闻的。更有一点,同学对老师是绝对的服从,不管那位老师作风怎样、学问怎样,学生谁也不敢提什么意见的。

1933年秋天某一个早晨,学生膳堂的板壁上忽然出现了一张大字报(当时还没有大字报这个名称,只称之为一张无名的揭帖)。内容是批判了一般同学只知读书不问国事的作风。同时又针对某一位任课老师教学中的缺点,提出了尖锐的意见。

这一张匿名帖的出现,在国专来说,是历史上从来没有过的"离经叛道"的一件大事情。轰动了全校师生,在两百多个学生中纷纷传开了。学生居然敢批评先生了,这还了得。某老师冲冠一怒,向校长提出辞职。校长要彻查到底是哪一个学生写的。

后来听说有两个同学向校长自首,说明这是他们干的。这件事情就以两个学生各记一次过结束(未公布)。据说这张大字报正是当时的进步学生许实、凌匡二人干的。